ALEXANDER MITSCH

IM DIENSTE DER ÜBERZEUGUNG

ALEXANDER MITSCH

IM DIENSTE DER ÜBERZEUGUNG

Wie wir Deutschland und die CDU/CSU nach Merkel retten

Bibliografische Information der Deutschen Nationalbibliothek

Die Deutsche Nationalbibliothek verzeichnet diese Publikation in der Deutschen Nationalbibliografie; detaillierte bibliografische Daten sind im Internet über http://d-nb.de abrufbar.

Für Fragen und Anregungen:
info@finanzbuchverlag.de

1. Auflage 2020

© 2020 by FinanzBuch Verlag, ein Imprint der Münchner Verlagsgruppe GmbH,
Nymphenburger Straße 86
D-80636 München
Tel.: 089 651285-0
Fax: 089 652096

Redaktion: Caroline Kazianka
Korrektorat: Silvia Kinkel
Umschlaggestaltung: Pamela Machleidt
Umschlagfoto: Uwe Anspach
Satz: Ralph Delong, Roeser MEDIA GmbH
Druck: GGP Media GmbH, Pößneck
Printed in Germany

ISBN Print 978-3-95972-383-1
ISBN E-Book (PDF) 978-3-96092-685-6
ISBN E-Book (EPUB, Mobi) 978-3-96092-686-3

Weitere Informationen zum Verlag finden Sie unter

www.finanzbuchverlag.de

Beachten Sie auch unsere weiteren Verlage unter www.m-vg.de.

Inhalt

Vorwort von Dr. Hans-Georg Maaßen

(ehemaliger Präsident des Bundesamtes
für Verfassungsschutz)

CDU und CSU sind die Parteien, die Deutschland nach 1945 am stärksten geprägt haben. Sie sind die Parteien des deutschen Wirtschaftswunders, der sozialen Marktwirtschaft, der Westbindung, der Wiedervereinigung und der europäischen Integration. Die Unionsparteien haben durch eine kluge Politik über Jahrzehnte maßgebend zur Stabilität und zum inneren Frieden Deutschlands beigetragen und Deutschland zu einem hoch anerkannten internationalen Partner und globalen Mitspieler gemacht. Sie haben wie keine andere Partei seit 1949 Regierungsverantwortung in Bund und Ländern getragen, und sie sind trotz aller Verluste bei Wahlen immer noch die stärkste und die entscheidende politische Kraft in Deutschland.

Das alles sind keine Selbstverständlichkeiten. Es lag nicht nur an herausragenden politischen Persönlichkeiten, die die Union hervorgebracht hat und die Deutschland geführt und gestaltet haben, wie Konrad Adenauer, Ludwig Erhard, Franz-Josef Strauß und Helmut Kohl. Es lag auch daran, dass die Unionsparteien Volksparteien sein wollten, die nicht bestimmte Interessen einer Klientel oder spezieller Milieus und Ideologien vertreten. Dies war das Erfolgsrezept der Unionsparteien, dass sie es verstanden, unterschiedliche Milieus, Geistesrichtungen, Konfessionen und Interessengruppen zu integrieren, und in der Lage waren, deren teilweise gegenläufige politische Vorstellungen zu kanalisieren und als gemeinsame Standpunkte nach außen zu vertreten. Die Union war deshalb niemals rechts oder konservativ, nicht links oder wirtschaftsliberal, auch nicht katholisch oder evangelisch. Sie schaffte es, die Vorstellungen der verschiedenen Milieus und Personengruppen zusammenzuführen. Je besser es ihr gelang, desto erfolgreicher war sie.

Was die Partei einte und von anderen Parteien unterschied, waren gemeinsame Grundwerte, ein realistischer Politikansatz und die Ablehnung jeder Form von Ideologie und politischer Romantik. Grundwerte, die nicht beliebig sind, sondern die im Kern rote Linien für die praktische Politik darstellten, wie beispielsweise das christliche Menschenbild und der Humanismus, die soziale Marktwirtschaft, Rechtsstaatlichkeit, bürgerliche Freiheiten, Patriotismus, ein starkes Europa, das Streben nach gesunden und natürlichen Lebensverhältnissen und der Schutz von Ehe und Familie.

Diese Punkte waren für mich persönlich ausschlaggebend, als ich 1978 der Jungen Union, 1987 der CDU (nicht der Ost-CDU) und 2019 der WerteUnion beitrat. Ich hatte mich bewusst gegen SPD und Grüne entschieden, die aus meiner damaligen und umso mehr heutigen Sicht ideologische und teilweise weltfremde politische Positionen vertreten. Menschen, die bestimmte politische oder religiöse Ziele als die einzig richtigen ansehen, die Politik als emotionales oder ideologisches Geschäft betreiben, anderen Menschen das Recht absprechen, auch Recht haben zu können und so zu leben, wie sie es für richtig halten, sind gefährlich. Ideologen sind schädlich für eine Demokratie, denn sie zerstören mit ihrem Eifertum und ihrem Hass gegen politisch Andersdenkende die Demokratie, die davon lebt, dass man den politisch Andersdenkenden nicht als Feind behandelt, sondern ihm die Möglichkeit gibt, sich in einem fairen demokratischen Wettbewerb durchzusetzen.

Ich habe mich in dieser Einstellung bis heute nicht verändert. Anders als die Unionsparteien und die Politik dieser Parteien.

In den letzten zehn Jahren haben sich die Unionsparteien, vor allem aber die CDU, in einer Weise entwickelt, dass man sie nicht mehr wiedererkennen kann. Die klassischen Grundwerte der CDU wurden mehr oder weniger stillschweigend aufgegeben. Mehr noch: Worte wie Freiheit, Marktwirtschaft, Familie und Rechtsstaatlichkeit blieben zwar, aber sie wurden mit neuen Inhalten gefüllt, teilweise mit dem genauen Gegenteil der bisherigen Werte. Politische Persönlichkeiten, die die klassischen Grundwerte der Union vertraten, rückten in den Hintergrund und wurden marginalisiert. Dagegen wurden klassische linke Forderungen übernommen und als modern sowie als Positionen der politischen Mitte hingestellt. Dabei bedeutet links nicht Fortschritt, sondern das Gegenteil: Entmündigung des Menschen und Gängelung der Wirtschaft. SPD und teilweise auch die Grünen mussten zur Kenntnis nehmen, dass die CDU sie programmatisch enteignete. Sie suchten ihr politisches Heil darin, die CDU noch weiter links zu überholen. Damit wurde das politische Koordinatensystem nach links verschoben, was bei der Union zum Verlust Zehntausender Parteimitglieder sowie zu erheblichen Einbußen bei Wahlen führte und ursächlich war für den Erfolg der AfD. Die Union hatte damit das Erbe Konrad Adenauers und Helmut Kohls aufgegeben.

Die Übernahme von Positionen der Grünen und Linken, die Aufgabe klassischer eigener Überzeugungen der CDU, die

Ausgrenzung von politischen Persönlichkeiten, die klassische CDU-Standpunkte vertreten, mündeten in eine grundlegende Veränderung der innerparteilichen, aber auch der öffentlichen Diskussionskultur. Parteimitglieder, die die Übernahme linker Positionen für falsch halten, werden innerparteilich ausgegrenzt und bekämpft. Sie werden sogar als Krebsgeschwür bezeichnet, das vernichtet werden muss. Ein derartiger innerparteilicher Umgang ist totalitär und einer demokratischen Partei unwürdig. Die heutige CDU ist keine Partei der politischen Mitte, sondern eine linke Partei.

Nicht nur die Unionsparteien haben sich in den letzten zehn Jahren verändert, sondern durch sie ist auch unser Land verändert worden. Es ist linker, um nicht zu sagen sozialistischer geworden: mit mehr Staat, mehr Bürokratie, mehr Bevormundung, einem Mehr an Ausgrenzung, einem engeren Meinungskorridor und weniger Rechten des Einzelnen. Meinungsumfragen zufolge sind über 70 Prozent der Bürger der Auffassung, dass man sich nicht mehr so frei äußern kann wie früher, ohne Gefahr zu laufen, in die rechte Ecke gestellt zu werden. Die Presse ist frei, aber sie berichtet zunehmend gleichförmig. Der öffentlich-rechtliche Rundfunk ist nicht nur wegen seiner Kosten, sondern auch wegen der politischen Ausrichtung seiner Berichterstattung umstritten wie nie zuvor. Rechtsstaatlichkeit und freiheitliche Demokratie werden von namhaften Rechtsprofessoren als gefährdet angesehen. Personen, die sich kritisch äußern, werden isoliert, diskreditiert, lächerlich gemacht, ausgegrenzt und damit politisch neutralisiert. Eine zutiefst undemokratische Umgangsform.

Hinzu kommt, dass die wirtschaftlichen, außenpolitischen und migrationspolitischen Probleme, denen Deutschland heute gegenübersteht, gewaltig sind. Bereits vor der Corona-Krise sah es für die deutsche Wirtschaft nicht rosig aus, weil die bestehenden starken deutschen Wirtschaftszweige vernachlässigt oder auf Grund der Klimapolitik belastet werden. Zukunftsträchtige Wirtschaftszweige sind dagegen in Deutschland zu wenig entwickelt worden. Manche Schwierigkeiten wurden durch die schleichende Abhängigkeit vom chinesischen Markt verschleiert. Auch die Corona-Krise verdeckt, dass einige unserer aktuellen Probleme nicht erst durch die Pandemie, sondern viel früher aufgrund von politischen Fehlentscheidungen entstanden sind. Die Migrationspolitik der letzten fünf Jahre war eine Fehlleistung, die langfristige negative Folgen für unser Land hat. Außenpolitisch hat sich Deutschland zunehmend isoliert. Wir sind unseren Freunden, Alliierten und Partnern fremd geworden.

Diese Probleme können nur gelöst werden, wenn wir bereit sind, sie auch als Probleme und nicht als linken »Fortschritt« zu sehen, und wenn wir bereit sind, ihre wirklichen Ursachen zu erkennen und darüber zu sprechen. Wer die Schwierigkeiten nicht als solche wahrnimmt und ihre Ursachen verkennt, und wer sich weigert, darüber zu reden, wird selbst Teil des Problems. Weil die Union in Deutschland die maßgebende politische Kraft ist, können wir diese Herausforderungen nur bewältigen, wenn sich CDU und CSU diesen Problemen unvoreingenommen und ohne ideologische Scheuklappen stellen und auch willens sind, sie zu lösen.

Die WerteUnion ist kein romantischer Traditionalistenverein, der das Rad der Geschichte zurückdrehen und in eine angeblich gute alte Zeit zurück will. Anders als die in Deutschland politisch dominierenden Linken, die sich an eine historisch überlebte und widerlegte romantische Ideologie aus der Frühzeit der Industrialisierung klammern, steht die

WerteUnion für die Prinzipien des fortschrittlichen, liberalen, demokratischen Rechtsstaats. Prinzipien, die CDU/CSU und Deutschland stark gemacht haben. Wenn die WerteUnion konservativ ist, dann nur deshalb, weil sie der Überzeugung ist, dass einmal für richtig erkannte politische Prinzipien nicht beliebig sind und nicht aus Opportunität in ihr Gegenteil verkehrt werden dürfen. Die WerteUnion ist der Auffassung, dass unter den derzeitigen Umständen eine Veränderung der Politik in Deutschland nur dadurch erfolgen kann, dass die Union wieder zu ihren politischen Grundwerten zurückfindet. Sie will, dass die bestehenden Probleme und Herausforderungen auf der Basis der Grundwerte von CDU und CSU und nicht auf der Basis von Beliebigkeit und linker weltfremder Heilsgewissheit gelöst werden. Nur ideologiefrei und mit einem festen Wertegefüge sind wir in der Lage, die Probleme zu lösen.

Dr. Hans-Georg Maaßen, im Juni 2020

Herbst 2015 – mein persönlicher Weckruf

Eine Nacht im Oktober 2015. Es war schon wieder nach 1 Uhr. Obwohl ich von den kurzen Nächten der letzten Tage müde war, fand ich nicht in den Schlaf. Die Bilder gingen mir nicht aus dem Kopf: scheinbar endlose Schlangen von Menschen, die ungesteuert und weitgehend unkontrolliert die deutsche Grenze überquerten. Über 10 000 täglich. Zum Jahresende würde es eine Million sein – eine Stadt wie Köln. Meist junge arabisch-muslimische Männer, über deren Herkunft und Motive häufig nichts bekannt war. Wie viele würden noch kommen? Was machte das langfristig mit Deutschland? Wollten und konnten sich die Einwanderer an unsere europäisch-christlich geprägte Gesellschaft anpassen oder würden sie unser Land entsprechend ihrer eigenen Kultur verändern? Würden sich die schon bestehenden Probleme mit der Integration von Einwanderern und Parallelgesellschaften vertiefen? Konnten die negativen Entwicklungen zukünftig überhaupt noch zurückgedreht werden, wenn wir den Zustrom weiter zuließen, oder stellten wir nicht damit schon unwiderruflich die Weichen für eine andere Gesellschaft? Woher sollte das Geld kommen, um all die Menschen zu versorgen? Ich rechnete: Selbst wenn die Kosten für den Staat monatlich nur bei 1000 Euro pro Person lagen, waren es schon 12 Milliarden Euro jährlich. Wo sollten all die Menschen wohnen?

Die Gedanken bedrückten mich, gerade auch als Vater zweier kleiner Kinder, darunter eine Tochter, um deren Zukunft ich mir Gedanken mache. Ich möchte, dass sie später einmal in einem Rechtsstaat leben, der von individueller Freiheit und dem Schutz vor staatlicher Willkür geprägt ist und nicht vom Absolutheitsanspruch einer Religion, der Scharia oder eines Regimes. Ich möchte nicht, dass sich in Deutschland langfristig mehrheitlich eine Kultur durchsetzt, die Frauen ihre mühsam erkämpften Freiheiten nimmt, sie zum Tragen von Burkas oder vielleicht sogar schon als Kinder in fremdbestimmte Ehen zwingt. Der politische und gesellschaftliche Niedergang früher prosperierender Staaten wie Persien und dem Libanon hat mir immer wieder die Gefahren verdeutlicht, die von totalitären Ideologien und muslimischen Hasspredigern ausgehen. Aber jeder Tag mit weiterer großer unkontrollierter Zuwanderung aus arabischen und muslimischen Kulturkreisen würde es schwerer machen, die Menschen in unsere Gesellschaft zu integrieren und damit unsere, durch die im Grundgesetz definierten Freiheitsrechte geschützte, Lebensweise zu erhalten.

Ich musste über meine Sorgen reden. Aber mit wem? Die öffentlich-rechtlichen Medien waren voller Lob über die unkontrollierte Masseneinwanderung und kritische Stimmen wurden mindestens als »herzlos«, oft aber als »ausländerfeindlich« dargestellt. Ich bin weder das eine noch das andere, im Gegenteil, ich bin befreundet mit Menschen mit ausländischen Wurzeln, kenne viele, die bewundernswert gut integriert sind, und das Leid der Menschen im Bürgerkriegsland Syrien geht mir nah und bringt mich immer wieder zum Grübeln. Ich halte eine geordnete Einwanderung von Menschen, die sich in unsere Gesellschaft integrieren wollen und können, für sinnvoll. Aber der ungesteuerte Zustrom so vieler Menschen mit einem komplett anderen kulturellen Hintergrund birgt meiner Meinung nach großes Konfliktpotenzial. Einige meiner Bekannten teilten meine Sorgen. Auch sie sind weltoffen und keinesfalls politisch radikal, aber beunruhigt über die möglichen Folgen des wahrgenommenen staatlichen Kontrollverlusts. Kaum jemand traute sich aber, offen seine Bedenken zu äußern. Selbst in kleinem Kreis tastete man sich nur sehr vorsichtig an das Thema heran. Der Druck des Merkel-Mantras »Wir schaffen das« und die Angst, stigmatisiert zu werden, waren zu groß. Selbst in meiner Partei, der CDU, waren nur wenige bereit, sich kritisch zu äußern, schon gar nicht öffentlich. Ich hatte erstmals das Gefühl, dass man in Deutschland nicht mehr offen sagen darf, was man denkt, ohne mit negativen Konsequenzen rechnen zu müssen. Ich merkte, dass das Vertrauen der Menschen in die Regierung, die staatlichen Institutionen, die Berichterstattung – besonders der öffentlich-rechtlichen Medien –, aber auch in die Existenz der Meinungsfreiheit schwand. Auch das machte mir Sorgen.

Ich wurde bei meiner Suche nach Gleichgesinnten auf Facebook fündig. Der eine oder andere Post ließ erkennen, dass ich nicht allein war. Die wenigen kritischen Medienberichte, meist kleinerer Publikationen, über die Probleme der Einwanderungswelle wurden geteilt und kommentiert. Ich las von Ausschreitungen durch Einwanderer in Zügen und Asylunterkünften, aber auch Übergriffen gegen Sicherheitsdienste und Anwohner. In einer nicht öffentlichen Facebookgruppe »So kann es nicht weitergehen« sammelte ich dann Gleichgesinnte. Über die nächsten Wochen wurden es Hunderte, darunter auch Mitglieder der CDU/CSU. Ich musste aber auch feststellen, dass Scharfmacher versuchten, die Situation zu missbrauchen und – oft unter Tarnnamen – im Internet Falschnachrichten verbreiteten sowie pauschal über Menschen aus anderen Kulturkreisen schimpften. Ich erlebte Anfeindungen, weil ich Posts in Facebook mit Hetze gegen Ausländer nicht akzeptierte.

Ich konnte nicht verstehen, dass die Mandats- und Funktionsträger der CDU/CSU die eigenmächtige Entscheidung der Kanzlerin, die Zuwanderung nicht einzudämmen, durchgehen ließen. Immerhin hatte ich in den 30 Jahren meiner Mitgliedschaft die CDU/CSU immer als Partei von Sicherheit und Rechtsstaat gesehen und geschätzt. Es dauerte etwas, bis ich erkannte, dass Frau Merkel die Partei grundlegend verändert hatte. Hatte ich ihre teilweise eigenmächtigen Entscheidungen wie den überhasteten Ausstieg aus der Kernenergie, die riskanten Hilfsmaßnahmen für Griechenland und die Aussetzung der Wehrpflicht zwar mit Unverständnis, aber doch relativ untätig zur Kenntnis genommen, so schwante mir, dass es diesmal um eine grundlegende Veränderung unserer Gesellschaft ging. Ich spürte, dass sich die Gewichte in unserer Demokratie stark verschoben hatten und die einzelnen Bundestagsabgeordneten nicht in der Lage waren, der Macht der Parteizentrale und des Kanzleramts ernsthaft etwas entgegenzusetzen.

Auch wenn ich nach meinem sehr starken politischen Engagement während meiner Jugend fast 15 Jahre nicht mehr politisch aktiv gewesen war, kannte ich doch noch einige Mitglieder gut. Verschiedentlich trauten sie sich, mir gegenüber ihre Kritik an der unkontrollierten Masseneinwanderung zu äußern. Ich fasste daher den Entschluss, nicht nur im Netz tätig zu werden, sondern auch öffentlich, in der Partei. Spontan entschloss ich mich, auf dem anstehenden Kreisparteitag der CDU nach langer politischer Abstinenz für den Kreisvorstand zu kandidieren, ohne die üblichen und notwendigen Absprachen. In meiner einminütigen Vorstellungsrede vor circa

200 Honoratioren thematisierte ich meine Sorge vor den Folgen der Migrationskrise für unsere Gesellschaft, soweit dies in der knapp vorgegebenen Zeit möglich war. Und tatsächlich, anscheinend gab es Gleichgesinnte: Ich wurde als einer von 15 Beisitzern gewählt, zwar als letzter, aber immerhin.

Für eine Wahl als einer der wenigen Delegierten zum Bundesparteitag reichte meine Bekanntheit dann aber bei Weitem nicht. Üblicherweise wählt die Basis in dieses Gremium hauptsächlich Europa-, Bundes- und Landtagsabgeordnete, Kreisgeschäftsführer und Bürgermeister, also Menschen, die hauptberuflich politisch tätig sind und dies auch bleiben wollen. Dementsprechend zusammengesetzt entscheidet der Bundesparteitag auch fast immer das, was die Parteiführung vorgibt. So kam es dann zu dem denkwürdigen CDU-Bundesparteitag in Karlsruhe im Dezember 2015, bei dem die Delegierten nach der Rede der Kanzlerin und Bundesvorsitzenden Angela Merkel neun Minuten stehend applaudierten. Der Widerstand ihrer wenigen (offenen) Kritiker bestand bestenfalls darin, rechtzeitig den Saal zu verlassen, um ungestraft nicht mitklatschen zu müssen. Ich war schockiert und schämte mich für diese mangelnde Diskursfähigkeit meiner Partei.

Mir wurde klar, dass die Union sich in den Jahren zuvor massiv verändert und von mir entfernt hatte. Ich spürte daher Zweifel aufkommen, ob ich mich als lange Zeit sehr überzeugter und engagierter Christdemokrat in dieser Partei noch vertreten fühlte.

Just zu dieser Zeit erhielt ich meine Urkunde für 30 Jahre Mitgliedschaft in der CDU. Ich schwankte: Sollte ich sie zurückgeben, meinen Austritt erklären, schriftlich begründen und mich wieder stärker meiner Familie, der Karriere, den Freunden und den Hobbys widmen? Doch ich wusste, dass ich damit vor mir selbst nicht bestehen würde, denn meine Gedanken über die bedrohte Zukunft unserer Gesellschaft würden mich ja immer wieder einholen. Ich würde mich untätig, hilflos, ja schuldig fühlen. Was sollte ich meinen Kindern antworten, wenn sie mich in 20 Jahren fragten: »Du wusstest doch, welche Gefahren drohen, warum hast du nichts getan?«

Der Gedanke, dass ich länger Mitglied der CDU war als die Parteivorsitzende, weckte schließlich meinen Kampfeswillen. Die Ausschreitungen von Migranten in der Silvesternacht 2015 auf 2016 in Köln und anderen Städten, auch der Eindruck, manche Behörden und Medien versuchten, sie »unter der Decke zu halten«[1], gaben letztlich den Ausschlag: Ich beschloss, um die Zukunft meiner Kinder, um Deutschland zu kämpfen.

Bereits 2014 hatte ich die Bekanntschaft von einigen führenden Mitgliedern der damaligen Professorenpartei AfD gemacht. Mir gefiel, dass diese junge Partei von liberaler Überzeugung getrieben war, aber von klugen Köpfen gesteuert wurde. Ich fand es zudem mutig, sich offen gegen die Risiken der Griechenlandpakete auszusprechen, obwohl sie sich damit gegen den politischen Mainstream stellten. Ich fand viele Inhalte aus dem Grundsatzprogramm der CDU und ursprünglich christdemokratische Überzeugungen in der damaligen Programmatik der AfD wieder, während es mir schien, als habe die CDU sich zumindest in Teilen davon verabschiedet.

Ende 2015 habe ich mich dann für den Aufbau einer lokalen überparteilichen Bürgerinitiative engagiert, die sich – aus Sorge vor sozialer Ächtung meist hinter verschlossenen Türen – für eine Wende in der Einwanderungspolitik einsetzte. Im Rahmen einer Veranstaltungsreihe der Bürgerinitiative mit Politikern verschiedener Parteien traf ich 2016 auch den Vorsitzenden der AfD, Jörg Meuthen. Seine dort geäußerte Kritik an der Einwanderungspolitik war sachlich formuliert und ähnelte meiner in einigen Punkten. Er grenzte sich damals klar von extremistischen Strömungen ab und hinterließ auch menschlich einen guten Eindruck. Dass er die spätere Radikalisierung der AfD tolerieren würde, war auf der Veranstaltung nicht zu erkennen.

Mitte 2016 stellte ich fest, dass mit einer lokalen Initiative allein keine Wende zu erreichen war. Es musste bundesweit Druck her, um politisch etwas zu bewegen. Vernetzungsversuche mit anderen Organisationen über die Plattform »Einprozent« beendete ich jedoch schnell, nachdem ich herausfand, dass deren Ideen zu radikal waren. Ich suchte also wieder vermehrt auf Facebook und stieß auf einen Altstipendiaten der Konrad-Adenauer-Stiftung, der unter dem Namen »Konrads Erben« in Posts fundiert auf die Probleme der aktuellen Einwanderungspolitik hinwies. Da ich auch Altstipendiat der Konrad-Adenauer-Stiftung bin, kam es schnell zu einem Telefonat und zur Idee, die Aktivitäten gemeinsam mit zwei weiteren engagierten Altstipendiaten auszubauen.

Ich erstellte eine Facebookseite und eine Facebookgruppe für »Konrads Erben«, über die wir weitere Mitstreiter gewannen. Wir entwarfen gemeinsam das »Rhöndorfer Manifest« und fanden schnell ein Dutzend Altstipendiaten, die ebenfalls bereit waren, es namentlich zu unterzeichnen. In dem Manifest kritisierten wir die Politik der Kanzlerin, besonders die Einwanderungspolitik, sachlich, aber inhaltlich scharf. Es gelang uns, das Manifest nicht nur über Facebook, sondern auch über einzelne Medien zu verbreiten. Ein Vertreter von Konrads Erben konnte sogar in einer Talkshow auftreten, was uns weitere Aufmerksamkeit brachte. Ich war durch unseren Erfolg motiviert und davon überzeugt, dass sich mein Engagement für meine Überzeugung lohnte. Daher dachte ich darüber nach, wie ich mich noch stärker und effektiver einbringen konnte. In diesem Zusammenhang erwog ich auch einen Beitritt zur AfD, die meines Erachtens damals die einzige ernst zu nehmende Partei war, die sich konsequent für eine Begrenzung und Steuerung der Zuwanderung einsetzte.

Konrads Erben knüpften zwischenzeitlich Kontakte zu Bundestagsabgeordneten des Berliner Kreises, einer kleinen Gruppe konservativer Bundestagsabgeordneter der CDU/CSU. Auf Vermittlung von CDU-Honoratioren traf ich in Berlin Journalisten zu Hintergrundgesprächen. Es folgten erste Erwähnungen in politischen Magazinen und ein erster Beitrag im ZDF. Die Medien nahmen wahr, dass wir nur die Spitze des Eisbergs waren, denn in sogenannten nicht öffentlichen Hintergrundgesprächen hörten sie von Kabinettsmitgliedern und Abgeordneten von deren Unzufriedenheit. Öffentlich aussprechen mochte es aus Sorge um die eigene Karriere im System Merkel jedoch niemand mit Renommee. Konrads Erben taten es.

Nach und nach meldeten sich einzelne Vertreter lokaler »konservativer Kreise« in der CDU bei Konrads Erben, aus Sachsen, Nordrhein-Westfalen und Vorpommern. In Bayern gab es bereits seit einigen Jahren die Gruppierung Konservativer Aufbruch der CSU, die sich nun über den Weißwurstäquator hinaus engagierte. Ein deutschlandweites Netzwerk entstand. Überall das gleiche Bild: Unverständnis, ja Wut über die Politik der Kanzlerin.

Aber was tun? Wollten wir es bei den bisherigen, lokalen und leider wenig effektiven Aktivitäten belassen oder deutschlandweit eine innerparteiliche Opposition bilden, die der Machtmaschinerie des Konrad-Adenauer-Hauses und des

Kanzleramts etwas entgegensetzen konnte? Wir entschieden uns für Letzteres, denn wir wollten nicht länger zusehen, wie die Partei, in der viele seit Jahrzehnten Mitglied waren, immer weiter zur Unkenntlichkeit demontiert wurde. Wir wollten uns nicht länger dafür rechtfertigen müssen, dass wir nicht unsere Stimme erhoben gegen eine Politik der Beliebigkeit, die hauptsächlich auf Machterhalt ausgerichtet war und Deutschland schadete. Bei einem Treffen in Oberursel Anfang 2017 lernte ich ein knappes Dutzend gleichgesinnter Unionsmitglieder aus unterschiedlichen Regionen Deutschlands persönlich kennen. Wir erörterten die Gründung des »Freiheitlich-konservativen Aufbruchs« als Dachorganisation aller konservativen Initiativen innerhalb der Union.

Damit galt es nun für mich eine Entscheidung zu treffen: Sollte ich mein Engagement in der CDU fortsetzen und mich am Aufbau der Dachorganisation beteiligen oder mich nicht besser gleich in der AfD einbringen, die ich zeitweise durchaus als Alternative sah? Eine Weile war ich ja zwischen den Stühlen gesessen, abwägend, wo meine Überzeugung am ehesten eine Heimat finden und ich effektiv etwas bewegen konnte. Die Entscheidung wurde mir dann aber innerhalb weniger Wochen leichtgemacht. Am 17. Januar 2017 hielt Björn Höcke, Landesvorsitzender der AfD in Thüringen, seine berüchtigte Rede in Dresden. Ein Beispiel für seine zahlreichen inakzeptablen Entgleisungen war seine Aussage vom »Import fremder Völkerschaften«[2], als ob die Zuwanderung gesteuert sei von Mächten, die Deutschland schaden wollten. Aber nicht nur der Inhalt der Rede schockierte mich. Auch die begeisterten, undifferenzierten Reaktionen seiner Anhänger auf die gezielten Tabubrüche und seine Sprache stießen mich ab. Mir wurde klar, dass sich die AfD seit ihren Anfängen als kritische,

23

aber liberale Partei deutlich verändert, ja radikalisiert hatte. Eine Partei, in der Spitzenfunktionäre solche Inhalte wie Höcke vertreten konnten, ohne Konsequenzen ziehen zu müssen, und dafür sogar bejubelt wurden, konnte nicht meine politische Heimat sein. Ich bedauerte, dass ich diese Entwicklung der Partei nicht früher erkannt hatte.

Wenige Tage nach der Rede Höckes traf ich bei einer Veranstaltung meiner Bürgerinitiative den CSU-Stadtrat Dr. Thomas Jahn, der eine führende Rolle beim Konservativen Aufbruch der CSU hatte. Er bestätigte mich in meiner Hoffnung, dass es in der CDU/CSU genügend Potenzial für einen Politikwechsel gab, und so beschloss ich, mich zukünftig für einen Zusammenschluss der konservativen und wirtschaftsliberalen Kräfte innerhalb der Union zu engagieren, auch um damit eine klare Trennlinie zur AfD zu ziehen.

Ich erklärte mich bereit, die Organisation der Gründungsveranstaltung zu übernehmen. Da der ursprünglich angedachte Raum in Wiesbaden am geplanten Termin doch nicht zur Verfügung stand, organisierte ich auf die Schnelle etwas in meinem Nachbarort Schwetzingen. Als unser Vorhaben bekannt wurde, regten sich die Medien und fragten sich zu mir als Organisator durch. Erst vereinzelt, dann zog jede Berichterstattung viele weitere nach sich. Eigentlich hatte ich vor, mich »nur« als Schatzmeister zu engagieren, doch durch die Medienberichterstattung wurde ich zum Gesicht der neuen Bewegung. Ich nahm die Verantwortung an und war schließlich einverstanden, den Vorsitz zu übernehmen.

Einige Tage vor der Gründungsversammlung war ich am Ende meiner zeitlichen Kapazitäten vor und nach der Arbeit bzw. am Wochenende. Ich nahm daher drei Tage Urlaub und führte im Viertelstundentakt Telefonate und Telefoninterviews.

Immer mehr Unionsmitglieder aus vielen Teilen Deutschlands meldeten sich und wollten mitmachen. Ich spürte, dass wir einen Nerv getroffen hatten und viele Menschen, gerade auch in der CDU/CSU, eine Veränderung geradezu herbeisehnten. Für den 25. März 2017 in Schwetzingen hatten sich schließlich über 70 Vertreter konservativer Gruppen angemeldet. Die Teilnehmer aus Schleswig-Holstein, Mecklenburg-Vorpommern Dresden und Oberbayern nahmen Anreisezeiten von vielen Stunden in Kauf, um für ihre Überzeugung einzustehen. Der Widerstand in der CDU/CSU gegen die profillose und nicht gestaltende Politik der Parteivorsitzenden und Kanzlerin formierte sich – argwöhnisch beäugt, ja teilweise sogar beschimpft von den Parteisoldaten und hauptamtlichen Funktionären, die ihre Macht zu Recht bedroht sahen. Wir waren zwar ein vergleichsweise kleiner Haufen ohne große Namen und ohne finanzielle Mittel, aber wir trugen in uns die Überzeugung, dass wir etwas ändern mussten. Und wir ahnten, dass die Zeit für unsere Idee gekommen und die Politikwende längst überfällig war. Wir wussten, dass es nicht um einen Kurzstreckenlauf ging, sondern um einen harten Marathon, bei dem es viele Hindernisse und Widerstände geben und die Versuchung zum Aufgeben groß sein würde. Aber wir waren entschlossen, Deutschland zu retten. Dass wir zur am schnellsten wachsenden Gruppierung innerhalb der CDU/CSU werden und tatsächlich einiges verändern würden, das konnten wir zu diesem Zeitpunkt nur hoffen.

Meine persönlichen Erfahrungen

Als ich im Herbst 2015 beschloss, mich nach jahrelanger Pause wieder mehr politisch zu engagieren, hatte ich keine Ahnung, wie stark dies mein Leben verändern würde. Ich habe seitdem neben meinem Beruf und der Familie in fünf Jahren Tausende Stunden für diese Überzeugung investiert und damit zwangsläufig insbesondere meine Freunde und meine Freizeitaktivitäten vernachlässigt. Dafür habe ich, besonders als Vorsitzender der WerteUnion, sehr spannende, manchmal erfreuliche, aber auch oft desillusionierende Erfahrungen gemacht, wie ich sie selbst in den sehr aktiven meiner insgesamt 35 Jahre in der CDU zuvor nicht erlebt hatte.

Parteifreunde

In einer Partei wie der CDU herrscht sozialer Druck. Es geht hauptsächlich um Macht. Es gibt klare Hierarchien und Machtkämpfe, die häufig hinter den Kulissen und mit fragwürdigen Methoden geführt werden. Es gibt da nur die Wahl, entweder angepasst mitzuschwimmen, dabei wenig zu bewegen und zu hoffen, dass man sich langsam hochdient, oder für seine Überzeugung offen einzutreten. Wer sich aber nicht anpasst, wird sehr schnell geächtet, ja ausgegrenzt. Spätestens mit der Übernahme des Vorsitzes des »Freiheitlich-konservativen Aufbruchs in der CDU/CSU«, wie die WerteUnion bei Gründung hieß, war ich für einen Teil der Mitglieder, besonders aber für die meisten Funktionäre der CDU/CSU, eine Persona non grata. Man nahm mir – und dem ganzen Verein – übel, dass wir es wagten, die Politik der Parteivorsitzenden und Bundeskanzlerin zu kritisieren. Dabei hielten wir uns zugegebenermaßen bewusst nicht an die Parteistrukturen, die diese Kritik sonst so einfach kontrollierbar und letztlich wirkungslos gemacht hätten. Der reguläre Weg wäre gewesen, im Ortsverband einen Antrag für den Kreisverband zu stellen, wo er dann im besten Fall an den Bezirksverband weitergegeben wird, von dort an den Landesverband und von dort an den Bundesverband. Abgesehen davon, dass dieses Prozedere schnell mal ein Jahr dauern kann, wäre ein entsprechender Antrag auf den unterschiedlichen Ebenen entweder in einen Arbeitskreis verwiesen, vertagt, bis zur Unkenntlichkeit verwässert oder einfach komplett abgelehnt worden. Und selbst wenn der Bundesparteitag als höchstes Gremium dann nach langer Zeit einen entsprechenden Beschluss fassen sollte, wäre es noch sehr unwahrscheinlich, dass eine entsprechende Umsetzung erfolgt, da weder Abgeordnete und schon gar nicht die Regierung an entsprechende Beschlüsse gebunden sind.

Viele von uns – und auch ich – hatten genau diese frustrierenden Erfahrungen gemacht. Wenn wir zeitnah etwas bewegen wollten, hatten wir also gar keine andere Chance, als mit unserem Anliegen den direkten Weg an den Parteiebenen und -strukturen vorbei zu nehmen und dabei auch die Medien einzubinden. Allerdings hatte die zeitweise hohe Medienpräsenz gerade parteiintern oft scharfe Kritik zur Folge. Dabei spielte Neid eine wesentliche Rolle, denn so mancher Abgeordnete oder zum Beispiel stellvertretende Landesvorsitzende hätte viel dafür gegeben, einmal sein Gesicht in den Tagesthemen zeigen zu dürfen. So ist gut nachzuvollziehen, dass mir gerade solche Leute vorwarfen, nur aus Gründen der Selbstdarstellung zu handeln, obwohl eine hohe Medienpräsenz oft alles andere als angenehm ist.

Die Mitglieder der WerteUnion wurden von den meisten, die sich über Jahre in der Partei hochgedient hatten, als diejenigen angesehen, die ihre persönliche Macht gefährdeten. Und da hört die Parteifreundschaft dann schnell auf. Die meisten inhaltlichen Positionen wurden deshalb ebenso ignoriert wie die Versuche, mit der Parteiführung ins Gespräch zu kommen. Bei Parteiveranstaltungen machten viele Teilnehmer im wahrsten Sinne des Wortes einen Bogen um die sogenannten Sektierer. Die Ausgrenzung ging manchmal sogar so weit, dass Parteimitglieder sich nicht einmal trauten, sich öffentlich mit Mitgliedern der WerteUnion zu unterhalten, weil sie vermeiden wollten, dass die Partei ihnen diesen Kontakt negativ anrechnete. Auf dem Bundesparteitag z. B. vermeidet es mancher Bundestagsabgeordnete extra, am Infostand der WerteUnion vorbei zu laufen, in der Sorge, von anderen in dessen Nähe gesehen zu werden.

Verschiedentlich intervenierten sogar Parteifunktionäre, um Veranstaltungen zu be- oder gar verhindern, bei denen etwa der langjährige Präsident des Bundesamts für Verfassungsschutz, Hans-Georg Maaßen oder ich auftreten sollten. Im Juli 2020 lud z. B. ein CDU-Kreisverband in Südbaden nach Bekanntwerden einer durch die WerteUnion geplanten

Veranstaltung mit Maaßen und mir zu einer eigenen Sitzung zur gleichen Zeit und in unmittelbarer Nähe ein, sehr wahrscheinlich, um potenzielle Besucher durch das Konkurrenzangebot von der Veranstaltung der WerteUnion abzusaugen und gleichzeitig die Aufmerksamkeit der regionalen Presse auf die Veranstaltung der CDU und damit weg von der WerteUnion zu ziehen. Mehrfach wurden unsere Angebote, die unterschiedlichen Positionen einmal parteiöffentlich zu diskutieren, von unseren innerparteilichen Gegnern abgelehnt.

Die Ausgrenzung der WerteUnion und von mir in der Partei nahm manchmal fast hysterische Züge an. So war zum Beispiel im Sommer 2017 ein nichtöffentlicher Gedankenaustausch zwischen Vertretern der WerteUnion und einigen Landtagsabgeordneten in einem Sitzungsraum ihres Landtags geplant. Als ein führendes Mitglied des CDU-Landesvorstands davon erfuhr, verbot es den Landtagsabgeordneten nach deren Aussage wenige Stunden vor dem Treffen die Nutzung des Sitzungsraums. Wahrscheinlich bestand die Sorge, dass die Billigung des Treffens mit den »Rebellen« an einem offiziellen Ort die erhoffte eigene Berufung ins Bundeskabinett durch die Kanzlerin gefährden würde. Damit der Termin nicht ganz abgesagt werden musste, waren die Landtagsabgeordneten nach diesem Rauswurf gezwungen, sich einen anderen Sitzungsort außerhalb des Landtags zu suchen. Am 7. Februar 2020 sagte der Vorsitzende der Jungen Union, Tilman Kuban, wenige Minuten vor Beginn ein Live-Interview beim Deutschlandfunk ab, als er erfuhr, dass ich direkt vor ihm im Gespräch war.[3]

Könnte man über solche Befindlichkeiten noch lächeln, so erlebten wir leider auch wüste persönliche und öffentliche Beschimpfungen durch unsere Parteifreunde. Eines von vielen Beispielen hierfür ist die Aussage des CDU-Bun-

desvorstandsmitglieds Elmar Brok, der die WerteUnion als
»Krebsgeschwür«[4] bezeichnete – übrigens ohne, dass sich die
Parteispitze danach davon offiziell distanzierte.

Den wesentlichen Akteuren der WerteUnion war bewusst,
dass das Eintreten für ihre Überzeugung sie einen hohen
Preis kostete, nämlich die Ächtung innerhalb der Partei. An
eine Karriere in der Partei war und ist auf absehbare Zeit für
ein bekennendes Mitglied der WerteUnion nicht zu denken.
Im Gegenteil, seitens der Führungsebenen wird versucht, Mitglieder der WerteUnion aus Parteifunktionen zu entfernen
beziehungsweise sie davon fernzuhalten, dadurch Exempel
zu statuieren und aufstrebenden Parteimitgliedern die Nähe
zur WerteUnion zu erschweren. Beispielsweise wurde die
eigentlich eher unbedeutende Tatsache, dass ich nicht mehr
in den Kreisvorstand der CDU Rhein-Neckar gewählt wurde,
innerhalb von Stunden von Gegnern der WerteUnion in den
bundesweiten Medien platziert.[5] Zwei Jahre zuvor hatte die
Tatsache, dass ich als Bundesvorsitzender der WerteUnion in
den Kreisvorstand gewählt worden war, dagegen niemanden
interessiert. Die überregional eher unübliche Meldung, dass
ich auch aufgrund massiven Gegenwinds, auch aus höheren
Ebenen, erwartungsgemäß die Nominierung für eine regionale Landtagskandidatur nicht geschafft hatte, landete ebenfalls
innerhalb von Minuten bei Focus online.[6] Verschiedentlich
wird sogar innerparteilich direkt Druck auf Mitglieder der WerteUnion ausgeübt, aus der Gruppierung auszutreten, wenn sie
nicht ihre Funktion in der CDU/CSU oder ein parteinahes öf-
fentliches Amt verlieren wollen.

Neben all diesen desillusionierenden Erlebnissen darf jedoch nicht unterschlagen werden, dass ich auch einige mutige
renommierte Parteimitglieder kennenlernen durfte, die ohne

Rücksicht auf mögliche Repressionen durch die Partei offen für ihre Überzeugung einstehen und die faire, inhaltliche Diskussion in den Vordergrund ihres Handelns stellen. Sie gehören zu den Hoffnungsträgern der Partei. In nichtöffentlicher Runde bekamen wir zwar auch oft Zustimmung für unsere Positionen von unerwartet vielen Unionsmitgliedern, Abgeordneten und Funktionären, aber öffentlich dazu stehen wollten dann viele davon letztlich doch nicht.

Reaktionen außerhalb der CDU/CSU

Auch jenseits der Partei ist das Echo auf meinen Einsatz für meine Überzeugung erwartungsgemäß zwiegespalten. Ich erlebe, dass erstaunlich viele, für mich manchmal sogar erschreckend viele Menschen weitgehend unpolitisch zu sein scheinen. Andererseits kann ich auch sehr gut nachvollziehen, dass angesichts des noch relativ hohen Lebensstandards in Deutschland viele Menschen keine Notwendigkeit sehen, sich aktiv in die mühsamen, oft unschönen politischen Machtkämpfe einzumischen. Häufig liegt das Desinteresse aber auch einfach in Hilflosigkeit begründet, weil die Menschen nicht wissen, was genau sie tun können. Bei öffentlichen Vorträgen erfahre ich immer wieder große Zustimmung für meine Positionen, insbesondere für die Forderung nach einer Begrenzung und Steuerung der Einwanderung. In der Diskussion nehme ich ähnliche Sorgen um den Erhalt unserer freiheitlichen Gesellschaft bei den Menschen wahr, wie ich sie habe.

Manche sind geradezu erleichtert, endlich offen darüber reden zu können, weil sie es sich sonst nicht trauen, aus Angst, persönlich ausgegrenzt zu werden. Häufig höre ich: »Wenn es mehr Leute wie Sie gäbe in der CDU, würde ich die CDU wieder wählen.« Allerdings glauben viele auch nicht, dass die CDU mit einer Kanzlerin Merkel und der derzeitigen Führung »die Kurve kriegt«. Hier spüre ich, dass die bisherige Unionslinie einige Menschen bestenfalls dazu treibt, nicht zu wählen, schlimmstenfalls der AfD ihre Stimme zu geben. Oft treffe ich auf den Veranstaltungen Leute, die in meiner Jugend zusammen mit mir in der JU und CDU aktiv waren, aber in den letzten Jahren wegen des Kurses von Frau Merkel ausgetreten sind. Immer wieder werde ich auch von mir nicht bekannten Menschen angesprochen oder angeschrieben, die mich aus den Medien oder über die sozialen Netzwerke kennen und mir Mut zusprechen.

Neben diesen Erfahrungen der Zustimmung und Unterstützung gibt es jedoch auch die Schattenseite. Ich erhalte häufig unsachliche Beschimpfungen, gerne als Kommentare über die sozialen Medien oder als – häufig anonyme – E-Mails. Interessanterweise kommen diese sowohl aus dem linken als auch aus dem rechten politischen Spektrum. Während mir die von links meist vorwerfen, rassistisch, rechts, AfD-nah etc. zu sein, bin ich als CDU-Mitglied für die Rechten zum Beispiel ein »Speichellecker der vergrünten Merkelpartei«, »linksfaschistisches Pack« oder »Kryptokommunist« und mitschuldig an allen Problemen, die Merkels Politik in Deutschland verursacht hat.

Als wäre die verbale Verrohung nicht schon schlimm genug, bleibt es manchmal nicht nur bei Beschimpfungen und Beleidigungen. Verschiedentlich werden – wieder von rechts und von links – unverhohlen teilweise heftige Drohungen gegen mich ausgesprochen. Zuletzt hat sich sogar der Staats-

schutz eingeschaltet, als diese Drohungen nicht mehr »nur«
virtuell stattfanden, sondern real vor meinem Haus – vermutlich durch Aktivisten der Antifa.[7]
Wie weit die Ausgrenzung Andersdenkender geht, ist auch
daran zu erkennen, dass ein Landtagsabgeordneter der Grünen, deren Jugendorganisation die Antifa unterstützt, von dem
deutsch-ägyptischen, parteilosen Politikwissenschaftler und
Schriftsteller Hamed Abdel-Samad verlangte[8], dass er sich von
der WerteUnion »als unbedingte Voraussetzung für eine Zusammenarbeit« (in Form einer gemeinsamen Veranstaltung)
»glaubhaft« distanziere. Leider hat sich dieser Landtagsabgeordnete trotz mehrfacher Einladung keiner diesbezüglichen
öffentlichen Diskussion der unterschiedlichen Standpunkte
gestellt.

Die Rolle der Medien

Den Medien kommt in der Politik eine nicht zu unterschätzen-
de Rolle zu, da sie für sehr viele Menschen Politik überhaupt
erst wahrnehmbar machen. Was im Fernsehen, im Radio, in
den Printmedien oder online berichtet wird, hat großen Einfluss auf die politische Meinung. Dabei darf nicht übersehen
werden, dass eine Berichterstattung, selbst bei bestem Bemühen um Objektivität und Ausgewogenheit, nie umfassend vollständig oder komplett unparteiisch sein kann. Somit können
Medien immer nur einen Teil der Wirklichkeit abbilden. Hinzu
kommt, dass viele Journalisten offenbar den Anspruch haben,
aktiv Meinung zu bilden oder gar Gesinnung zu vermitteln,
wodurch die Objektivität von vornherein eingeschränkt ist.

Außerdem muss sich eine Geschichte auch noch beim potenziellen Konsumenten der Nachricht »verkaufen«, was zu einer entsprechenden Selektion der berichteten Inhalte führt. Das Ausmaß dieser selektiven Darstellung ist für die meisten Konsumenten aber kaum zu beurteilen, da diesen ein vollständiger Einblick in die Fakten meist nicht vorliegt. Wer jedoch wie ich einmal selbst erfahren hat, dass nur ein kleiner Teil der Fakten den Weg in die Berichterstattung findet, weiß um die enorme Macht der Journalisten.

Ich habe erlebt, wie aus fast zweistündigen Interviews am Ende wenige Sätze ausgewählt, manchmal aus dem Zusammenhang gerissen und veröffentlicht wurden. Sachliche Analysen, nüchterne Fakten und politische Positionen werden von vielen Medien kaum aufgegriffen, vermeintliche Skandale, persönliche Konflikte und einfache Botschaften dagegen deutlich eher. In der Berichterstattung über eine größere Veranstaltung der WerteUnion zum 30. Jahrestag des Mauerfalls über mehrere Stunden mit Pressekonferenz und vielen Interviews ging es letztlich fast ausschließlich darum, eine angebliche Nähe der WerteUnion zur AfD zu konstruieren. Die Veranstaltung, ihr Thema und der allergrößte Teil der Interviews spielten dabei praktisch keine Rolle.[9] Häufig werden auch Behauptungen und Vermutungen veröffentlicht, aber nicht öffentlich zurückgenommen, wenn sie sich nicht bewahrheitet haben. Manche Journalisten konzentrieren sich darauf, das berühmte Haar in der Suppe zu finden, also aus Hunderten Aussagen oder Positionen genau die eine zu finden, die als Aufmacher oder Aufreger geeignet ist und das gewünschte Bild vermittelt. Selbst wenn 99,9 Prozent der Inhalte nicht angreifbar sind, kann der winzige Rest dazu dienen, die gesamte Programmatik zu diskreditieren. Analog wird gelegentlich versucht, aus dem Fehlverhalten eines Mitglieds von über 4000 eine negative Berichterstattung über die gesamte WerteUnion zu rechtfertigen. Besonders absurd wird es, wenn das entsprechende Mitglied auch Mitglied der CDU ist, aber nur die WerteUnion in pauschale mediale Haftung[10] für seine Fehler genommen wird. Allerdings habe ich auch Journalisten kennengelernt, die ihre Aufgabe einer faktenbasierten, ausgewogenen Berichterstattung sehr ernst nehmen und gleichzeitig menschlich fair mit mir umgegangen sind – unabhängig von der eigenen politischen Meinung. Solche Journalisten leiden zu Unrecht unter dem undifferenzierten Vorwurf der »Lügenpresse«.

Drei Jahre WerteUnion – ein persönliches Zwischenfazit

Obwohl ich in jungen Jahren fast 20 Jahre sehr stark politisch engagiert war, habe ich in den letzten drei Jahren seit der Gründung der WerteUnion viele neue Einblicke in das politische Geschehen gewonnen, die den meisten Menschen verborgen bleiben. Getrieben von der Überzeugung, Schaden von Deutschland abzuwenden, musste ich lernen, dass Idealismus, das Interesse des Volkes und Sachpolitik eine deutlich geringere Rolle spielen als beispielsweise Machterhalt und persönliche Interessen vieler Protagonisten. Das schreckt immer mehr Menschen ab, sich politisch für das Gemeinwohl zu engagieren. Nach meiner Beobachtung betrifft das nicht nur die CDU/CSU, sondern zieht sich quer durch alle Parteien. Daraus ergibt sich das Dilemma, dass die Kluft zwischen dem Normalbürger und den politischen Entscheidungsträgern immer größer wird, was dauerhaft für unsere Demokratie nicht vorteilhaft sein kann.

Einerseits bewundere ich gerade Spitzenpolitiker für ihr Durchhaltevermögen in einem solchen Haifischbecken, andererseits bin ich schockiert über die Degeneration mancher politischer Prozesse. Sie haben sich längst vom Idealbild einer Demokratie entfernt, und eine Trendwende von selbst ist nicht absehbar. Genau deshalb bedarf es auch des Aufkommens von neuen Gruppierungen wie der WerteUnion, um verkrustete Strukturen zu lockern und den Fokus wieder stärker auf Problemlösungen zu lenken.

Rational betrachtet kann ich angesichts des Zeitaufwands, der Anfeindungen und der meist geringen Einflussmöglichkeiten nicht empfehlen, sich stark in der Parteipolitik zu engagieren. Dennoch braucht die Politik mehr Überzeugung und Engagement, gerade von vernünftigen Menschen, die mitten im Leben stehen. Wir dürfen dieses Land mit seinen im Grundgesetz garantierten Freiheiten nicht aufgeben, sondern müssen es gegen jede Art von Extremismus, aber auch totalitäre, sozialistische und nationalistische Tendenzen verteidigen. Und da es sehr schwer ist, einen einmal »fahrenden Zug« in einem Land mit über 80 Mio. Einwohnern anzuhalten, muss Fehlentwicklungen frühzeitig entgegengetreten werden. Deshalb sollte sich doch jeder verantwortungsbewusste Bürger im Rahmen seiner Möglichkeiten engagieren, sei es durch eine aktive oder passive Parteimitgliedschaft, Leserbriefe, Schreiben an Abgeordnete etc. Ich jedenfalls werde mich trotz aller Widrigkeiten weiterhin für meine Überzeugung engagieren, denn die Folgen einer vielfach verfehlten Politik des letzten Jahrzehnts bedürfen einer Politikwende. Und die will ich nicht rechten, linken oder grünen Ideologen überlassen.

KAPITEL 3

Das System Merkel

26. Mai 2019, kurz nach 18 Uhr. Enttäuschung im Konrad-Adenauer-Haus der CDU in Berlin: Die CDU/CSU hat mit nicht einmal mehr 29 Prozent der Stimmen bei der Europawahl ihr schlechtestes Ergebnis bei einer bundesweiten Wahl erzielt. Mehrere Millionen von ehemaligen Wählern sind zu anderen Parteien abgewandert oder haben aus Enttäuschung und mangels wahrgenommener Alternative gar nicht mehr gewählt. Doch viele hier ahnten bereits, dass das Ende der Talfahrt noch nicht erreicht war. Die Wahlen in Sachsen, Brandenburg und Thüringen warfen schon ihre Schatten voraus und verhießen nichts Gutes. Und tatsächlich bekam die Union als einst stolze Volkspartei im Herbst des Jahres 2019 bundesweit in Umfragen nur noch die Zustimmung jedes vierten Wählers.

Wie konnte es so weit kommen und welche Rolle spielte das »System Merkel« dabei?

Nachdem sie als ehemaliges Mitglied und hochrangige Funktionärin der sozialistischen Jugendorganisation der DDR, FDJ, erst ein Jahr nach dem Mauerfall 1989 über Umwege bzw. den Demokratischen Aufbruch und eher aus rationalen Machtüberlegungen als aus Überzeugung zur CDU gekommen war[11], hatte sich Angela Merkel schrittweise und systematisch die Macht in der von ihr nicht geliebten Partei erkämpft. »Kohls Mädchen«[12] ergriff im Jahr 2000 ihre Chance und wurde nach verschiedenen Funktionen, unter anderem als Bundesministerin und Generalsekretärin der CDU, nun Bundesvorsitzende der CDU, nachdem sich ihr Vorgänger Wolfgang Schäuble durch die sogenannte Spendenaffäre gezwungen gesehen hatte, das Amt aufzugeben.

2001 verzichtete Frau Merkel in weiser Voraussicht angesichts der geringen internen und externen Erfolgschancen auf die Kanzlerkandidatur, um ihren Parteivorsitz zu sichern. Im Jahr 2002 verdrängte sie Friedrich Merz vom Amt des Fraktionsvorsitzenden und hatte sich damit die optimale Startposition für das Kanzleramt erarbeitet. Mit ihrem Machtstreben räumte sie strategisch geschickt alle Hindernisse aus dem Weg und wurde mit denkbar knappem Vorsprung bei der Bundestagswahl 2005 Kanzlerin einer großen Koalition mit der SPD. Die Partei und die Bundestagsfraktion hatte sie in den Jahren zuvor konsequent auf ihr persönliches Ziel ausgerichtet.

Auch während ihrer Kanzlerschaft stand weniger der politische Gestaltungswille beziehungsweise das Durchsetzen bestimmter Positionen als vielmehr der Machterhalt im Vordergrund ihres Handelns. Innerparteiliche Kritiker, besonders Konservative und Wirtschaftsliberale, wurden kaltgestellt, auch um die CDU/CSU stets koalitionsfähig mit der SPD zu halten und perspektivisch sogar mit den Grünen zu machen. Politische Positionen der CDU, etwa zur Kernenergie oder zur Bundeswehr, waren nur so lange vor ihr sicher, als sie nicht ihrem Machterhalt im Wege standen. Die Parteivorsitzende leistete es sich sogar, ihre eigene Partei zu düpieren, indem sie deren Beschlüsse schlichtweg ignorierte und sogar konterkarierte. Bestes Beispiel war im Dezember 2016 der Beschluss des Bundesparteitags, des höchsten Gremiums der CDU, die Regelungen zur doppelten Staatsbürgerschaft deutlich zu verschärfen. Bereits wenige Stunden nach dem Beschluss erklärte Frau Merkel, dass sie nicht daran denke, diesen tatsächlich umzusetzen.[13]

Ihre Strategie, der SPD durch einen Linkskurs der CDU die Themen zu nehmen und so das Wasser abzugraben, war lange Jahre ebenso strategisch geschickt wie erfolgreich. Die CDU war so, unabhängig von dem absoluten Ergebnis, stets stärkste Partei und wegen zunehmender politischer Unschärfe gleichzeitig nach allen Seiten koalitionsfähig, entweder mit der SPD oder mit der FDP, aktuell in den Augen mancher sogar mit den Grünen. Somit sicherte Frau Merkel immer ihre eigene Position als Kanzlerin, auch wenn sie dabei christdemokratische Positionen, wie etwa kurz vor der Bundestagswahl 2017 mit der »Ehe für alle«, opferte.

Das Kalkül der asymmetrischen Demobilisierung, also einer Strategie, die eine klare Positionierung zu bestimmten Themen vermeidet, um dadurch überproportional potenzielle Wähler anderer Parteien einzulullen und so von einer Stimmabgabe abzuhalten, ging auf. Zwar murrten die Konservativen und Wirtschaftsliberalen in der Union ab und zu. Letztlich hielt der Machtwille aber alle zusammen, zumal auf der vernachlässigten rechten Seite keine Gefahr durch eine ernst zu nehmende Konkurrenz drohte. Frau Merkels Politik war vor allem deshalb »alternativlos«, weil Unionsanhänger und -mitglieder tatsächlich keine ernsthafte Alternative in Form einer Partei hatten. Enttäuschte Unionswähler wurden meist »nur« zu Nichtwählern, da es keine Partei gab, die stark genug war, um den Protest wirksam zu bündeln. Somit spiegelte sich die Unzufriedenheit mit dem Kurs der Kanzlerin anfangs auch nicht signifikant in besorgniserregenden Wahlergebnissen wider.

Innerparteiliche Kritiker wie Wolfgang Bosbach ließ die Kanzlerin durch ihre Mitarbeiter beschimpfen (Kanzleramtsminister Ronald Pofalla, 2011: »Ich kann deine Fresse nicht mehr sehen«[14]) und Generalsekretär Peter Tauber bezeichnete 2016 innerparteiliche Gegner der Politik von Frau Merkel angeblich sogar als »A...loch«[15] und legte ihnen nah, die Partei zu verlassen. Mancher nicht linienkonforme Ministerpräsident, wie Hessens Roland Koch, blieb im Laufe der Jahre ebenso auf der Strecke wie populäre potenzielle Konkurrenten, zum Beispiel Karl-Theodor zu Guttenberg, dem Jahre nach der Abgabe aufgedeckte Unregelmäßigkeiten seiner Doktorarbeit zum Verhängnis wurden. Norbert Röttgen wurde von Merkel als Bundesumweltminister entlassen, weil er den Zickzackkurs um den Ausstieg aus der Kernenergie kritisch sah.

In ihrer Absicht, starke, potenzielle Gegenspieler zu verhindern, setzte Frau Merkel 2004 auch den politisch unerfahrenen Horst Köhler als Bundespräsidenten gegen den erfahrenen und überzeugten Konservativen Wolfgang Schäuble durch.

Die meisten der macht- und prestigehungrigen Karrieristen in der Union arrangierten sich mit dem Führungsstil der Kanzlerin, garantierte er ihnen doch Aufstiegschancen und gut bezahlte Positionen. Auch die spätere Auswahl von Annegret Kramp-Karrenbauer, erst als Generalsekretärin und später als Wunschnachfolgerin als Parteivorsitzende, war wohl hauptsächlich aus dem Gedanken Merkels geboren, ja keine starke Persönlichkeit in ein wichtiges Amt zu holen und damit jede Gefährdung der eigenen Macht zu verhindern. Ohne diese Schützenhilfe von Merkel hätte »AKK« vermutlich kaum eine bedeutende Position in der CDU erreicht.

In Hintergrundgesprächen mit einzelnen Bundestagsabgeordneten der CDU/CSU verwundert mich immer wieder, wie kritisch das Handeln von Frau Merkel teilweise gesehen wird, ohne dass hieraus aber ernsthafter Widerstand dagegen erwächst, wie man ihn ja eigentlich von dem Wohl des deutschen Volkes verpflichteten Berufspolitikern erwarten sollte. Das ergibt sich offenbar aus verschiedenen Gründen. So scheinen viele Mitglieder des Bundestags im komplexen Tagesablauf des politischen Alltags oft einfach überfordert damit, strategische Fehlentwicklungen gegenüber den zahlreichen Fachthemen zu priorisieren und sich entsprechend zu engagieren. Oftmals kommt eine gewisse Hilflosigkeit als Einzelner in einer Gruppe von rund 250 Fraktionskollegen dazu, denn als einfaches Fraktionsmitglied eine größere Gruppe zu gemeinsamen Initiativen zu mobilisieren, erfordert viel Zeiteinsatz. Außerdem muss Widerstand ja gegen eine Phalanx von Mitarbeitern im Kanzleramt, den Ministerien, der Fraktion und der Parteizentrale organisiert werden. Leider gibt es vermutlich aber auch Abgeordnete, die trotz erkannter Fehlentwicklungen keinen Konflikt riskieren wollen, da sie sich damit möglicherweise die Karriere in der Partei, Fraktion oder Regierung verbauen könnten oder sogar befürchten müssten, bei der nächsten Wahl nicht mehr oder nur auf einem schlechten Listenplatz aufgestellt zu werden.

Derart umgeben von schwachen Persönlichkeiten und Opportunisten sowie weitgehend befreit von innerparteilichem Widerstand konnte Frau Merkel die Partei aus dem Kanzleramt heraus nach Belieben regieren. Politische Entscheidungen wurden vorrangig nach aktueller Demoskopie und – wenn überhaupt – erst zweitrangig nach Überzeugung getroffen. Ziel war es dabei immer, die politische Position zu besetzen, die der gefühlten Stimmung in der Bevölkerung entsprach, um eine Mehrheit bei den nächsten Wahlen zu sichern. Diese Strategie lässt sich sehr gut beim überhastet entschiedenen Ausstieg aus der Nutzung der Kernenergie in Deutschland erkennen. Kurz vor dem Unglück in Fukushima 2011 gab es eine breite Übereinstimmung für eine weitere Nutzung der Kernenergie, Frau Merkel trat im Wahlkampf 2009 noch für eine Verlängerung der Laufzeiten ein und setzte diese 2010 um.[16] Nach dem Unglück schien die Stimmung in der Bevölkerung zu kippen. Die Kanzlerin reagierte prompt, warf den kurz vorher gefassten Beschluss einer Verlängerung der Laufzeiten über Bord und verkündete den Ausstieg Deutschlands aus der Nutzung der Kernenergie.[17] Damit war das Thema nach der Logik der Kanzlerin »abgeräumt«. Die Grünen sollten sich durch ihre Ablehnung der Kernenergie eigentlich kaum noch positionieren und somit auch wenig davon profitieren können. Allerdings hatte die Kanzlerin damit nicht nur die langjährige Position der Union zur Kernenergie geopfert, sondern mit dem Ausstieg auch schwere Probleme geschaffen hinsichtlich der notwendigen finanziellen Entschädigungen an die Betreiber, der Arbeitsplätze, höherer Stromkosten, des Verlusts der Technologiekompetenz, der Versorgungssicherheit und der zunehmenden Abhängigkeit vom Ausland durch Stromimporte. Außerdem verdoppelten die Grünen bei der wenige Tage später folgenden Landtagswahl in Baden-Württemberg trotz (oder vielleicht gerade wegen?) der Kehrtwende der Kanzlerin ihr Ergebnis[18] und wurden zweitstärkste Kraft. Die Kehrtwende hatte also offensichtlich auch ihre angedachte politische Wirkung verfehlt.

In die Ära Merkel fielen weitere Entscheidungen, die Konservativen und Wirtschaftsliberalen in der Union schwer im

Magen liegen, so etwa die Aussetzung der Wehrpflicht und die hohen Verpflichtungen, die Deutschland im Rahmen der Subventionen für Griechenland (»Eurorettung«) einging.

Letztere stellen jedoch auch einen Wendepunkt in der politischen Entwicklung Deutschlands dar. Nicht nur, dass 2015 über 60 Bundestagsabgeordnete der Union trotz massiven Drucks des Kanzleramts gegen die Hilfspakete beziehungsweise Verpflichtungen stimmten.[19] Entscheidender war, dass der Unmut über die hohen, mit den Griechenlandsubventionen verbundenen Risiken zur Gründung und Etablierung einer neuen Partei rechts der Union führte.

Die Alternative für Deutschland (AfD), gegründet hauptsächlich von enttäuschten CDU-Anhängern, entstand letztlich also als Folge einer Reihe von politischen Entscheidungen der CDU-Vorsitzenden und Kanzlerin, die immer mehr zu einer Entfremdung ehemaliger Stammwähler beitrugen. Doch auch dies hätte vermutlich nicht ausgereicht, um die AfD dauerhaft erfolgreich zu machen. Im Sommer 2015 lag die AfD bei rund 3 Prozent in den Umfragen[20] und war damit nach einem Zwischenerfolg bei den Europawahlen 2014 bundesweit nahezu bedeutungslos. Erst das Zulassen der unkontrollierten Masseneinwanderung ab Herbst 2015 durch die Kanzlerin und die daraus resultierenden Probleme sorgten dafür, dass die AfD massiven Zulauf bekam und sich letztlich als Partei dauerhaft neben der CDU/CSU platzierte.

Wie später nachvollziehbar dokumentiert wurde, versuchte die Kanzlerin, das Thema genauso abzuhandeln, wie sie es vorher mit anderen Themen getan hatte: Entscheidung nach Demoskopie. Zwar war ihr durchaus bewusst, dass die meisten der einwanderungswilligen Personen weder Anspruch auf Asyl gemäß Art. 16a GG noch eine andere legale Grundlage für ihre Einwanderung hatten. Sie musste auch zumindest ahnen, dass eine unkontrollierte Einwanderung so vieler Menschen aus fremden Kulturkreisen erhebliche Probleme für Deutschland mit sich bringen würde. Allerdings wollte sie keinesfalls riskieren, gegen die damals noch sehr euphorische Stimmung in der Bevölkerung zu handeln. Ein Aufhalten des Menschenstroms an der deutschen Grenze hätte zu den viel zitierten »schwer vermittelbaren Bildern«[21] führen können, etwa wenn Grenzpolizisten Migranten gewaltsam von einem illegalen Grenzübertritt hätten abhalten müssen. So wurde die eigentlich bereits angeordnete Grenzschließung für illegale Migranten auf Veranlassung der Kanzlerin durch einen Erlass des Innenministers Thomas de Maizière nicht umgesetzt.[22] Die Folge war ein über viele Monate anhaltender, starker Zustrom von Migranten nach Deutschland, der entsprechende Probleme nach sich zog.

Erst als sich nach den zunächst vor der Öffentlichkeit vertuschten Straftaten der Silvesternacht 2015/16 die Stimmung in der Bevölkerung deutlich gegen die viel zu nachlässige Einwanderungspolitik wandte, war auch die Kanzlerin bereit, sich dem Druck zu beugen, und verhandelte unter anderem mit der Türkei, während andere europäische Staaten ihre Grenzen schrittweise sicherten.

Politisch betrachtet war das Kind nun aber endgültig in den Brunnen gefallen. Viele Bürger sahen im Zulassen der unkontrollierten Masseneinwanderung den letzten, aber größten Tropfen, der das Fass endgültig zum Überlaufen brachte. Nach dem überhasteten Ausstieg aus der Kernenergie, dem Aussetzen der Wehrpflicht und dem Eingehen der Risiken zugunsten Griechenlands war das Vertrauen in die CDU/CSU bei vielen Bürgern aufgrund der Politik der Parteivorsitzenden und Kanzlerin endgültig dahin. Wer nicht an das »Wir schaffen das« glaubte, wurde von den kanzleramtstreuen Funktionären der CDU/CSU kompromisslos aus der Anhängerschaft vertrieben, weil die Partei keine Anstalten machte, die Sorgen der Bevölkerung aufzunehmen und den Kurs der Kanzlerin zu korrigieren. Scharenweise liefen ehemalige Wähler der Union daraufhin zur AfD über.[23]

Frau Merkel hatte den Bogen überspannt – und auf einmal gab es da eine Partei, die in den Augen vieler den Wunsch nach Sicherheit deutlich besser erfüllte als die Union. Viele wählten die AfD auch nicht aus Überzeugung, sondern aus ohnmächtigem Protest. Eine Wahl nach der anderen endete mit Verlusten für die CDU/CSU, wobei die Landesverbände bei Landtagswahlen hauptsächlich für die Politik im Bund abgestraft wurden. Interessanterweise sanken Merkels persönliche Beliebtheitswerte deutlich langsamer als die ihrer Partei, was man darauf zurückführen kann, dass sie mit ihrer häufig grün geprägten Politik in diesem Lager eine hohe persönliche Anerkennung[24] genießt, auch wenn viele Anhänger ihrer Politik nie CDU/CSU[25] wählen würden.

Wie von verschiedenen Zeitzeugen berichtet wird,[26] ist Einsicht keine Stärke der Kanzlerin. So verwundert es nicht, dass trotz des offensichtlichen Desasters keine Änderung ihres Verhaltens erfolgte und auch spätere Entscheidungen nach dem ähnlichen Muster abliefen: lieber nicht handeln, weil dies politische Angriffsfläche für den Gegner liefern könnte. Manche Beobachter vermuten hinter diesem Muster aber auch einfach eine Überforderung, wirkungsvoll und zielgerichtet zu führen.

Erstaunlicherweise gründen sich die immer noch recht guten Beliebtheitswerte der Kanzlerin in der Bevölkerung aber auch darauf, dass man ihr »abnimmt«, dass sie sich gut um

Deutschland kümmert und dieses in aller Ruhe durch die unruhige See führt. Dass sie selbst jedoch durch inhaltliche Orientierungslosigkeit und Inaktivität für viele Stürme auf der See verantwortlich ist, wird von zahlreichen Menschen nicht wahrgenommen. Dabei zeigen auch aktuelle politische Themen, dass die Kanzlerin nicht etwa mit eigenen Ideen steuert, sondern eigentlich Getriebene ist zwischen äußeren Einflüssen, aber vor allem Demoskopie, dem Koalitionspartner SPD und dem optionalen Koalitionspartner Grüne. Weder in der Debatte um die Umweltverträglichkeit des Diesels noch bei der Klimapolitik präsentierte sie eigene Ideen oder verfolgte zumindest eine klare Linie. Sie wich Konflikten aus, bezog nicht deutlich Stellung und ließ Kompromisse zu, die keiner exakten Richtung folgten und letztlich auch niemanden zufriedenstellen konnten.

Vergleicht man die Programmatik und Aufstellung der CDU von Anfang des Jahrhunderts, als Frau Merkel Parteivorsitzende wurde, mit der aus 2018, als sie das Amt der Parteivorsitzenden abgeben musste, so ist festzustellen, dass sie die Partei so stark wie zuvor kein anderer Parteivorsitzender verändert hat. Zwar brachte die Führung von Frau Merkel eine Zeit lang für die CDU/CSU einige Erfolge beziehungsweise Regierungsbeteiligung und auch für Deutschland politische Stabilität. Allerdings hinterlässt die scheidende Kanzlerin eine Partei, die aufgrund des eklatant fehlenden politischen Profils – vor dem demoskopischen »Glücksfall« Corona – gerade mal noch ein Viertel der Wähler überzeugt und per Saldo Hunderttausende Mitglieder verloren hat. Gleichzeitig hat ihre Politik dazu geführt, dass sich mit der AfD eine gefährliche Konkurrenz fest etabliert hat, die die Union in der Wählergunst bei manchen Wahlen sogar überholt hat. Noch dramatischer sind jedoch die Folgen der rein auf Machterhalt ausgerichteten und daher umfragegetriebenen sowie konzeptionslosen Politik für Deutschland. Es wird selbst bei einer Politikwende und neuen Köpfen viele Jahre dauern, bis die Schäden der Ära Merkel für Deutschland und die CDU/CSU beseitigt sind.

KAPITEL 4

Deutschland in Gefahr – eine Analyse

Die innere Sicherheit wird vernachlässigt

Es war ein Dammbruch, wie es ihn in der Geschichte der Bundesrepublik Deutschland zuvor noch nie gegeben hatte. Mit der unbelegten Auffassung, man könne die deutsche Grenze nicht vor Hunderttausenden Immigranten schützen, untersagte Bundeskanzlerin Angela Merkel im Spätsommer 2015 den Einsatz der Bundespolizei und ließ unzählige Migranten ins Land einreisen.[27] Es war eine einsame Entscheidung. Ohne jegliche parlamentarische Mitsprache und entgegen den fachlichen Einschätzungen der Sicherheitsbehörden. Eine Entscheidung, in deren Folge Passkontrollen keine Rolle mehr spielen sollten und die eine Migrationskrise von gewaltigem Ausmaß auslöste. Und die einen Kontrollverlust bedingte, der dazu führte, dass deutsche Sicherheitsbehörden nicht mehr darüber im Bilde waren, wer eigentlich ins Land eingereist war, und das Bundesamt für Migration überfordert sein musste. Es handelte sich um knapp eine Million Menschen, vorwiegend aus muslimischen Staaten. Bedenken, dass sich hierdurch als

Folge gefährliche Parallelgesellschaften entwickeln könnten, wurden beiseitegewischt und der humanitäre Akt in den Vordergrund gestellt.

»Ich muss ganz ehrlich sagen, wenn wir jetzt anfangen, uns noch entschuldigen zu müssen dafür, dass wir in Notsituationen ein freundliches Gesicht zeigen, dann ist das nicht mein Land«, hatte die Kanzlerin ihre Maßnahme mit einem Satz gerechtfertigt[28], der bezeichnenderweise weniger ihre eigene Partei als vielmehr den Linken-Politiker Gregor Gysi ins Schwärmen brachte. »Das ist doch mal ein Satz! Hat man so etwas schon von anderen deutschen Kanzlern gehört?«[29], lobte er die Kanzlerin. Die eigene Partei speiste sie ein Jahr später dagegen mit einem ganz anderen Satz ab. Als Merkel in der Unionsfraktion im Herbst 2016 für ihre Zuwanderungspolitik kritisiert wurde, antwortete sie lapidar: »Ist mir egal, ob ich schuld am Zustrom der Flüchtlinge bin, nun sind sie halt da.«[30]

Mit dieser Zuwanderungspolitik der offenen Tür stieß die Bundeskanzlerin das Tor nach Deutschland für Hunderttausende Immigranten weit auf. Und sie weckte mit ihrer Zuversichts-Rhetorik und Willkommenskultur in Afrika und Asien Hoffnungen, die die ohnehin schon vorhandenen Migrationsströme zusätzlich förderten, was phasenweise zu einem Kontrollverlust an den deutschen Grenzen führte.

Bedingt durch die unkontrollierte Massenmigration sind allerdings nicht nur Flüchtlinge und Wirtschaftsmigranten nach Deutschland und Europa geströmt. Spätestens nach den Terroranschlägen von Paris, Berlin, Würzburg oder Ansbach sowie nach dem versuchten Anschlag von Hannover ist klargeworden, dass sich unter den allein 2015 knapp eine Million ins Land Gekommenen auch islamistische Gewalttäter befunden haben.

Bei den Terroranschlägen von Paris haben 130 Menschen ihr Leben verloren, 683 wurden verletzt.[31] Später stellte sich heraus: Zwei der Attentäter waren im Zuge der Migrationskrise über die Balkanroute nach Deutschland gelangt und konnten von dort ungehindert weiter nach Paris reisen.

Nur neun Tage später, am 22. November 2015, hatte eine fünfköpfige Terrorgruppe Sprengstoffanschläge während eines Fußball-Länderspiels der deutschen Nationalmannschaft gegen die Niederlande in der HDI-Arena von Hannover geplant. Drei Bomben sollten im Stadion detonieren, zwei weitere an einer Bushaltestelle und einem Bahnhof in unmittelbarer Nähe. Zwei Stunden vor dem Anpfiff ging die Information bei den deutschen Sicherheitsbehörden ein. Das Spiel konnte gerade noch rechtzeitig abgesagt, der Anschlag vereitelt werden.[32] Die Bundesregierung hielt sich bedeckt. Auf die Frage, ob es Sprengsätze gegeben habe, antwortete der damalige Bundesinnenminister de Maizière mit der unglücklichen Formulierung:»Ein Teil der Antwort würde die Bevölkerung verunsichern.«[33] Wenn sie es bis dahin noch nicht gewesen sein sollte, spätestens nach diesem Satz war sie es. Auch der Umstand, dass ein Mitarbeiter des Sanitätsdienstes behauptete, an einem Rettungswagen am Stadion sei ein Sprengsatz gefunden worden, er sei jedoch »im Beisein von Spezialkräften« aufgefordert worden, »nicht darüber zu sprechen«[34], dürfte zu weiterer Beunruhigung beigetragen haben.

Im September 2016 hatten Spezialkräfte der Polizei in den Erstaufnahmeeinrichtungen von Ahrensburg, Reinfeld und Großhansdorf (Schleswig-Holstein) drei syrische Mitglieder des »Islamischen Staates« (IS) mit Verbindungen zu den Attentätern von Paris gefasst. Es bestehe der Verdacht, dass die Festgenommenen im Auftrag des IS nach Deutschland gekommen seien und sich möglicherweise für Anweisungen bereithielten, ließ die Polizei damals verkünden.[35] Einer der Syrer, der damals 17 Jahre alte Mahir Al-H. soll sich im September 2015 in der damaligen IS-Hochburg Rakka den Dschihadisten angeschlossen und eine Unterweisung im Umgang mit Sprengstoff und Waffen erhalten haben, so der Vorwurf.[36]

Einen Monat später habe er sich gemeinsam mit dem damals 18-jährigen Ibrahim M. sowie dem damals 26-jährigen Mohamed A. gegenüber einem hochrangigen IS-Funktionär verpflichtet, nach Norddeutschland zu reisen, um dort als »Schläferzelle« auf weitere Anweisungen zu warten.[37] Das Bundesinnenministerium musste in diesem Zusammenhang später einräumen, dass die drei Männer im November 2015 über die sogenannte Balkanroute nach Deutschland gelangt waren.[38] Jene Balkanroute, die die Bundeskanzlerin nicht zu schließen und deren Grenzen sie im Zuge der Massenzuwanderung nicht zumindest vorübergehend dichtzumachen vermochte. Erhebliche soziale und finanzielle Belastungen sowie zusätzliche Aufgaben zur Aufrechterhaltung der öffentlichen Ordnung und der inneren Sicherheit waren die Folge. Am 14. Juli 2016 fuhr der damals 31 Jahre alte IS-Attentäter Mohamed Salmene Lahouaiej Bouhlel auf der Promenade des Anglais von Nizza mit einem LKW in eine Menschenmenge. Die Bilanz dieses Anschlages: 86 Tote und über 400 Verletzte.[39] Nur vier Tage später, am 18. Juli 2016, griff ein in Deutschland als minderjährig und unbegleitet registrierter Migrant aus Afghanistan in einer Regionalbahn bei Würzburg eine fünfköpfige, aus Hongkong stammende Familie mit Beil und Messer an. Zwei Männern fügte er dabei lebensgefährliche Verletzungen zu, zwei Frauen wurden von ihm schwer verletzt. Dem zuständigen Oberstaatsanwalt in Bamberg zufolge waren auf einem aufgezeichneten Handy-Notruf deutlich die Worte »Allahu Akbar« zu vernehmen.[40] Die Ermittlungsbehörden stuften die Tat als islamistisch motiviert ein.[41]

Wie sich herausstellte, war der Täter,[42] der unter dem Namen Riaz Khan Ahmadzai am 16. Dezember 2015 einen Asylantrag als unbegleiteter minderjähriger Flüchtling gestellt hatte, während der Migrationskrise ohne Reisedokumente über Ungarn und Österreich nach Deutschland gekommen. Ermittler bezweifeln zudem die Angaben zur Identität des Täters, vermuten vielmehr, dass der Mann aus Pakistan stammt.[43]

Knapp eine Woche später, am 24. Juli 2016, verübte der damals 27 Jahre alte, aus Syrien stammende Mohammad Daleel einen Sprengstoffanschlag in der Altstadt im mittelfränkischen Ansbach. Vor einem Weinlokal zündete der Täter eine Rucksackbombe, wobei er selbst ums Leben kam und 15 Menschen verletzt wurden. Daleel war illegal über die Türkei zunächst nach Bulgarien eingereist. Dann war er weiter nach Österreich gezogen. Obwohl er dort auch einen Asylantrag gestellt hatte, reiste er weiter nach Deutschland, wo er ebenfalls einen Asylantrag einreichte. Aufgrund der vorherigen Anträge in Bulgarien und Österreich wurde dieser abgelehnt. Daleel sollte nach Bulgarien abgeschoben werden. Doch die Abschiebung scheiterte. Der Bundestagsabgeordnete der Linkspartei und ehemalige Bundesvorsitzende des Sozialistischen Hochschulbundes Harald Weinberg[44] setzte sich trotz der Ablehnung für ein Bleiberecht Daleels ein. Dieser erhielt trotz Drogen- und Nötigungsstraftaten eine Duldung. Eine elf Tage vor der Abschiebung erfolgte Aufforderung, Deutschland innerhalb eines Monats zu verlassen, schlug er erwartungsgemäß in den Wind.[45]

Bei einer Durchsuchung der Täterwohnung wurden später Materialien gefunden, die sich zum Bombenbau eigneten und die den Schluss nahelegten, dass Daleel noch weitere Bomben-attentate geplant hatte. Auf seinem Handy stellten Ermittler zudem ein Video in arabischer Sprache sicher, in dem eine ver-mummte Person, bei der es sich mutmaßlich um Daleel selbst handelte, den Anschlag von Ansbach ankündigte. Das Video war durch den IS veröffentlicht worden.[46]

Chatprotokolle wiesen zudem darauf hin, dass sowohl der Täter von Würzburg als auch der von Ansbach Anweisungen des IS zur Tatausführung erhalten hatten. »Mit welchen Waffen beabsichtigst du zu töten?«, war Ahmadzai von seinem IS-Instrukteur demnach gefragt worden. »Messer und Axt sind bereitgelegt«, antwortete er. »Bruder, wäre es nicht besser, es mit einem Auto durchzuführen?«, wurde daraufhin nachge-hakt. »Ich kann nicht Auto fahren«, entgegnete der Täter. »Du solltest es lernen. Der Schaden wäre auch erheblich größer«, lautete die grausam kalte Antwort des Auftraggebers.[47]

Am 19. Dezember 2016 steuerte der islamistische Terrorist Anis Amri einen Sattelzug in die Menschenmenge des Weih-nachtsmarktes auf dem Breitscheidplatz nahe der Kaiser-Wil-helm-Gedächtniskirche. Elf Weihnachtsmarktbesucher star-ben, 55 wurden verletzt. Den polnischen Fahrer des Sattelzuges hatte der Täter erschossen und das Fahrzeug in seine Gewalt gebracht. Einen Tag später verkündete der IS, Amri habe als »Soldat des Islamischen Staates« gehandelt.

Auch Anis Amri ist als illegaler Migrant in die EU einge-reist. Wie Zehntausende anderer Afrikaner gelangte er bereits 2011 per Boot nach Lampedusa. Weil er sein Geburtsjahr fälsch-te, wurde er in Italien als minderjähriger unbegleiteter Flücht-ling eingestuft. In Sizilien fiel er schnell unangenehm auf, ter-rorisierte Mitschüler und wurde gewalttätig. Später machte er auch durch Straftaten auf sich aufmerksam, legte Feuer in den

Räumen einer Migrantenunterkunft und verprügelte einen Erzieher. Er wurde wegen Brandstiftung und Körperverletzung zu vier Jahren Haft verurteilt. Auch im Gefängnis stach er durch Bedrohungen, Prügeleien und Schikanen gegenüber seinen Mithäftlingen hervor und wurde daher mehrfach in andere Haftanstalten verlegt. Dennoch entließ man ihn schon im Mai 2015 wieder in die Freiheit. Bereits damals gab es bei ihm Anzeichen einer religiösen Radikalisierung. Einem christlichen Mithäftling drohte er:»Ich schlage dir den Kopf ab.«[48]

Später gelangte er nach Deutschland. Es folgte ein Verwirrspiel mit einer Fülle von Scheinidentitäten bei mehreren Ausländerbehörden, bei denen Amri stets unter anderen Namen eine Bescheinigung über die Meldung als Asylsuchender erhielt. In Karlsruhe. In Berlin. In Dortmund. Ein gleichzeitig gegen ihn eingeleitetes Ermittlungsverfahren wegen unerlaubter Einreise wurde eingestellt. Weil in Dortmund die Kapazitäten fehlten, wurde er der Zentralen Unterbringungseinrichtung im nordrhein-westfälischen Hemer zugeteilt. Anschließend wurde er weiterverwiesen an die Unterbringungseinrichtung in Rüthen, von dort in die Flüchtlingsunterkunft von Emmerich im Landkreis Kleve.

Mit mindestens 14 Identitäten ausgestattet reiste Amri in der Folgezeit quer durch Deutschland, beantragte an verschiedensten Orten unbehelligt mehrfach Sozialleistungen. Auch nahm er da bereits Kontakt zum salafistisch-dschihadistischen Netzwerk des Hasspredigers Abu Walaa in Hildesheim auf, einem der bekanntesten IS-Rekrutierer in Deutschland. Amri zählte zum Umfeld jener Teilnehmer, die über mögliche Anschläge in Deutschland sprachen und sich für den Kampf in Syrien ausbilden ließen. Ein Fall, der auch zeigt, wie weitreichend sich der Kontrollverlust, herbeigeführt durch Angela Merkels »Nun sind sie halt da«- und »Wir schaffen das«-Politik, ausgewirkt hat.

Doch nicht nur zugewanderte Terroristen stellen die deutschen Sicherheitsbehörden vor Probleme. Bedingt durch die Zuwanderungspolitik Angela Merkels erhielten auch kriminelle Clans in Deutschland mehr Rekrutierungspotenzial und damit weiteren Aufwind. So versetzt der aus dem Südosten der Türkei stammende kurdisch-libanesische Miri-Familienclan schon seit Jahren Städte wie Bremen, Essen oder Berlin in Angst und Schrecken. Waffen- und Kokainhandel, Raub, Körperverletzung und Schutzgelderpressung sind die Delikte seiner Mitglieder, von denen etwa die Hälfte bereits bei der Polizei aktenkundig ist. Auch in der Türsteher-Szene von Diskotheken und im Rotlicht-Milieu ist der Clan aktiv.

Erschwerend kommt neben dem Zuwachs an Mitgliedern dieser Großfamilien hinzu, dass sich die Polizei von der Politik im Kampf gegen die Clankriminalität alleingelassen fühlt. Personalkürzungen, Beschneidung der Kompetenzen durch die Politik sowie Einschüchterungen durch dienstinterne Ermittlungen sorgen bei den Beamten für zusätzlichen Frust.

Zudem werden nicht selten nach Vernehmungen durch Polizisten getätigte Zeugenaussagen vor Gericht revidiert, plötzliche Erinnerungslücken bei der Beschreibung von Tathergängen führen immer wieder zu Freisprüchen und zu einer in der Öffentlichkeit zur Schau getragenen Verhöhnung der deutschen Polizei und Justiz. Polizeiangaben zufolge erzielen die Miris allein durch Drogenhandel einen Umsatz von 50 Millionen Euro.[49] Hinzu kommt eine jährliche Bezuschussung mit mehreren Millionen Euro an Steuergeldern, da knapp die Hälfte der Miri-Angehörigen Hartz-IV-Zuwendungen erhält und der Staat für ihre Kinder monatlich Kindergeld überweist. Darüber hinaus zahlt ihnen die öffentliche Hand Wohngeld sowie Heizkosten- und Bekleidungszuschüsse. Letztlich trägt der Steuerzahler auch die aus Straftaten entstandenen Kosten, wenn der Staat für Anwälte, Dolmetscher und Gefängnisaufenthalte aufkommen muss. Eine Abschiebung der Täter gestaltet sich schwierig. Wegen ihrer türkischen Staatsangehörigkeit sind sie wegen »geltender europarechtlicher Regelungen« als »Quasi-EU-Bürger« zu behandeln und können oftmals nicht ausgewiesen werden.

Hinzu kommen Einbruchs- und Drogenkriminalität, der die Polizei zunehmend hilfloser gegenübersteht. Kleinkriminalität wie etwa Ladendiebstähle werden oftmals überhaupt nicht mehr verfolgt, rechtsfreie Räume mit inoffizieller Scharia-Polizei oder Hausbesetzungen durch die linksradikale Szene werden stillschweigend geduldet. Die Folge ist ein zunehmender Autoritätsverlust von Polizei und Justiz, der die Aufrechterhaltung von öffentlicher Ordnung und Sicherheit in Deutschland schleichend untergräbt.

Zugleich ist auch eine zunehmende Radikalisierung der politischen Landschaft zu beobachten. Linksextreme Organisationen wie die Antifa versuchen verstärkt, mit »Kampf gegen rechts«-Kampagnen an Schulen Fuß zu fassen.[50] An Universitäten wird es eher Regel als Ausnahme, dass der linksradikalen Szene unliebsame Redner mit zum Teil gewaltsamen Aktionen und Kampagnen daran gehindert werden, vor Publikum zu sprechen. Darüber hinaus ist in weiten Teilen der deutschen Medien eine Tendenz der Verharmlosung und Bagatellisierung des Linksextremismus festzustellen.

Auf der anderen Seite ist spätestens durch das Bekanntwerden des Nationalsozialistischen Untergrunds (NSU) im November 2011 klar geworden, dass auch der Rechtsextremismus in Deutschland auf dem Vormarsch ist. Während die linksextreme Szene schon seit Längerem in Form der Partei Die Linke eine parlamentarische Verankerung besitzt, gelingt dies der rechtsextremen Szene zusehends durch die Vereinnahmung der einst als bürgerliche Alternative gestarteten AfD.

Hinzu kommt ein zunehmend fanatischer auftretender, bis ins sektenhafte ausufernder Öko-Extremismus, der insbesondere die Klimapolitik für sich fast schon zur Ersatzreligion überhöht. Auch diese Form des Extremismus hat mit den Grünen einen Anlaufpunkt im Deutschen Bundestag und erfreut sich besonders in den Medien großer Beliebtheit.

Wie stark diese Radikalisierung die Gesellschaft bereits erfasst hat, verdeutlichte etwa die vergangene Landtagswahl in Thüringen, bei der die SED-Erben der Linkspartei und die AfD zusammen die absolute Mehrheit der Mandate errangen und das Land auf diese Weise praktisch unregierbar wurde.

Durch die im Laufe der letzten Jahrzehnte verstärkt aus muslimischen Ländern erfolgte Zuwanderung konnte sich auch religiöser Extremismus in Form von Islamisten in Deutschland etablieren. Salafisten, Milli Görüs oder Organisationen wie der sogenannte Islamische Staat bedienen sich der deutschen Infrastruktur, um ihren Kampf gegen Andersgläubige zu intensivieren. Hierdurch bedingt ist auch der Antisemitismus längst nicht mehr allein ein rechtsextremes Problem.

Aufgrund der Zunahme der Migration aus vorwiegend muslimischen Ländern steigt auch die Anzahl jener, die sich dem islamischen Extremismus anschließen. Damit einhergehend nimmt der Antisemitismus in Deutschland ebenfalls wieder zu, was angesichts der finsteren Erfahrungen aus der Zeit der nationalsozialistischen Diktatur künftig auch außenpolitisch ein negatives Licht auf Deutschland werfen könnte. Der nur allzu oft mangelnde Willen der Politik, die zur Kriminalitätsbekämpfung dringend benötigte Personalausstattung zu gewähren, wirkt sich nicht nur verheerend auf die Polizei, sondern auch auf die Justiz aus. Bundesweit fehlen fast 2000 Richter und Staatsanwälte.[51] Die Folge: Verfahren dauern zu lange, Zeugen können sich durch die zeitliche Verzögerung oftmals nicht mehr an wichtige Details erinnern, die Täter überführen könnten. Nicht selten müssen Verdächtige daher wieder aus der Untersuchungshaft entlassen werden.

Hinzu kommt, dass bis 2030 etwa 40 Prozent aller Richter und Staatsanwälte pensioniert sein werden. Werden die personellen Engpässe im Bereich von Justiz und innerer Sicherheit weiter zugunsten sozialer und konsumtiver Wohltaten vernachlässigt, drohen bald Zustände, in denen Faustrecht und Anarchie überhandnehmen. Eine Entwicklung, die das Vertrauen der Bürger in die Rechts- und Sicherheitsinstitutionen unseres Landes zunehmend schwinden lassen wird.

Bereits vor zwei Jahren ergab eine Umfrage des Meinungsforschungsinstituts Civey, dass 45 Prozent der Deutschen ihr Vertrauen in die Justiz als gering ansehen.[52] Zudem kommt eine im gleichen Jahr erfolgte Umfrage des Instituts für Demoskopie zu dem Ergebnis, dass 54 Prozent der Deutschen die Urteile der deutschen Gerichte als zu milde bewerten. Verlieren die staatlichen Institutionen jedoch ihr Vertrauen, werden sich die Bürger ähnlich wie in zahlreichen Staaten der Dritten Welt Mafiabanden und kriminellen Clans anvertrauen, weil sie die Erfahrung machen, dass nur sie ihre Sicherheit garantieren können. Systeme der Schutzgelderpressung würden sich ausbreiten, der Rechtsstaat nur noch auf dem Papier existieren.

Die äußere Sicherheit ist gefährdet

Auch die Verteidigungsfähigkeit Deutschlands gegen Feinde von außen gerät zusehends in Mitleidenschaft. Von dem unter den NATO-Partnern vereinbarten Ziel, 2 Prozent des Bruttoinlandsprodukts für Verteidigungsausgaben im Haushalt vorzusehen, ist Deutschland weit entfernt. Selbst das Erreichen von 1,5 Prozent erscheint derzeit fraglich. Der Chef des Bundeswehrverbandes, André Wüstner, erklärte im November 2019 in einem Interview mit der Deutschen Presseagentur, die Bundeswehr sei nur bedingt einsatzbereit und gemessen am gewachsenen Auftrag im schlechtesten Zustand seit 1990.[53]

Damals, im Jahr der Deutschen Einheit, belief sich der Verteidigungsetat noch auf einen Anteil von 17 Prozent an den Gesamtausgaben des Bundeshaushaltes. Heute, im Jahr 2020, sind es lediglich 12,5 Prozent. Im Vergleich dazu liegt der Sozialetat des Bundesarbeitsministeriums heute bei einem prozentualen Anteil von über 41 Prozent. 1990 waren es gerade einmal 22 Prozent.[54] Mit anderen Worten: Zu Lasten der Verteidigungsfähigkeit Deutschlands und des NATO-Bündnisses entwickelte sich ein zusehends ausufernder Wohlfahrtsstaat, der zudem durch eine immer stärker um sich greifende Verbotskultur einen bevormundenden Charakter aufweist.

Dabei gerät die Einsatzfähigkeit der Bundeswehr vermehrt in Gefahr. Die Deutsche Marine etwa verfügt heute gerade einmal noch über sechs U-Boote.[55] Alle sechs sind nicht einsatzfähig. Für die Fregatte F125, die eigentlich eine zentrale Rolle bei der Terroristen- und Piratenbekämpfung spielen soll, existiert noch nicht einmal Munition. Auch bei der Luftwaffe sieht es nicht besser aus. Nur zehn ihrer insgesamt 140 Eurofighter sind funktionsfähig, für sie mangelt es zudem noch an Fluglehrern. Von 53 Tiger-Kampfhubschraubern sind im Schnitt lediglich zwölf einsatzbereit, bei Transporthubschraubern nur 17 von 71 Maschinen.

Ebenso bestehen Defizite im Personalbereich: Rund 20 000 Offiziers- und Unteroffiziersstellen sind derzeit unbesetzt.[56] Zwar stieg der Wehretat in den letzten Jahren wieder an. Die Einsatzbereitschaft der Bundeswehr konnte laut Aussage des Wehrbeauftragten Hans-Peter Bartels jedoch nicht davon profitieren. »Bei der Mangelverwaltung wird es auf absehbare Zeit bleiben, länger als geplant«, kritisierte Bartels in seinem Bericht für das Jahr 2019.[57] Teilweise seien von den Waffensystemen der Bundeswehr nicht einmal 40 Prozent der Geräte einsatzbereit. Panzergrenadiere würden mit Kleinbussen ins Übungsgelände gebracht, anstatt mit Schützenpanzern unterwegs zu sein. Soldaten seien nicht einmal ausreichend mit Rucksäcken, Gefechtshelmen, Schutzwesten oder Nachtsichtgeräten ausgerüstet. Auch an Ärzten mangele es.

Wenn dann seitens der Verteidigungsministerin Kramp-Karrenbauer bei der Verfolgung des Fehlverhaltens einzelner Bundeswehrangehöriger noch der pauschale Eindruck erweckt wird, die Bundeswehr sei besonders anfällig für Verfassungsfeinde, so wirkt das zusätzlich demoralisierend auf die Menschen, die dort in bester Absicht Dienst für unser Land und unsere Demokratie leisten. Zu beobachten ist weiterhin, dass sich Deutschland zunehmend von seinen NATO-Partnern entfremdet. Insbesondere zu den USA hat sich das Verhältnis erheblich abgekühlt, während sich die Bundesregierung sowohl in der Merkel-Ära als auch schon zu Zeiten Gerhard Schröders mehr und mehr in eine gefährliche Abhängigkeit von den Regimen Russlands und Chinas begeben hat. Jüngste Beispiele sind etwa der Bau der russischen Gaspipeline Nord Stream 2 oder der mögliche 5G-Netzausbau durch das der kommunistischen Partei ergebene chinesische Unternehmen Huawei. Eine breite Mehrheit der EU-Staatschefs lehnte die Gaspipeline Nord Stream 2 ab.[58] Die Kanzlerin, die in der Migrationspolitik stets für europäische Lösungen wirbt, scherte hier hingegen aus und trat für eine rasche Realisierung des Projektes mit Russland ein. Warnungen, Deutschland begebe sich dadurch in eine gefährliche Abhängigkeit eines totalitären Regimes, ignorierte sie. Auch die Drohung der USA, am Projekt beteiligte Firmen mit Sanktionen zu belegen, ließ sie kalt. Mit dem 2500 Kilometer langen Megaprojekt will Russland sein Gas an Osteuropa vorbei durch die Ostsee nach Deutschland leiten. Nord Stream 1 wurde bereits mit dem Segen Gerhard Schröders und Angela Merkels am 8. November 2011 eingeweiht.[59]

Für Russland sind die Pipelines weit mehr als nur ein lukratives Gasgeschäft. Sie dienen vor allem als Waffe der zivilen Kriegsführung und sollen Moskaus politischen Einfluss in Europa ausbauen. Der dänische Autor Jens Høvsgaard beschreibt in seinem im Februar 2019 erschienenen Buch *Gier, Gas und Geld – Wie Deutschland mit Nord Stream Europas Zukunft riskiert* das rund um das Projekt bestehende Netzwerk, das sich aus Politikern, Wirtschaftsmanagern und ehemaligen Stasi- und KGB-Agenten zusammensetzt. Sein Fazit: »Die Pipelines sind das wichtigste Instrument für den Kreml, um Europa zu spalten – in die, die Gas bekommen, und jene, denen der Hahn abgedreht wird.«

Die Kanzlerin, die sich in den deutschen Medien immer wieder gern als Stabilitätsfaktor Europas bezeichnen lässt, steht eisern hinter dem Europa spaltenden Kreml-Projekt, durch das Moskau die Länder Osteuropas mit seinen Gaslieferungen von sich abhängig machen möchte. Mithilfe der direkten Nord-Stream-Pipeline nach Deutschland kann Moskau sie dann jederzeit von der Gasversorgung abschneiden.

Die Nord Stream AG ist eine Tochterfirma des weltweit größten Erdgasförderunternehmens Gazprom, an dem der russische Staat zu 50 Prozent beteiligt ist. Høvsgaard zufolge bestand die Spitze der deutschen Tochter Gazprom Germania einst hauptsächlich aus Stasi- und KGB-Kadern. Gazprom selbst ist zudem Russlands größte Medienholding und kontrolliert für den Kreml die öffentliche Meinung.

»Der Kreml und Gazprom nutzen die alten Methoden aus Sowjet-Zeiten und vom KGB: Sie zahlen Unsummen, kaufen Menschen oder üben Druck auf Entscheider und Kritiker aus, um ›Nord Stream‹ durchzusetzen«, beschrieb Høvsgaard im Februar 2019 gegenüber der BILD-Zeitung, wie das Geschäft rund um die Pipeline funktioniert. Für ihn sei es »unfassbar, dass die deutsche Regierung einer solchen Firma den Weg freimacht«.

Zentrale Figuren in diesem Netzwerk sind dabei Ex-Kanzler Gerhard Schröder sowie der Ex-Stasi-Agent Matthias Warnig. Letzterer hatte einst für die auch für Moskau extrem wichtige Stasi-Abteilung »Sektor Wissenschaft und Technik« gearbeitet.[60] Høvsgaard zufolge als Agentenführer und Agent im Ausland.

Vor allem Altkanzler Gerhard Schröder benennt Høvsgaard als den »wichtigsten Mann für Russland in Europa«. Schon als Bundeskanzler habe er Russland Staatsschulden in Höhe von 17 Milliarden Euro erlassen. »Um es deutlich zu sagen: Putin nutzt ihn wie einen Einflussagenten im Westen. Er nutzt Schröders Netzwerk – der war zu einer Zeit Kanzler, als in Europa fast nur Sozialdemokraten regierten.«

Geht es nach dem Willen der heutigen Kanzlerin, so könnte sich Deutschland schon sehr bald auch in eine gefährliche Abhängigkeit zur kommunistischen Volksrepublik China begeben. Denn wie im Oktober 2019 bekannt wurde, soll sich der chinesische Telekommunikations-Konzern Huawei am Ausbau des deutschen 5G-Netzes beteiligen dürfen. Dabei warnen westliche Geheimdienste ausdrücklich vor Spionage, Sabotage und technischer Abhängigkeit. Auch Cyber-Sicherheitsexperten schlagen Alarm. Baue Huawei die 5G-Netze in Deutschland, gefährde das die nationale Sicherheit, heißt es von deren Seite unisono. Eine Einflussnahme durch einen fremden Staat könne allein mit technischen Prüfverfahren nicht ausgeschlossen werden, dafür sei die 5G-Technologie zu komplex.[61]

Huawei steht seit Jahren in Verdacht, als verlängerter Arm des chinesischen Geheimdienstes zu operieren. Selbstverständlich gehört Huawei-Gründer und CEO Ren Zhengfei der Kommunistischen Partei Chinas an. Der ehemalige General in der Chinesischen Volksbefreiungsarmee pflegt zudem bis heute äußerst enge Kontakte zum Militär seines Landes.

Trotzdem soll nach dem Willen Angela Merkels zunächst sogar auf entsprechende Formulierungen in den »Sicherheitsanforderungen für die Telekommunikationsnetze« verzichtet werden.[62] Die Begründung: Die Kanzlerin befürchte, es könne Ärger mit China geben. Und damit negative Folgen für deutsche Unternehmen.

Nur: Auch andere Nationen sind mit Firmen im Reich der Mitte vertreten. Staaten wie etwa Japan, Australien oder die USA, die interessanterweise im Gegensatz zur Kanzlerin die Sicherheitsinteressen des eigenen Landes höher bewerten. So hat Australien beispielsweise kein Unternehmen gezielt ausgeschlossen. Jedoch wurden Standards formuliert, die dazu führen, dass Unternehmen dann nicht berücksichtigt werden, wenn sie staatlichem Einfluss unterliegen. Ein hohes Maß an Naivität gegenüber dem kommunistischen Regime aus Fernost wurde auch aus der Tatsache ersichtlich, dass die Bundesregierung zusah, wie China deutsche Firmen mit Zukunftstechnologien übernahm. So wie beispielsweise die Robotik-Firma Kuka, die von dem chinesischen Hausgerätekonzern Midea aufgekauft wurde. Viel zu spät steuerte die Bundesregierung dieser um sich greifenden Einflussnahmen entgegen. Mit fatalen Folgen für den Wirtschafts- und Innovationsstandort Deutschland.

Fatale Folgen, nicht nur für Deutschland, sondern auch für Europa, löste, wie bereits angesprochen, die Zuwanderungspolitik von Bundeskanzlerin Angela Merkel aus, als sie 2015 für Hunderttausende Immigranten das Tor nach Deutschland weit aufstieß und in Afrika und Asien vermehrt Hoffnungen weckte, die die Migrationsströme zusätzlich erhöhten.

Kein Geringerer als Altkanzler Helmut Kohl übte denn auch scharfe Kritik an Merkels Asylpolitik. »Europa kann nicht zur neuen Heimat für Millionen Menschen weltweit in Not werden«, schrieb er in einem Vorwort für die 2017 herausgegebene ungarische Ausgabe seines bereits 2014 veröffentlichten Buches *Aus Sorge um Europa*. Die Lösung für das Flüchtlingsproblem liege »in den betroffenen Regionen«. Kohl warnte: »Wir sollten weder bei uns noch bei den Flüchtlingen falsche Erwartungen wecken.« Und: »Einsame Entscheidungen, so begründet sie dem Einzelnen erscheinen mögen, und nationale Alleingänge müssen der Vergangenheit angehören.« Beides hatte Merkel getan. Ihr »Wir schaffen das« hatte genau diese falschen Hoffnungen ausgelöst. Und abgestimmt hatte sie sich mit ihren EU-Partnerländern ebenfalls nicht, was nichts anderes als einen Alleingang darstellte, den sie bereits in der Schuldenkrise und bei der »Energiewende« unternommen hatte. Schon fünf Jahre zuvor hatte Kohl die Europapolitik der Kanzlerin als »sehr gefährlich« bezeichnet. »Die macht mir mein Europa kaputt«, soll er gesagt haben. Auch der CSU-Ehrenvorsitzende Edmund Stoiber kritisierte Merkels Zuwanderungspolitik. Sie habe »keine ausdrückliche Legitimation, eine solche Veränderung herbeizuführen«.[63] Merkels Politik der offenen Grenzen habe Deutschland in Europa isoliert und drohe zudem, die deutsche Gesellschaft zu spalten. Weiterhin fürchtete der ehemalige Kanzlerkandidat eine daraus folgende »weitere Radikalisierung der politischen Mitte« und dass diese Politik den Rechtspopulismus auch in anderen Ländern fördere. »Du machst Europa kaputt«, hatte er der Kanzlerin auf der CSU-Klausurtagung in Wildbad Kreuth Anfang 2016 ebenfalls zugerufen. Der bayerische Ministerpräsident Horst Seehofer bezeichnete Merkels Passivität an den Grenzen gar als »Herrschaft des Unrechts«[64].

Ein Argument, das auch der Bundestagsabgeordnete und CDU-Innenexperte Wolfgang Bosbach teilt: »Die Probleme haben damit begonnen, dass wir das geltende Asylrecht beiseitegelegt haben und zu einer Praxis gekommen sind, wo fast abzusehen war, dass der Hauptstrom aller Flüchtlinge nach Deutschland kommen wird«, erklärte er im Oktober 2015 gegenüber dem Hessischen Rundfunk.

Auch der britische Migrationsforscher Paul Collier sieht die Schuld an der Zuwanderungskrise eindeutig bei Angela Merkel. »Bis zum vergangenen Jahr waren Flüchtlinge für Europa kein großes Thema«, äußerte er sich in einem Interview der Tageszeitung *Die Welt* vom 29. Januar 2016. »Ich verstehe bis heute nicht, warum Frau Merkel so gehandelt hat. Sie hat Deutschland und Europa damit definitiv ein gewaltiges Problem aufgebürdet, das sich nun auch nicht mehr so einfach lösen lässt.«

Darüber hinaus dürfte Merkels Migrationspolitik sicherlich auf den von Großbritannien per Volksabstimmung herbeigeführten EU-Austritt (Brexit) Einfluss gehabt haben. So hat die massenhafte unkontrollierte Zuwanderung eindeutig zu höheren Belastungen bei der inneren Sicherheit und den Sozial- und Bildungssystemen geführt. Integrationsbemühungen drohen aufgrund überhöhter Aufnahmen zu scheitern. Ein Umstand, der bei der Brexit-Entscheidung der Briten eine nicht unerhebliche Rolle gespielt haben dürfte.

Während die Kanzlerin auf der einen Seite stets betont, dass uns das Schicksal der Migranten aus den afrikanischen und asiatischen Staaten nicht gleichgültig sein dürfe, bleibt ein ebenso leidenschaftliches Engagement in Bezug auf die jüngst gezeigten Aggressionen totalitärer Regime wie Russland oder China von ihr aus. Oftmals kommen hier nur halbherzige Lippenbekenntnisse, so etwa, als es darum ging, der völkerrechtswidrigen Annexion der Krim durch Russland entgegenzutreten.

Diese Halbherzigkeit kritisierte auch die Zeitung *Die Welt* in einem Artikel vom 19. Juni 2015. »Mit viel Getöse hat die EU Sanktionen gegen Russland eingeführt. Doch entweder werden sie nicht richtig umgesetzt, oder sie schaden sogar der eigenen Wirtschaft«, schreibt das Blatt und nennt Beispiele.[65] Gerade einmal 124 346 Euro habe man an russischem Vermögen eingefroren. Und zwei Rennpferde des Präsidenten der russischen Teilrepublik Tschetschenien, Ramsan Kadyrow. Es werde viel geredet, aber dann geschehe wenig. »Kaum einer der

150 Russen und Ukrainer, darunter enge Vertraute Wladimir
Putins bis hin zum Geheimdienstchef Alexander Bortnikow
oder dem stellvertretenden Leiter der Präsidentschaftsadmi-
nistration Wjatscheslaw Wolodin, scheint wirklich betroffen.
Das Eigentum der meisten, wenn sie denn welches auf dem
Gebiet der EU haben sollten, blieb unentdeckt und unangetas-
tet. Wenn man selbst im Russen-Eldorado Zypern weniger als
120 000 Euro findet, dann kann es mit der Ernsthaftigkeit der
Suche nicht weit her sein«, kritisierte die Zeitung damals.

Von der Öffentlichkeit kaum wahrgenommen wurde, dass
die Bundeskanzlerin sich bereits mehrfach härteren Sanktions-
maßnahmen gegenüber Russland bremsend entgegengestellt
hatte. So hatte sie schon im November 2014 weitergehende
Strafmaßnahmen trotz zunehmender Kämpfe in der Ostuk-
raine ausgeschlossen. Im März 2015 erteilte sie Forderungen
nach einer schärferen Gangart gegenüber Russland und neu-
en Sanktionen eine Absage.[66] Auch einem Boykott der Fuß-
ball-Weltmeisterschaft 2018 in Russland wollte sie sich nicht
anschließen.

Nicht ganz zu Unrecht kritisierte der inzwischen verstorbene republikanische US-Senator John McCain Merkels »Ap-
peasement-Politik« gegenüber Russland. Ihre Entscheidung,
Waffenlieferungen an die Ukraine abzulehnen, erinnere ihn
»an die Politik der dreißiger Jahre. Wie viele Menschen müssen noch in der Ukraine sterben, bevor wir ihnen helfen, sich
zu verteidigen? Weiß sie denn gar nicht, wo die Waffen für die
Separatisten herkommen?«, sagte der einstige US-Präsident-
schaftskandidat Anfang Februar 2015 in der ZDF-Sendung
Berlin direkt.

Ein Einzelfall ist das nicht. Auch in Bezug auf die zunehmende Einschränkung der Autonomie-Rechte Hongkongs fällt
die Kritik der Bundeskanzlerin ausgesprochen sparsam aus.
Gleiches gilt für die völkerrechtswidrige Aneignung von Teilen
der Spratly-Inseln im Südchinesischen Meer durch China.

Angriffe auf Freiheit und Christentum wurden von der
Bundesregierung auch in Syrien und dem Irak zumeist
schweigend in Kauf genommen. Ebenso im Falle der Türkei,
als die Bundeskanzlerin Deutschland mit ihrem fragwürdigen
EU-Türkei-Deal in eine erpressbare Situation manövriert hat.
Denn Milliardenzahlungen scheinen Präsident Erdogan keineswegs davon abzuhalten, Migranten als Druckmittel für seine Interessen zu benutzen, wie man an den im Frühjahr 2020
von der Türkei befeuerten Unruhen an der türkisch-griechischen Grenze erkennen kann.

Migranten als Druckmittel einzusetzen, ist jedoch nur
dann möglich, wenn der Schutz der EU-Außengrenzen nicht
funktioniert. Doch gerade in diesem Punkt, in dem tatsächlich
europäische Solidarität von allen EU-Partnerländern gefragt
ist, versagt Europa. Auch Deutschland versagt, indem es die
EU-Partnerländer beim Schutz der Außengrenzen nicht ausreichend bei den Grenzkontrollen mit personellen, finanziellen und technischen Mitteln unterstützt.

Ungelöste Eurokrise und europäische Schuldenunion

Doch nicht nur die Migrationskrise ist ungelöst. Auch die
Euro-Schuldenkrise ist lediglich durch andere Krisen medial

in den Hintergrund geschoben worden. Hinter den Kulissen schwelt sie jedoch seit Jahren weiter. Im Zuge ihrer sogenannten Euro-Rettungspolitik öffnete die Kanzlerin einer Haftungs- und Schuldengemeinschaft der Euro-Staaten das Tor. 2009 war sie maßgeblich dafür verantwortlich,[67] dass im Zuge der Finanzkrise um Griechenland der Maastricht-Vertrag und die darin enthaltene No-Bailout-Klausel (Nichtbeistands-Klausel), die die Haftung der Europäischen Union sowie aller Mitgliedstaaten für Verbindlichkeiten anderer Mitgliedstaaten ausschließt, faktisch außer Kraft traten, wodurch statt der Banken der deutsche Steuerzahler zum Gläubiger der Griechen wurde.

In der Regierungserklärung vom 27. Juni 2012 hieß es zwar noch richtigerweise: »Ganz abgesehen davon, dass Instrumente wie Euro-Bonds, Euro-Bills, Schuldentilgungsfonds und vieles mehr in Deutschland schon verfassungsrechtlich nicht gehen, halte ich sie auch ökonomisch für falsch und kontraproduktiv.«[68] Tatsächlich steuerte die Kanzlerin aber längst in eine andere Richtung. Der Europäische Fiskalpakt entwickle sich »nach und nach zu einem Gebilde, das finanzpolitisch einem Staat näher ist als einer lockeren Gemeinschaft« schrieb die *Financial Times Deutschland* bereits im Juli 2011. Dass Merkel genau das auch will, daraus machte sie keinen Hehl, als sie auf dem Brüsseler EU-Gipfeltreffen vom 7. November 2012 zu verstehen gab, dass sie eher einen europäischen Bundesstaat statt eine föderative europäische Staatengemeinschaft anstrebe. »Ich bin dafür, dass die Kommission eines Tages so etwas wie eine europäische Regierung ist«, erklärte sie damals.[69]

Statt über Schuldenschnitte und eine echte Reform der Eurozone zu beraten, habe die Bundesregierung immer auf Zeit gespielt, schreibt der *Cicero* in seiner Ausgabe vom 27. Januar 2016. Dabei laufe die Zeit gegen den Gläubiger Deutschland. »Die Reformbereitschaft der anderen Länder sinkt, je länger die Krise andauert, und der Berg an faulen Schulden wird immer größer. Bis jetzt haben deutsche Sparer rund 200 Milliarden (Euro) Zinsverluste erlitten, weil die EZB mit immer billigerem Geld das Versagen der Politik kompensieren muss.«

Darüber hinaus umgeht der als Antwort auf die Krise gebildete Europäische Fiskalpakt das Haushaltsrecht der nationalen Parlamente aller beteiligten Mitgliedsstaaten. Maßnahmen, die in Europa vor allem Uneinigkeit, Hass und Zwietracht gesät und einen möglichen Zusammenbruch der Eurozone eher verschärft als entspannt haben.

Sollte es tatsächlich zu einer faktischen Haftungsgemeinschaft innerhalb der Europäischen Union kommen, so würde dies einen gewaltigen Geldtransfer von Nord- und Mitteleuropa nach Südeuropa zur Folge haben. Und das, nachdem es bereits seit 2004 einen starken Geldtransfer von West- nach Osteuropa gegeben hat. Entwicklungen, deren Folgen sich für Deutschland schon jetzt ablesen lassen. So besitzt der deutsche Durchschnittshaushalt heute bereits weniger Vermögen als beispielsweise der italienische und rangiert im EU-Vergleich auf einem der hinteren Plätze. Ähnlich sieht es bei der Durchschnittsrente aus. Dennoch setzte sich die Kanzlerin im Mai 2020 für riesige, über eine gemeinsame EU-Verschuldung – mit einem großen auf Deutschland entfallenden Anteil – finanzierte Ausgabenpakete ein, von denen Deutschland aber einen vergleichsweise geringen Betrag erhalten soll.

Mangelhafte Wirtschaftspolitik

Besonders die Leistungsträger unserer Gesellschaft werden vom Fiskus weit höher als in den meisten anderen Staaten bei den Steuer- und Sozialabgaben zur Kasse gebeten. Deutschland liegt hierbei in der EU zusammen mit Belgien auf einem traurigen Spitzenplatz.[70] Angesichts eines gleichzeitig immer weiter ausufernden Sozialstaats geht damit auch ein Absinken der Leistungsbereitschaft einher. Besonders im Niedriglohnbereich ergeben sich kaum Unterschiede zum bloßen Erhalt von Transferleistungen. Die Bereitschaft zu Arbeit und Leistung sinkt.

Hinzu kommt eine immer frustriertere Mittelschicht, die sich aufgrund von kalter Progression, zu versteuernden Überstunden, Nachtarbeiten oder Wochenend- und Feiertagsdiensten zusehends die Frage stellt, inwiefern sich die geleistete Arbeit noch auszahlt. Leistungsträger mit hohem Einkommen finden zugleich nicht selten Jobs zu besseren Konditionen im Ausland. Und das bei deutlich weniger Steuer- und Sozialabgaben.

Ein weiterer Missstand betrifft die Infrastruktur in Deutschland, in deren Ausbau und Erhalt in den vergangenen Jahren viel zu wenig investiert wurde. Zu lange schon hat die Politik zu viel Geld in den konsumtiven Bereich gepumpt und dringend erforderliche Investitionen vernachlässigt. Besonders bei der Deutschen Bahn, den Zügen und Schienennetzen ist dies in den letzten Jahren immer ersichtlicher geworden. Zugausfälle und Verspätungen waren nicht mehr Ausnahme, sondern wurden mehr und mehr zur Regel.

Doch nicht nur auf der Schiene, auch auf Deutschlands Straßen hat sich im Laufe der Jahre ein enormer Investitionsrückstand gebildet. Daten der KfW-Bank beziffern ihn allein bei den Kommunen auf mehr als 160 Milliarden Euro.[71]

Einst für seine moderne Infrastruktur weltweit beneidet, droht der Bundesrepublik inzwischen ein gefährlicher Substanzverlust. Marode Fahrbahnen werden oftmals nur notdürftig zusammengeflickt, durch Frost im Winter entstandene Schlaglöcher allenfalls ausgebessert. Kostspielige, aber notwendige Brücken- und Straßensanierungen schieben Politiker in Bund, Ländern und Kommunen nicht selten von Jahr zu Jahr hinaus, um die Haushalte zu entlasten. Dabei wissen sie: Aufgeschobene Reparaturen machen jedes dieser Vorhaben noch teurer, weil sich der Zustand von Schienen, Brücken und Straßen nur noch weiter verschlechtert. Deutschland droht, seinen Ruf als Land mit hervorragender Infrastruktur zu verlieren.

Die Mängel in der Infrastruktur sind auch für Unternehmen zu einem Störfaktor geworden: Nach einer Befragung des Instituts der deutschen Wirtschaft Köln sehen sich 72 Prozent der Firmen durch schlechte Straßen in ihrer Geschäftstätigkeit beeinträchtigt, darunter 30 Prozent sogar deutlich beeinträchtigt.[72]

Ein weiteres Beispiel: Im Sommer 2018 musste die Bahnstrecke der Rheintalbahn zwischen Rastatt und Baden-Baden gesperrt werden, nachdem sich bei Tunnelarbeiten die Gleise gesenkt hatten.[73] Fernzüge mussten vorzeitig enden, internationale Züge sowie der Güterverkehr weiträumig umgeleitet werden. Zahlreiche Anschlussverbindungen waren ebenfalls erheblich verspätet. Weil der Abschnitt eine wichtige Lebensader des Güterverkehrs ist, drohten sogar Engpässe bei der Lieferung von Lebensmitteln und Medikamenten, die nun über die ohnehin stark belasteten Straßen transportiert werden mussten. Erhebliche Verzögerungen waren die Folge. Aus der Schweiz kam in diesem Zusammenhang Kritik am schleppenden Schienenausbau beim großen Nachbarn. Ein Sprecher der Schweizerischen Bundesbahnen spottete, in Deutschland hätten »die Züge keine Verspätung, sondern eine voraussichtliche Ankunftszeit«[74]. Denn die Eidgenossen haben ihren Teil des Ausbaus auf der mitteleuropäischen Nord-Süd-Achse längst erfüllt, Deutschland dagegen hinkt bisher stark hinterher.

Dass Deutschland nicht nur auf Straße und Schiene, sondern auch in der Luft seinen guten Ruf in puncto Infrastruktur aufs Spiel setzt, hat nicht zuletzt die endlose Baugeschichte des Flughafens Berlin-Brandenburg gezeigt. Eigentlich sollten von dort bereits seit 2011 Flugzeuge abheben, nachdem der erste Spatenstich für dieses zu den größten Infrastrukturprojekten Deutschlands zählende Bauwerk bereits 2006 getan war. Wegen diverser Mängel musste die Eröffnung immer wieder verschoben werden. Nun soll es wohl 2020 so weit sein. So recht glauben will das allerdings kaum jemand.

Doch nicht nur die verkehrliche Infrastruktur gibt Anlass zur Sorge. Auch bei der Digitalisierung droht Deutschland den Anschluss zu verlieren. Monierte Bereiche in diesem Zusammenhang: mangelnder Breitbandausbau, fehlendes oder mangelhaftes WLAN auf Flughäfen und Bahnhöfen, in Zügen und Bussen. Beispiel: die viel befahrene Bahnstrecke zwischen der Bundeshauptstadt Berlin und der Landeshauptstadt Potsdam. Auf einem Abschnitt von 5 Kilometern ein komplettes Funkloch, Internetzugang nicht möglich, Telefonverbindung brüchig. Die CDU-Landtagsfraktion Brandenburg ermittelte vergangenes Jahr über die Internetseite »Funklochmelder« über 23 000 Funklöcher im Mobilnetz des Bundeslandes.

Eine vertane Chance im Bereich Technologieentwicklung betrifft noch einmal den Bereich Bundesbahn: Der Transrapid wurde bereits in den achtziger Jahren auf einer Versuchsstrecke im Emsland mit einer Spitzengeschwindigkeit von über 400 Stundenkilometern getestet. Die Politik indes verwarf das Projekt.[75] Zu teuer, zu böse. China sagte danke und übernahm auch gleich die Technologie, die Deutschland bereitwillig zur Verfügung stellte. In wenigen Jahren wird eine internationale Hochgeschwindigkeitstrasse von Südwestchina über Thailand bis an den Golf von Siam fertiggestellt sein. Mehrere Tausend Kilometer in weniger als zehn Jahren. Mit Spitzengeschwindigkeiten von 350 Stundenkilometern.

In Deutschland gelten hohe Geschwindigkeiten indes als »böse« und, wer weiß, vielleicht auch schädlich für Umwelt und Klima. Bei der Deutschen Bahn setzt man für die Zukunft daher auf langsamere Züge.[76] Begründung: Bahnfahrten mit derart hohen Geschwindigkeiten lasse das marode Streckennetz ja ohnehin nur in seltenen Fällen zu.

Misslungene Energiewende

2011 verkündete die Bundeskanzlerin den Ausstieg aus der Kernenergie bis 2022.[77] Das war ein noch weitaus radikalerer Schritt, als er zur Regierungszeit von Rot-Grün erfolgt war, wo den Stromkonzernen zumindest längere Übergangsphasen zwecks Umstellung auf alternative Energieformen gewährt worden waren. »Das ZK der SED hätte es nicht anders geplant und durchgezogen«, kommentierte der *Cicero* Merkels Vorgehensweise auf sarkastische Art und fügte an:»Die abrupt verordnete Stilllegung von acht Kernkraftwerken kommt einer staatlichen Enteignung gleich.«[78] Die Publizistin und Unternehmensberaterin Gertrud Höhler bezeichnete die Maßnahme Merkels als einen»Sprung in Richtung Staatswirtschaft«, durch den die Kanzlerin die demokratische Entscheidungsfindung»unterwandert« habe.[79] Selbst Helmut Kohl hatte sich damals angesichts des Atom-Moratoriums zu Wort gemeldet, um zu betonen, dass er darin nicht nur Gefahren für die Wirtschaft, sondern auch einen Vertrauensbruch gegenüber den Bürgern sehe.[80]

Der Strom solle trotzdem bezahlbar bleiben, hatte die Kanzlerin zwar versprochen.[81] Tatsächlich aber haben sich die Energiekosten für Verbraucher und Wirtschaft massiv verteuert. Im Artikel des *Cicero* vom 27. Januar 2016 heißt es:»Der Kurswechsel über Nacht hat volkswirtschaftliches Vermögen in Milliardenhöhe vernichtet.« Den Übergang zu wirklich neuen Technologien habe das eher erschwert als erleichtert.»Die gleichzeitige Förderung der alternativen Energien war nichts anderes als ein gigantisches Subventionsprogramm, von dem vor allem die chinesischen Solaranbieter profitiert haben«, schrieb das Magazin. Für den Standort Deutschland hingegen bedeute die Energiewende»dauerhaft deutlich höhere Energiekosten«.

Ausfälle von Windkraftbetreibern oder Anbietern von Solarenergie durch nicht erfolgte Abnahme des Stroms müssen aufgrund des deutschen Erneuerbare-Energien-Gesetzes (EEG) auf die Strompreise umgelegt werden,[82] was in den vergangenen Jahren zu stetig steigenden Preisen geführt hat. Hohe Energiepreise sind jedoch Gift für die Wirtschaft und für

Deutschland als Produktionsstandort. Vor allem die Metall-, Chemie- und Papierindustrie leidet an den aus der Energiewende resultierenden hohen Stromkosten. In der Aluminiumbranche machen die Energiekosten inzwischen sogar mehr als 40 Prozent der Gesamtkosten aus.[83]

Es ist eine Energiewende, die nicht zuletzt zu einer stärkeren Abhängigkeit Deutschlands von Öl- und Gasimporten, insbesondere aus Russland und dem Nahen Osten, führen könnte. Was das zur Folge haben kann, wird anhand einer Aussage Wladimir Putins deutlich, als dieser anlässlich eines Deutschland-Besuches bereits im Frühjahr 2002 ankündigte, »Hindernisse mit Blick auf die Preisstabilität bei Öl- und Gaslieferungen« aufzubauen, falls Russland keinen gewünschten Einfluss auf die Europäische Union bezüglich der »Sicherheitsordnung und der Wirtschaft« in der EU erhalte.[84] Einfacher ausgedrückt: Handelt Europa nicht so, wie es dem Kreml gefällt, werden die Preise für Öl und Gas entweder spürbar angehoben oder die Lieferungen gleich ganz eingestellt. Wobei allein die Drohung mit einem solchen Szenario aufzeigt, wie sehr sich Deutschland mit seiner überhasteten und nicht ausreichend durchdachten Energiepolitik in eine erpressbare Situation manövriert hat.

Auf der Grundlage der 1992 in Rio de Janeiro auf den Weg gebrachten Klimarahmenkonvention wurden mit dem sogenannten Kyoto-Protokoll 1997 völkerrechtlich verbindliche Höchstmengen für den Kohlendioxidausstoß der westlichen Industrieländer festgelegt. Diese wurden von nun an dazu verpflichtet, ihren CO_2-Ausstoß zu senken. Was zu erheblichen Wettbewerbsnachteilen gegenüber Ländern wie Russland und China führte.

Das Kyoto-Protokoll gestattete diesen Staaten sogar, ihren CO_2-Ausstoß noch zu erhöhen und ungenutzte Emissionsquoten im internationalen Emissionshandel künftig zu verkaufen. Maßgeblich für das Zustandekommen des Kyoto-Protokolls eingesetzt hatte sich vor allem die spätere Bundeskanzlerin Angela Merkel.[85]

Der Leiter für Allgemeine Wirtschaftspolitik und Wissenschaft beim Energiekonzern RWE, Hans-Wilhelm Schiffer, kritisierte damals, dass sich daraus »ein massiver Einkommenstransfer aus der EU nach Russland« ergebe.[86]

Ein Transfer, der sich durch das Pariser Klimaschutzabkommen von 2015 weiter verschärft hat. Jährlich 100 Milliarden Euro sollen die westlichen Industrieländer von 2020 bis 2025 für den Umbau der Energieversorgung zur Verfügung stellen. Geld, das in die sogenannten Entwicklungsländer fließen soll, während der mit Abstand größte CO_2-Verursacher China lediglich auf »freiwilliger Basis« finanzielle Unterstützung leistet.[87]

Bis 2030 sollten die CO_2-Emissionen um 40 Prozent reduziert werden, lautete die Vorgabe der EU-Kommission an ihre Mitgliedsländer. Eine Vorgabe, die die Kommission jüngst noch einmal verschärfte. Und ungeachtet der aus der Corona-Krise entstehenden Lasten für die Wirtschaft stellte sich Bundeskanzlerin Angela Merkel beim Petersberger Klimadialog 2020 demonstrativ hinter die nun erneut verschärften Zielvorgaben.[88] Demnach sollen die CO_2-Emissionen bis 2030 nun um 50 bis 55 Prozent verringert werden, statt wie bisher geplant um lediglich 40 Prozent.

Seit der wirtschaftlichen Öffnung Chinas und dem damit verbundenen Aufbau einer sozialistischen Marktwirtschaft im Reich der Mitte lässt sich ein gewaltiger technischer Transfer aus den westlichen Staaten in das bevölkerungsreichste Land der Erde beobachten.

Ähnlich wie in Russland erhalten ausländische Unternehmen nur über chinesische Partner Zugang zum Markt, was sie oftmals zur Offenlegung ihrer Technologien zwingt. Hinzu kommt eine nach dem Kalten Krieg ausgeweitete Wirtschafts- und Technologiespionage Chinas in den westlichen Staaten, während diese – in dem Glauben behaftet, der Kommunismus sei keine ernste Gefahr mehr – ihre diesbezüglichen Abwehrmaßnahmen deutlich einschränkten.[89] Auch die durch die Marktöffnung rasant angestiegene Produktpiraterie fügt westlichen Unternehmen mit ihren Qualitäts- und Markenartikeln erheblichen Schaden zu. Insgesamt führen die genannten Fehlentwicklungen zu einer zunehmenden Deindustrialisierung Deutschlands. Auch die für Deutschland so wichtige Automobilindustrie ist davon betroffen. Einer Studie des Deutschen Instituts der Wirtschaft in Köln (DIW) zufolge seien dadurch auf lange Sicht zahlreiche Arbeitsplätze und hohe Einkommen in Europa gefährdet. Vor allem Überregulierungen und zu hohe Steuern und Abgaben auf Arbeit und Umwelt würden diesen Prozess beschleunigen, heißt es in dem 162 Seiten umfassenden Papier, das das DIW Anfang 2014 der EU-Kommission vorgelegt hat. »Die EU muss ihren Ansatz in der Energie- und Klimapolitik überdenken, um den Abfluss von Investitionen zu stoppen«, wird da gefordert. Bisher ist jedoch genau das Gegenteil der Fall.

Hinzu kommt eine mit dem Aufkommen der Öko-Ideologie in den achtziger Jahren einhergehende Industrie- und Technologiefeindlichkeit, die den Standort Deutschland schwächt und neben anderen Faktoren mitverantwortlich für die Verlagerung von Produktionsstätten ins Ausland ist. Seit 2016 sinkt in Deutschland der Anteil der Industrie an der Wertschöpfung. Lag er vor vier Jahren noch bei 23 Prozent[90], so ermittelte das Statistische Bundesamt Mitte Januar 2020 einen Wert von nur noch 21,5 Prozent. Es ist der niedrigste Wert seit der Finanzkrise 2008.

Rentensystem vor dem Kollaps

Obwohl sich die massiven Folgen des demografischen Wandels für das deutsche Rentensystem schon seit Langem abzeichnen, blieb die seit 2013 regierende Große Koalition auf diesem wichtigen Politikfeld untätig. Reformen wurden sogar zurückgedreht. Beispielsweise durch die Möglichkeit, mit 63 Jahren abschlagsfrei in Rente zu gehen. Die Leistungen der gesetzlichen Rentenversicherung wurden ausgeweitet, etwa mit der Mütterrente oder aktuell mit der Grundrente. Die Kosten dafür werden auf die zukünftige Generation geschoben. Und das, obwohl sich die Finanzierung der Rente durch die veränderte Altersstruktur der Gesellschaft ohnehin schon problematisch gestaltet.

Dabei lässt sich die steigende Lebenserwartung ebenso wenig ignorieren wie die Tatsache, dass die Babyboomer-Jahrgänge zunehmend in den Ruhestand gehen. Selbst wenn die Geburtenrate plötzlich sprunghaft anstiege, würde es noch 20 Jahre dauern, bis sich dieser Effekt in der erwerbstätigen Bevölkerung bemerkbar machen würde. Von der Rentenkommission ist bis heute kein ernst zu nehmendes Reformkonzept vorgelegt worden, das eine wirksame Reaktion auf diese Entwicklung erkennen ließe. Schon heute ist klar, dass zu viele

Renten unterhalb des Existenzminimums liegen werden. Die von der Koalition aus CDU/CSU und SPD im Januar 2018 vorgelegten Pläne, die Rentenbeiträge sowie das Renteneintrittsalter zu begrenzen und gleichzeitig das Rentenniveau zu halten, wurden von Sachverständigen schon kurz danach als unrealistisch bewertet.[91]

Problem Wohnungsnot

Auch das Eigenheim scheidet in Deutschland als Altersvorsorge für die Mehrheit der Bevölkerung aus. Steigende Immobilienpreise und explodierende Mieten haben in den vergangenen Jahren im Gegenteil zu einer akuten Wohnungsnot geführt, die den gesellschaftlichen Frieden in Deutschland gefährdet. Zu lange ist die Wohnbauförderung vernachlässigt, aber auch behindert worden. Denn kaum irgendwo anders auf der Welt müssen sich Bauherren mit derart vielen Vorschriften, langen Fristen, hohen Kosten und Genehmigungsverfahren herumschlagen wie in Deutschland.[92] Ausufernde Energiesparrichtlinien bedeuten zudem für Mieter oftmals nur minimal geringere Heizkosten, dafür aber deutlich höhere Mieten.

Weil Familien schon einen Großteil ihres durch Steuern und Abgaben reduzierten Nettoeinkommens für diese hohen Mieten ausgeben müssen, sind sie zusehends weniger in der Lage, Eigenkapital für den Kauf eines Eigenheims zu bilden. Erst recht nicht in ausreichendem Maße angesichts der durch die Niedrigzinspolitik der EZB angeheizten Immobilienpreise und der sich dazu proportional entwickelnden Grunderwerbsteuer. Hinzu kommt, dass Energiewende und Massenmigration den Spielraum für bezahlbaren Wohnraum nochmals deutlich eingeschränkt haben und somit für das Entstehen von sozialem Sprengstoff sorgen. Insbesondere für Familien mit Kindern werden Mietzahlungen oder der Erwerb von Immobilien zusehends schwieriger, was auch die Familienplanung unattraktiver werden lässt und die demografische Krise weiter verschärfen wird.

Entwertung der Familie

Seit vielen Jahren ist die Anzahl der traditionellen Mutter-Vater-Kind-Familien in Deutschland rückläufig, während die Anzahl von Alleinerziehenden steigt. Die grundgesetzlich geschützte Ehe und traditionelle Familie wird zudem zusehends durch eine Gender-Ideologie ausgehöhlt, die Werte und Regeln des familiären und gesellschaftlichen Miteinanders infrage stellt. Regeln zu Partnerschaft, Familie, Haushaltsführung, Lebensschutz oder Kindererziehung finden in den Lehrplänen und Schulbüchern kaum noch ihren Platz.[93] Ebenso verhält es sich in der Darstellung von Ehe und Familie im kulturellen Leben, in Film, Funk und Fernsehen. Familienförderung erfolgt zusehends über die Förderung von staatlicher Betreuung, etwa in Form von beitragsfreien Krippen- und Kindergartenplätzen oder schulischer Ganztagsbetreuung. Eine Familienförderung, die elterliche Eigenbetreuung finanziell unterstützt, gibt es hingegen nicht. Während man Eltern einen Rechtsanspruch auf eine staatliche Kinderbetreuung ab dem ersten Lebensjahr zubilligt, gewährt man Eltern einen adäquaten finanziellen Anspruch bei Eigenbetreuung nicht. Dabei kostet allein ein einziger Betreuungsplatz den Steuerzahler monatlich zwischen 1000 und 1800 Euro. Während Abtreibungen finanzielle Förderung erfahren[94] sind Mütter, die sich trotz widriger Verhältnisse für das Leben eines Kindes entscheiden, zu oft auf sich allein gestellt.

Sinkendes Bildungsniveau und Fachkräftemangel

Mit ideologischem Eifer gerade auf Seiten der politischen Linken ist das über Jahrzehnte bewährte gegliederte Schulwesen in Deutschland systematisch zerstört worden.[95] Stattdessen wird zusehends ein Einheitsschulsystem etabliert, bei dem das Gleichheitsprinzip sukzessive das Leistungsprinzip ablöst. Entsprechend stark ist der Verfall des Bildungsniveaus in Deutschland zu beobachten, wie verschiedene internationale Vergleichsstudien zeigen.[96] Die politisch gewollte Inflation von Bildungsabschlüssen wurde dabei mit einer dramatischen Absenkung der Leistungsanforderungen erkauft.

So verfügen inzwischen zwar mehr als die Hälfte aller Schulabgänger über eine Studienberechtigung. Doch trotz gestiegener Schulabschlüsse erhöht sich die Anzahl jener, die gleich zu Beginn ihrer Berufsausbildung oder ihres Studiums mit fehlenden Grundlagen in Sprache und Mathematik zu kämpfen haben. Mit der Folge, dass Universitäten und Unternehmen mangelnde schulische Grundlagen aufarbeiten müssen und Auszubildende sowie Studenten frühzeitig scheitern. Das gilt in besonderem Maße für den naturwissenschaftlichen Bereich. Dabei ist gerade dort der Mangel an qualifizierten

Fachkräften besonders verheerend und stellt die Wirtschaft vor Probleme.[97]

Allein in den letzten zehn Jahren hat sich in Deutschland die Zahl der offenen Arbeitsstellen von knapp 360 000 auf über 770 000 mehr als verdoppelt. Im Handwerk fehlen nach Angaben der Bundesagentur für Arbeit aus dem Jahr 2018 über 150 000 Kräfte[98]. Da viele Betriebe jedoch ihre offenen Stellen der Agentur längst nicht mehr melden, geht man beim Zentralverband des Deutschen Handwerks sogar von einer Dunkelziffer von über 250 000 unbesetzten Stellen aus.

In der Pflegebranche fehlen rund 40 000 Fachkräfte.[99] Auch mangelt es auf lange Sicht immer mehr an Ärzten, um den zukünftigen Bedarf angesichts der demografischen Entwicklung in Deutschland aufzufangen. Bis 2026 werden zudem rund 100 000 Ingenieur-Stellen vakant bleiben.[100] Doch gerade dieser Berufszweig gilt als Rückgrat der deutschen Wirtschaft. Bei den Elektroingenieuren wird dann wahrscheinlich sogar jede zweite Stelle nicht mehr besetzt werden können, prognostizierte bereits 2016 eine vom Verband der Elektrotechnik und Elektronik in Zusammenarbeit mit dem Verein Deutscher Ingenieure in Auftrag gegebene Studie.

Die seit 2015 verstärkt nach Deutschland zugewanderten Migranten können diesen Fachkräftemangel bei Weitem nicht so beheben, wie es sich Migrationsbefürworter ursprünglich erhofft hatten. Zwar haben mittlerweile mehr als die Hälfte der Zuwanderer in Deutschland eine Arbeit gefunden. Doch handelt es sich dabei oftmals um Jobs im Niedriglohnsektor mit dazu noch unsicheren Beschäftigungsverhältnissen. Den Aufstieg zu den dringend zu besetzenden qualifizierten Stellen schaffen nur wenige. Nicht zuletzt, weil die Anforderungen an die Qualifikation, etwa an Ärzte oder Ingenieure, das Bildungsniveau vieler Migranten deutlich übersteigen.

Trotz eines Bodensatzes von rund zwei Millionen Arbeitslosen in Deutschland gelingt es nicht, den aufgezeigten Mangel an Fachkräften im Land zu beheben. Die Gesellschaft scheitert bei Hunderttausenden von Langzeitarbeitslosen mit der Eingliederung in den Arbeitsmarkt. Die Ursachen hierfür sind vielfältig. Erfahrungsgemäß spielen aber ein zu niedriges Bildungsniveau beziehungsweise zu geringe staatliche Anstrengungen für die Weiterbildung sowie unzureichende Anreize durch zu wenige Sanktionsmöglichkeiten für Arbeitsverweigerer eine große Rolle.

Politische Radikalisierung

Als fatal für die politische Stabilität und den sozialen Frieden in Deutschland haben sich besonders zwei Themen erwiesen: Die unter dem damaligen Bundeskanzler Gerhard Schröder (SPD) auf den Weg gebrachten Hartz-IV-Gesetze sowie Angela Merkels Politik der offenen Tür im Zuge der Massenmigration im Jahr 2015. Beide Entscheidungen haben die Saat der politischen Radikalisierung in Deutschland erst aufgehen lassen. Man könnte sogar sagen, dass sich Gerhard Schröder wie auch Angela Merkel mit diesen beiden Entscheidungen zu Gefährdern des sozialen Friedens gemacht haben.

Die Hartz-IV-Gesetze stellten für die SPD einen Bruch mit ihrem Markenkern dar. Ihr Image als Anwalt des kleinen Mannes, der arbeitenden Bevölkerung, hat hierdurch stark an Glaubwürdigkeit eingebüßt. Denn so sehr die Agenda 2010 von der Wirtschaft begrüßt wurde, teilweise auch notwendig war und viele grundsätzlich richtige Gedanken enthielt, in einigen Bereichen schoss sie doch übers Ziel hinaus. Mancher Arbeitnehmer wurde ohne eigenes Verschulden zum Leidtragenden dieser Reformen, die dadurch Existenzängste weckten und damit den SED-Erben der Linkspartei den Weg zur bundesweiten Etablierung erleichterten.

Zumindest teilweise berechtigte Ängste waren es auch, die den Aufstieg der AfD begünstigten. Nachdem sich die Partei 2013 aufgrund des Linkskurses der Bundeskanzlerin sowie deren umstrittener Euro-Rettungspolitik gegründet hatte, begann sie sich nach ihrem krawallartigen Essener Parteitag im Juli 2015 zu radikalisieren. Bürgerliche Kräfte verließen die Partei. Schon nach wenigen Wochen sackte die AfD unter die 5-Prozent-Hürde. Erst die Migrationspolitik der Bundeskanzlerin holte sie aus dem Stimmungstief und erlaubte ihr, sich zu einer rechtspopulistischen Protestpartei zu entwickeln.

Auch die CDU beging durch Merkels Politik der offenen Tür einen Bruch mit ihrem Markenkern. Das Image einer Rechtsstaatspartei, die stets als Garant für die innere und äußere Sicherheit Deutschlands einstand, war ebenfalls stark angegriffen. Vor allem Soldaten, Polizisten, Richter oder Staatsanwälte sehen in der Politik der Kanzlerin einen billigend in Kauf genommenen Kontrollverlust des deutschen Staates.[101] Dessen Folgen dürften noch Jahre nachwirken und es wird großer Anstrengungen bedürfen, den durch die nun etablierten radikalen Parteien gestörten sozialen Frieden wiederherzustellen.

Erschwerend kommt hinzu, dass sich die politische Auseinandersetzung in Deutschland in den letzten Jahren deutlich verschärft hat. Die aufgezeigten Probleme haben immer mehr Menschen veranlasst, sich in eine teilweise erschreckend radikale Opposition zur Politik der Großen Koalition zu begeben. Aber auch eine sich als alternativlos bezeichnende Regierungspolitik, Journalisten mit dem Ziel, politisch zu erziehen, sowie linke Politiker, die den »Kampf gegen rechts« instrumentalisieren, tragen Verantwortung für die zunehmend aggressive Spaltung unserer Gesellschaft in politische Lager.

Moralisierung, Medien und Meinungsfreiheit

Alle im vorangegangenen Kapitel beschriebenen Probleme sind auch für eine interessierte Öffentlichkeit ohne Weiteres zu erkennen. Es stellt sich also die Frage, warum eine Politik, die diese Probleme zu einem erheblichen Maße zu verantworten hat, dennoch relativ hohe Zustimmungswerte in der Bevölkerung erhält. Immerhin lassen sowohl die persönlichen Werte für Frau Merkel als auch für die Koalition aus CDU/CSU und SPD trotz des deutlichen Rückgangs im Vergleich zu früher immer noch auf eine nicht unerhebliche Zustimmung der Wähler schließen. Dabei ist jedoch zu berücksichtigen, dass jeder vierte Bürger in Deutschland zum Beispiel bei der Bundestagswahl 2017 seine Stimme nicht abgegeben hat.[102] Eine Mehrheit bei Wahlen oder in Umfragen bedeutet daher keinesfalls zwangsläufig auch eine mehrheitliche Zustimmung bei der gesamten wahlberechtigten Bevölkerung. Im Gegenteil könnte man sogar fragen, ob die rund 25 Prozent der Bürger, die ihr Wahlrecht aktuell nicht ausüben beziehungsweise sich bei Umfragen nicht für eine Partei aussprechen, nicht sogar ein wesentliches Stimmenpotenzial für eine Partei bilden, die eine andere Politik als die derzeitige von Kanzlerin Merkel vertritt.

Warum aber findet sich derzeit keine Mehrheit bei Wahlen oder in Umfragen für Parteien, die Merkels Politik nicht mittragen wollen? Ist es Desinteresse und Gleichgültigkeit, der Gedanke, doch nichts ändern zu können, oder die Furcht vor unangenehmen Konsequenzen für die »falsche« Meinung? Diese Frage stellt sich insbesondere in der Migrationspolitik, die in Umfragen regelmäßig zu den wichtigsten Themen[103] gezählt wird und bei der deutliche Mehrheiten für eine stärkere Begrenzung und Steuerung der Einwanderung votieren. So ermittelte das Meinungsforschungsinstitut INSA im August 2017, dass 80 Prozent[104] der Bundesbürger wollen, dass die Bundesregierung stärker gegen illegale Einwanderung vorgeht. Im Mai 2018 sprachen sich 70 Prozent[105] der von INSA Befragten für eine klare Begrenzung der Einwanderung aus.

Dennoch spiegeln sich diese Ergebnisse nicht in Wahlergebnissen wider, bei denen nämlich die Parteien, die Zuwanderung in der jetzigen Form tolerieren oder sogar erleichtern wollen, zusammen Mehrheiten bekommen.

Noch eklatanter trifft dies in der sogenannten öffentlichen Meinung zu. Besonders in den Medien, allen voran dem durch den zwingend zu entrichtenden Rundfunkbeitrag finanzierten öffentlich-rechtlichen Rundfunk, finden sich nur sehr selten kritische Beiträge, die die Nachteile der unkontrollierten Masseneinwanderung thematisieren. Kritiker werden hier dagegen häufig zumindest in einen Zusammenhang mit Rechtsradikalen oder der AfD gebracht.[106] Dieses Framing in Teilen der Medien führt insbesondere dazu, dass Menschen, die mit der Einwanderungspolitik der Bundesregierung nicht einverstanden sind, sich aus Angst, in die »rechte Ecke« gesteckt zu werden, nicht trauen, dies öffentlich zu äußern – nur in vertrauter Runde kommt dann der tief sitzende Frust zum Vorschein.

Da durch den öffentlich-rechtlichen Rundfunk gleichzeitig kein gutes Haar an den Positionen der AfD, die als einzige Partei die Einwanderungspolitik der Bundesregierung als zu wenig restriktiv kritisiert, gelassen wird, neigen viele Menschen, die eigentlich eine strengere Einwanderungspolitik wollen, dazu, ihre Stimme mangels vernünftiger Alternativen verfallen zu lassen, und wählen gar nicht oder doch zähneknirschend zum Beispiel CDU/CSU. In diesem Zusammenhang wird auch deutlich, dass die AfD durch ihre erschreckende Radikalisierung und oft inakzeptable Rhetorik selbst vertretbare inhaltliche Positionen »vergiftet« und somit eine Politikwende eher erschwert als fördert.

Insgesamt lässt sich feststellen, dass mehr als die Hälfte der Bevölkerung entweder kein tieferes Interesse an Politik[107] über ihre eigene direkte Betroffenheit hinaus hat oder sich nicht traut, ihre politische Meinung zu äußern.[108] Eine Umfrage des Instituts für Demoskopie Allensbach vom Mai 2019 bestätigt empirisch, was viele Menschen im täglichen Leben empfinden – man könne in Deutschland zu einigen Themen seine Meinung nicht sagen, ohne Konsequenzen fürchten zu müssen. Das führt dazu, dass Menschen, die eine in der Öffentlichkeit anscheinend nicht opportune Meinung haben, diese lieber nicht offen äußern, was natürlich den Eindruck verstärkt, dass es nur die eine richtige Meinung gibt. Wenn das dann zu einer Art Schweigespirale für bestimmte politische Positionen führt, scheint die im Grundgesetz geschützte Meinungsfreiheit gefährdet.

Darüber hinaus gelingt es der politischen Linken geschickt, ihre eigenen Positionen als moralisch richtig und gut, anderslautende Positionen aber per se als böse darzustellen. Wer Einwanderung kritisch sieht, ist mindestens »rechts« – was offenbar schon schlimm genug ist, denn die politische Linke hat es geschafft, den Begriff »rechts« im politischen Sprachgebrauch fest mit Rechtsextremismus und Neonazis zu verbinden.[109] Die Bezeichnung »rechts« ist somit schon ein Vorwurf, eine Stigmatisierung, nur unweit entfernt von »Nazi«. Interessanterweise gibt es im Sprachgebrauch für Vertreter extrem linker Positionen kein vergleichbar besetztes und gängig verwendetes Wort wie »Nazi«. »Stalinist«, die möglicherweise vergleichbare Bezeichnung für Linksextremisten, hat nicht annähernd eine solch große Verbreitung oder stigmatisierende Wirkung. »Nazi« ist insbesondere ein universell einsetzbares Totschlagargument gegen alle, die auf die Probleme misslungener Integration von Migranten hinweisen. Es befindet sich damit in guter Gesellschaft mit Beschimpfungen wie »Faschist« oder zunehmend auch »AfD-nah«, mit denen gerne Sachargumente weggewischt werden, ohne sie inhaltlich diskutieren zu müssen. Es reicht, wenn ein Argument oder eine Person »AfD-nah« ist, um es oder sie ohne weitere Diskussion zu diskreditieren. Der Kampf gegen »rechts« scheint sich unumstritten als alternativlos und dringend nötig in den Köpfen festgesetzt zu haben, wohingegen es keinen ähnlichen Konsens gegen »links« gibt. Allerdings ist auch festzustellen, dass diese Stigmatisierung in Ostdeutschland, wo man sich der Unterdrückung durch die Kommunisten der SED noch bewusster ist als im Westen, deutlich weniger funktioniert.

Das Phänomen der Moralisierung ist kein neues. Beispielsweise war man schon Anfang der achtziger Jahre beim NATO-Doppelbeschluss schnell ein »Kriegstreiber«, wenn man für die Nachrüstung und gegen die »Friedensbewegung« argumentierte.[110] Damals ließ sich die Bundesregierung unter Helmut Kohl davon aber nicht ins Bockshorn jagen. Die Union setzte die Nachrüstung vielmehr (richtigerweise) gegen den Druck auf der Straße durch.

Relativ neu, aber ins gleiche Muster passend, ist die Verunglimpfung als »Klimaleugner«, der nichts Geringeres als die Zukunft der gesamten Menschheit aufs Spiel setzt. Ein solcher ist man häufig schon, wenn man darauf hinweist, dass Deutschland, mit welchen Maßnahmen auch immer, den weltweiten CO_2-Ausstoß nicht signifikant beeinflussen kann.

Und wer will schon offen etwas gegen mehr Gender*Innen haben? Denn wer an den dutzenden diversen Geschlechtern zweifelt, handelt sich schnell die Bezeichnung »reaktionär« ein. Aber damit nicht genug: Wendet sich jemand gegen eine europäische Schuldenunion, wird er von den überzeugten »Europäern« gleich als gewissenloser »Nationalist« bezeichnet. Und ganz aktuell machen Begriffe wie »Verschwörungstheoretiker« oder gar »Aluhutträger« Karriere. Sie dienen zum Beispiel auch zur Diskreditierung derer, die argumentieren, dass nicht jede staatliche Maßnahme zur Eindämmung der Corona-Pandemie auch prioritär oder angemessen ist, sondern dass andere Aspekte, etwa Grundrechte oder die wirtschaftliche Situation der Menschen, ebenfalls zu berücksichtigen sind.

Deshalb schweigt man also besser, wenn die eigene Meinung nicht dem moralisch und politisch korrekten Mainstream entspricht. Dies beginnt in den Schulen, in denen die Kinder früh lernen, was gut und was böse ist, was also gesagt und gedacht werden darf und was nicht, und setzt sich an Universitäten, in der öffentlichen Verwaltung, Kirchen und am Arbeitsplatz fort. Während dort häufig und selbstbewusst Funktionäre der Linken zu einem gemeinsamen Widerstand gegen (gemeint ist: rechten) »Faschismus« aufrufen, finden so gut wie keine »rechten« Demonstrationen beispielsweise gegen

Kommunismus statt. Der Deutsche Gewerkschaftsbund etwa ruft gern zu Demonstrationen explizit gegen Rechtspopulisten und Rechtsextremisten auf, der Linksextremismus wird dabei geflissentlich vergessen.[111]

Eine »Demo gegen rechts« geht eben immer, auch wenn unter den Demonstranten gewaltbereite Linksextremisten zu finden sind. Ein gutes Beispiel hierfür ist die Vizepräsidentin des Deutschen Bundestags, die Grüne Claudia Roth, die an einer Demonstration teilnahm, auf der »Deutschland, du mieses Stück Sch...« skandiert wurde, ohne sich davon zu distanzieren.[112] Offensichtlich besteht hier keine Scheu, zur Durchsetzung politisch linker Positionen gemeinsame Sache mit Extremisten zu machen. Aber auch die offizielle Unterstützung eines Konzerts »gegen rechts«, bei dem eine linksextremistische Band auftrat, durch den Bundespräsidenten,[113] lässt die Frage aufkommen, ob linker und rechter Extremismus beide mit gleicher Entschlossenheit geächtet werden.

Die alljährlich zum 1. Mai stattfindenden gewalttätigen Ausschreitungen von Linksextremisten werden von der medialen Öffentlichkeit mittlerweile nur noch mehr oder minder schulterzuckend hingenommen. Denn in der Darstellung vieler öffentlicher Medien handelt es sich dabei, ähnlich wie bei den Gewalttätern des G20-Gipfels in Hamburg 2017, eher um »Aktivisten«, während bei Demonstrationen für den Schutz des Lebens, sofern darüber überhaupt berichtet wird, meist die angebliche Unterwanderung durch »Rechte« im Vordergrund steht. Dagegen kommt in der öffentlichen Debatte viel zu kurz, dass etwa die Bewegung Fridays for Future mittlerweile von linksradikalen Gruppen durchsetzt und für deren Zwecke missbraucht wird.[114]

Besonders bedenklich ist es, wenn in dieser Gefechtslage von gut (links) gegen böse (rechts) sogar Gesetze im Dienste der Moral bewusst gebrochen werden. So ist beispielsweise die Freiheit der Lehre durch das Streben der politischen Linken nach Dominanz gefährdet. Linke Krawallmacher verhindern immer häufiger unter Einsatz von Einschüchterung und Gewalt die Auftritte von »rechten« Politikern im Rahmen von Vorlesungen an Hochschulen. Hierbei trifft es mittlerweile selbst relativ »unverdächtige« Redner wie den früheren Innenminister Thomas De Maizière, den Vorsitzenden der FDP, Christian Lindner, oder den bei der AfD wegen deren Rechtskurs ausgeschiedenen Hochschulprofessor Bernd Lucke.[115]

Aber auch andere Rechtsbrüche werden zur Durchsetzung linker Positionen als Kavaliersdelikt gehandhabt: Im Falle von Fridays for Future setzt man sich etwa nonchalant über die Schulpflicht hinweg. Weitere Beispiele für Rechtsbruch im Dienste der »guten Sache« sind die Besetzung des Hambacher Forstes, die Blockade von Kernkraftwerken, die Besetzung von Häusern, die gewaltsame Verhinderung rechtskräftiger Abschiebungen oder die illegale Einschleusung von Migranten über »Rettungsschiffe«.

In diesem Kontext sei auch an die in den Medien häufig unbeachteten tätlichen Angriffe auf Parteibüros der CDU und der FDP, besonders in Thüringen, oder auf »rechte« Journalisten erinnert. Selbst wenn man die AfD als Partei aufgrund mancher rechtsradikaler Tendenzen mit einigem Recht ablehnt, sollte es dennoch einen Konsens darüber geben, dass die häufigen Angriffe auf deren Büros, Infostände und besonders Anhänger und Mitglieder durch linke Gewalttäter nicht akzeptabel sind. Leider scheint aber genau dieser Konsens, keine Gewalt in der Politik zu akzeptieren, geschweige denn auszuüben, immer mehr zu schwinden, wenn es darum geht, »rechts« zu bekämpfen.

Als wäre Gewaltbereitschaft nicht schon schlimm genug, kommt noch hinzu, dass die Definition des zu bekämpfenden, als »rechts« bewerteten Gegners mittlerweile sehr beliebig ist und häufig im freien Ermessen der Gewalttäter liegt. Wie die Beispiele oben zeigen, kann so schnell auch die demokratische politische Mitte ins Visier von Linksradikalen geraten. Dies führt jedoch leider nicht immer zu einer Solidarisierung der Demokraten gegen die Gewalttäter, sondern wird manchmal dadurch gerechtfertigt, dass der Zweck die Mittel heiligt und dass die Angefeindeten ja selbst schuld sind, wenn sie sich in der CDU/CSU oder der FDP engagieren und dabei nicht klar gegen »rechts« abgrenzen.

Es wird immer deutlicher, dass die politische Linke in Deutschland eine Art »Lufthoheit« errungen hat. Die Journalisten, besonders der öffentlich-rechtlichen Medien, welche die öffentliche Meinung stark beeinflussen, geben sich laut Umfragen deutlich überwiegend als Anhänger von Grün-Rot zu erkennen.[116] Es verwundert daher nicht, dass die Berichterstattung häufig entsprechend einseitig ausfällt. Dies geschieht in der Regel nicht, wie verschiedentlich behauptet, durch das Verbreiten von Lügen. Es ist vielmehr die aktive Auswahl der Themen und Positionen, über die berichtet wird, und das Weglassen von anderen Inhalten, was eine subtile Ungleichgewichtung ermöglicht.

Meist positionieren sich die Anhänger der politischen Linken, wie bereits gesagt, moralisch auf der richtigen Seite, wohingegen andere Meinungen per se als »böse« bezeichnet werden. Eine sachliche Diskussion über politische Inhalte und die besseren Lösungen ist in diesem Umfeld häufig nicht mehr möglich. Somit wird die politische Debatte oft von ideologischen und nicht sachlichen Argumenten dominiert, was sinnvollen Lösungen nicht zuträglich ist. Die politische Linke agiert in ihrer Argumentation damit eigentlich genau so, wie sie es der Rechten gern und häufig vorwirft: populistisch.

Außerdem ist festzustellen, dass wirtschaftsliberale und konservative Positionen durch ein entsprechendes Framing immer stärker in den Hintergrund gedrängt werden. Dies zu ändern, ist auch Aufgabe der CDU/CSU. Das wird sie nur erreichen, wenn sie bereit ist, ihre Positionen auch unbeirrt zu vertreten, wenn die Debatte unbequem wird, insbesondere wenn von links die Moral- oder gar Nazikeule geschwungen wird. Die bürgerlichen Kräfte müssen erkennen, dass die pauschale Verunglimpfung als »Nazi« oder »AfD-nah« meist nichts weiter ist als ein Totschlagargument, wenn »links« die Sachargumente ausgehen.

Und es wäre eine Illusion, zu glauben, man könne dieser Beschimpfung dauerhaft sicher entgehen und gleichzeitig konservative Standpunkte vertreten. Denn die politische Linke hat gelernt, sich mit der Moralisierung Stück für Stück durchzusetzen. Sie wird das immer wieder tun und keinen verschonen, sobald sie es in der politischen Diskussion für sinnvoll hält.

Neben der erwähnten Standfestigkeit bürgerlicher Kreise wird es zukünftig auch darauf ankommen, der linken Dominanz in den Medien, besonders im öffentlich-rechtlichen Rundfunk, ein Gegengewicht entgegenzusetzen, damit Meinungsvielfalt und -freiheit wieder erstarken. Diese Vielfalt ist schon deshalb wichtig, um dem Vertrauensverlust, dem sich Medien allgemein ausgesetzt sehen, zu begegnen. Denn mangels eines ausreichend breiten Angebots an seriösen »liberal-konservativen« Medien flüchten viele Menschen auf der Suche nach einer vom Mainstream abweichenden Meinung derzeit zu manchmal unseriösen Publikationen, Blogs und YouTube-Beiträgen. Allerdings kann niemandem damit gedient sein, wenn unzufriedene Bürger aufgrund als einseitig empfundener Informationen auf die »Lügenpresse« schimpfen und gleichzeitig zum Beispiel Verschwörungstheoretikern oder aus dem Ausland gesteuerten Informationen auf den Leim gehen.

Um es klar zu sagen: Es gibt zahlreiche Journalisten, die sehr korrekt arbeiten und sich bei allem kritischen Hinschauen um Objektivität bemühen. Sie sind ein wertvoller Teil unseres demokratischen Systems. Es gibt leider aber auch viele, die ihre eigene politische Meinung nicht von einer objektiven Berichterstattung trennen können. Manche Journalisten erachten es sogar als ihren Auftrag, ihre politische Meinung zu vermitteln. Auch das kann in Ordnung sein, aber nur dann, wenn klar ersichtlich ist, dass es sich bei dem Beitrag nicht um objektive Tatsachenberichterstattung, sondern einen Kommentar handelt. Nur mit einem hohen Maß an Transparenz, Ehrlichkeit, Objektivität und Ausgewogenheit werden die Medien das Vertrauen der Menschen zurückgewinnen.

Der Niedergang der CDU/CSU

Kompetenzverlust und Preisgabe des Markenkerns

Über Jahrzehnte hatten sich CDU und CSU in der deutschen Bevölkerung großes Vertrauen und Rückhalt erarbeitet. Ein Bonus, der der Union in weiten Teilen der Republik kontinuierlich Wahlergebnisse von weit über 40 Prozent bescherte. In Bundesländern wie Bayern oder Sachsen waren es zumeist sogar weit über 50 Prozent.

Grundlage für diese Erfolge war ein unverkennbarer Markenkern, der CDU und CSU gegenüber anderen Parteien unterscheidbar werden ließ. Als Partei der Mitte stand die Union stets für einen antitotalitären Konsens. Sie bekämpfte Rechts- und Linksextremisten gleichsam. Der Grundsatz von Franz Josef Strauß, dass es rechts von der Union niemals eine Partei im deutschen Bundestag geben dürfe, war ebenso in Stein gemeißelt wie der Antikommunismus, als dessen Bollwerk sich die Union stets verstanden hatte. Der in den siebziger Jahren formulierte Slogan »Freiheit statt Sozialismus«[117] war lange

Programm in der Union und wurde vom Führungspersonal mit Leben gefüllt.

Die Westbindung, die transatlantische Partnerschaft, das Bekenntnis zur NATO, die enge Freundschaft zu den USA, die Aussöhnung mit Israel, die europäische Einigung sowie das Festhalten an der deutschen Einheit gehörten zur DNA der CDU/CSU. Dies waren die Pfeiler, auf denen die Architektur deutscher Außen- und Sicherheitspolitik unter unionsgeführten Regierungen stets basiert hatte.

Institutionen dieser Sicherheit wie Bundeswehr, Polizei oder die Nachrichtendienste hatten mit der Union immer einen verlässlichen Partner an ihrer Seite. Sie konnten sich darauf verlassen, dass sich CDU und CSU für die Stärkung ihrer Institutionen einsetzen würden. Wer die Kriminalität in Deutschland eindämmen wollte, der wählte in aller Regel die Union. Wer eine restriktive Zuwanderungspolitik wollte, ebenso. Und mit Ludwig Erhards Konzept der sozialen Marktwirtschaft gewann die Union ab den fünfziger Jahren nicht nur Großunternehmer und Mittelständler, sondern auch weite Teile der Arbeitnehmerschaft konnten sich mit diesem Modell anfreunden. Denn noch ein weiterer Baustein zählte stets zum Markenkern der Union: Leistung. Wer etwas leistete, ob wirtschaftlich oder durch gesellschaftliches Engagement, der konnte sicher sein, dass ihm in Deutschland der wirtschaftliche Aufstieg gelingen würde. Auch die Bildungspolitik der Union stand stets unter dem Primat des Leistungsprinzips, und die Familie wurde bei Christdemokraten als eine schützenswerte Institution angesehen.

Dieser gerade skizzierte Markenkern ist unter der Kanzlerschaft Angela Merkels zusehends erodiert. Profillosigkeit und Beliebigkeit, verbunden mit einem Anbiederungskurs an Rot-Grün, haben auf zahlreichen Politikfeldern zu einem schleichenden Niedergang der Union geführt.

Ansehensverlust in der inneren und äußeren Sicherheitspolitik

Heute hat die Union ihre einstige Kompetenz in der Sicherheitspolitik weitestgehend verloren. Statt Ruf und Legitimation der Bundeswehr zu stärken, ist es bezeichnenderweise die Union gewesen, die die Aussetzung des Wehrdienstes vollzogen hat.[118] Es war eine Verteidigungsministerin der CDU, die die Teilauflösung des Kommandos Spezialkräfte (KSK) angeordnet hat. Und es war ebenfalls eine Verteidigungsministerin der CDU, die es vorgezogen hat, sich mit der Verschönerung der Mannschaftsunterkünfte und mit Bilderstürmerei zu befassen, anstatt sich für dringend erforderliche Verbesserungen bei der Ausrüstung der Soldaten einzusetzen.[119]

Weder ist es der Union gelungen, immer deutlicher zutage tretende Engpässe bei militärischem Gerät zu beseitigen, noch wurde die Personalausstattung der Bundeswehr verbessert. Spätestens bei einer Zunahme von militärischem Konfliktpotenzial in Europa wird sich die Union daher die Frage gefallen lassen müssen, warum sie seit dem Beginn von Angela Merkels Kanzlerschaft im Jahr 2005 zwar stets das Verteidigungsministerium besetzt hat, die Bundeswehr aber seitdem in einen immer desolateren Zustand geraten ist.

Sicher trägt an dieser Entwicklung auch schon die rot-grüne Koalition aus der Zeit zwischen 1998 und 2005 eine Mitverantwortung. Von Rot-Grün hatte man ein solches Vorgehen jedoch erwarten können. Die Tatsache, dass sich der Zustand unserer Streitkräfte während der Merkel-Ära allerdings nicht verbesserte, sondern vielmehr weiter verschlechterte, führte nicht nur zu einer unguten Stimmung innerhalb der Bundeswehr, sondern auch zu einem immensen Vertrauensverlust der Soldaten gegenüber der sicherheitspolitischen Kompetenz der Union.

Hinzu kommt, dass auch das in der NATO vereinbarte 2-Prozent-Ziel, wonach jedes Mitgliedsland 2 Prozent seines Bruttoinlandsprodukts für Verteidigungsausgaben bereithält, nicht mal ansatzweise erreicht wird. Auch gegen die Ankündigung Donald Trumps große Teile der US-Truppen aus Deutschland abzuziehen und nach Polen zu verlegen,[120] leistet die Union nur mäßigen Widerstand, während SPD, Grüne und Linke den Truppenabzug erwartungsgemäß begrüßen. Dabei ist es bezeichnend, dass Grüne, AfD und Die Linke den Abzug begrüßen, während von der Union nicht einmal Anstalten gemacht werden, die Wichtigkeit dieser Präsenz angesichts des bedrohlichen Zustands der Bundeswehr kommunikativ zu unterstreichen.

Ähnliche Klagen sind auch aus den Reihen der Polizei zu vernehmen. Zwar stellt sich die Union durchaus hinter die Polizei. Zumeist bleibt es jedoch bei Lippenbekenntnissen. Nicht zuletzt in Bezug auf die Ankündigung Horst Seehofers, gegen eine Autorin der linken *tageszeitung* (taz) Strafanzeige zu stellen, weil sie die Auffassung vertrat, Polizisten gehörten auf die Mülldeponie[121]. Dessen kleinlauter Rückzieher, nachdem die Kanzlerin interveniert hatte, lassen Zweifel an der Kompetenz aufkommen.

Immer stärker entwickeln sich Polizisten zu den Prügelknaben der Nation. Und immer mehr Polizisten fühlen sich ähnlich wie die Soldaten von der Politik allein gelassen. Nicht zuletzt deshalb, weil die Union als verlässliche Partei für Recht und Ordnung ausfällt.

Im Zuge der G20-Krawalle von Hamburg im Sommer 2017 klatschten Passanten Beifall, während sie mitverfolgten, wie zumeist linksextreme Gewalttäter Polizisten mit Flaschen und Steinen bewarfen. Die Kritik der Union daran erfolgte allenfalls pflichtschuldig. Keine Kampagne für den Rechtsstaat schloss sich an, keine mit Nachdruck geforderten Konsequenzen. Nicht zuletzt mit Rücksicht auf eventuelle Koalitionsoptionen mit den Grünen. Die Rote Flora, jene illegal von Linksextremisten in Besitz gebrachte Immobilie im Hamburger Schanzenviertel, ist bis heute nicht geräumt. Zarte diesbezügliche Forderungen aus den Reihen der CDU sind lange wieder vergessen.

Der sogenannte Widerstand gegen Vollstreckungsbeamte erfolgt heute jedoch keineswegs nur bei Krawallen und Demonstrationen. Lange schon gehören Angriffe auf Polizeibeamte selbst bei Routine-Einsätzen zum Alltag. Etwa bei nächtlicher Ruhestörung, bei Familienstreitigkeiten oder bei einem Verkehrsunfall.

Erschwerend kommt hinzu, dass es immer weniger Polizeistationen vor Ort gibt und als Folge davon lange Anfahrtswege anfallen, verbunden mit oftmals zu wenig vorhandenen Einsatzwagen für die Beamten. Bis Verstärkung am Tatort eintrifft, ist in aller Regel schon viel zu viel Zeit verstrichen. Den wenigen Beamten vor Ort bleibt dann oftmals nur der Rückzug als Option. Kommt es schließlich zu Festnahmen, steht den Polizisten zudem eine zeitaufwendige Prozedur bevor: Transport der Gefangenen auf die Wache, das Verfassen eines Berichts über den Vorfall und nicht selten kommt noch eine Anzeige der Täter gegen im Einsatz beteiligte Beamte hinzu. Dienstinterne Ermittlungen sind dann die Folge.

Alltagssituationen, die in Kombination mit zahlreichen Überstunden und Angriffen auf Leib und Leben bei vielen Polizisten für Frust sorgen. Allein im Jahr 2019 gab es laut

Angaben des Bundeskriminalamts (BKA) über 36 000 Fälle von Gewalt gegenüber Polizisten. Im Vergleich zum Vorjahr ein Zuwachs von fast 10 Prozent[122]. Laut einer Pressemittteilung des BKA-Chefs Holger Münch vom Mai 2020 werden in Deutschland pro Tag durchschnittlich 200 Polizisten Opfer von Gewalt. Im Gegensatz zu Rot-Rot-Grün stellt sich die Union zwar zumindest symbolisch zumeist hinter die Polizei, Abhilfe an der haltlosen Situation schafft sie jedoch in aller Regel nicht. Und so ist außer bloßen Ankündigungen von strafverschärfenden Maßnahmen bezüglich der Gewalt gegen Polizisten seitens der Unionsparteien ausgesprochen wenig geschehen.

Im Gegenteil: In Aussicht auf Regierungsbeteiligung und Ministerposten auf Landesebene macht sie gerade im Bereich der inneren Sicherheit gegenüber der politischen Linken bereitwillig Zugeständnisse, nimmt beispielsweise an einem fast schon kreuzzugartige Ausmaße annehmenden Kampf gegen Rechts in Legislative, Exekutive und Judikative teil, während deren Infiltrationen durch Linksextremisten zumeist unbehelligt bleiben.

Jüngstes Beispiel: die Wahl der Linken-Politikerin Barbara Borchardt zur Verfassungsrichterin in Mecklenburg-Vorpommern. Eine Politikerin, die bereits 1976, zu Zeiten des kommunistischen DDR-Regimes, in die SED eingetreten war und nach der Wende in der in PDS und später in Die Linke umbenannten Partei geblieben ist. Die den Bau der Berliner Mauer von 1961 als alternativlos ansieht.[123] Die Gründungsmitglied der Antikapitalistischen Linken ist, einer Organisation, die das Bundesamt für Verfassungsschutz beobachtet und dem Linksextremismus zuordnet.

Hintergründe, die für Landtagsabgeordnete der CDU Mecklenburgs-Vorpommerns offenbar kein derart großes Problem darstellen, als dass sie einer Wahl Borchardts zur Verfassungsrichterin entgegenstünden. Und für die SPD erst recht nicht. Im Gegenteil: Angeblich sollen die Sozialdemokraten sogar mit dem Ende der Koalition gedroht haben,[124] würde die Union Borchardt nicht mittragen. So, als wäre die Linke-Politikerin ein Mitglied der eigenen Partei.

Vor allem ist es auch ein weiterer unrühmlicher Tabubruch der CDU im Umgang mit den SED-Erben. Der Beschluss des CDU-Bundesparteitags von Hamburg 2018, keine Zusammenarbeit weder mit AfD noch Linkspartei vorzunehmen? Vergangen und vergessen. Ein Einschalten der Bundeskanzlerin in die Debatte mit der Aussage, dass dieser Vorgang unverzeihlich sei und rückgängig gemacht werden müsse? Fehlanzeige. Im Gegensatz zum Geschehen um den FDP-Politiker Thomas Kemmerich zieht es Angela Merkel im Fall ihrer einstigen Mitschülerin auf der Erweiterten Oberschule von Templin vor, zu schweigen.

Und mit ihr schweigt die komplette Führungsriege der Landes-CDU. Ebenso das Parteipräsidium im Adenauerhaus. Lediglich CDU-Chefin Annegret Kramp-Karrenbauer kritisierte zumindest, dass die Wahl »dem Ansehen des Verfassungsgerichts« schade.[125]

All dies sind Vorgänge, die dazu führen, dass sich in zunehmendem Maße Polizisten, Soldaten oder Staatsanwälte von der Union abwenden und in die Arme der AfD getrieben werden, weil sie sich von den einstigen für Recht und Ordnung stehenden Unionsparteien alleingelassen fühlen. Entsprechend besorgt äußerte sich im Juni 2019 CDU-Politiker Friedrich Merz gegenüber der *BILD am Sonntag*: »Wir verlieren offenbar Teile der Bundeswehr an die AfD. Wir verlieren Teile der Bundespolizei an die AfD.« Dies hätten ihm gegenüber nicht nur viele Freunde aus seinem Privatumfeld, sondern auch Bundestagsabgeordnete aus dem Verteidigungs- und Innenausschuss bestätigt. »Ich habe nahe Verwandte und sehr viele Freunde und Bekannte, die bei der Bundeswehr und der Bundespolizei sind. Die berichten mir, wie die Stimmung dort ist, wie viele sich von ihren Dienstherren im Stich gelassen fühlen.«

Schon allein diese Aussage sorgte dafür, dass sich Merz Angriffen von führenden Unionspolitikern ausgesetzt sah. Er solle die Bundespolizei gefälligst nicht als Trittbrett für seine politische Karriereplanung missbrauchen, rüffelte ihn Bundesinnenminister Horst Seehofer (CSU).[126] Und die damalige Bundesverteidigungsministerin Ursula von der Leyen (CDU) kritisierte, Soldaten verdienten keine Mutmaßungen darüber, wo sie ihr Kreuz machen würden.[127]

Dabei hat der damalige Chef der Bundespolizeigewerkschaft Ernst Walter der Aussage von Friedrich Merz ausdrücklich zugestimmt. »Der Vorhalt ist nicht von der Hand zu weisen: Die AfD erhält immer mehr Zuspruch in der Bundespolizei.« Und auch der CDU-Innenexperte Armin Schuster hat gegenüber dem *Focus* betont: »Die Arbeit der Bundespolizei birgt einiges an Frust-Potenzial. Nehmen Sie nur mal die Grenzkontrollen oder die Schleierfahndung im Grenzraum: Dort greifen Bundespolizisten in vielen Fällen immer wieder die gleichen illegal eingereisten Personen auf, die eigentlich in den EU-Nachbarstaaten bleiben müssten, das aber nicht tun, weil sie sich in Deutschland mehr versprechen. Da macht sich dann schon mal stärker Frust und ein Gefühl der Ohnmacht in den Reihen der Polizei breit.«[128]

Niedergang in der Zuwanderungspolitik

An kaum einem anderen Ort macht sich der Kompetenzverlust der Union bemerkbarer als an den deutschen Grenzen. Angela Merkel und ihre Anhänger in der CDU vermitteln dabei oftmals den Eindruck, in der Migrationskrise alles richtig gemacht zu haben, und sehen sich mit ihrer Auffassung, Grenzen könne man ohnehin auf Dauer nicht schützen,[129] moralisch auf der richtigen Seite. Sie geben damit einen weiteren wichtigen Markenkern der Union preis. Denn sichere Grenzen und die Bekämpfung illegaler Einwanderung gehörten lange Zeit zu den festen Positionen der Unionsparteien.

Besonders der Streit zwischen Horst Seehofer und Angela Merkel in diesem Zusammenhang hat der Union geschadet und den Eindruck vermittelt, die CSU-Forderungen nach einer restriktiveren Zuwanderungspolitik seien in Wahrheit nichts weiter als heiße Luft. So hat vor allem die Migrationskrise im Spätsommer 2015 dem Image der Union erheblichen Schaden zugefügt und weite Teile der Wähler in Deutschland der AfD regelrecht in die Arme getrieben.

Sechs Wochen später lud die CDU ihre Basis in Nordrhein-Westfalen zu einer von mehreren sogenannten Zukunftskonferenzen nach Wuppertal. Wer geglaubt hatte, dass hier angesichts des Kontrollverlustes an den Grenzen wütende Proteste von CDU-Mitgliedern ihren Ausbruch finden würden, sah sich getäuscht. Kaum ein Wort war gegen die Zuwanderungspolitik von Angela Merkel zu hören. Keine christdemokratischen Landräte und Bürgermeister waren zu sehen, die ihrem Unmut darüber Luft machten, dass sie bei der Unterbringung von Asylbewerbern vor Ort allein gelassen wurden.

Im Gegenteil: Oft wurden nicht einmal Fragen an die Bundeskanzlerin gestellt. »Ich wollte Ihnen eigentlich nur sagen, dass sie einen ganz tollen Job machen«, huldigten ihr vielmehr zahlreiche Mitglieder.[130]

In Wuppertal hatte die Union in die gediegene Historische Stadthalle geladen und 1000 Christdemokraten waren gekommen. Wäre jedoch auf dem Podium nicht das CDU-Logo zu erkennen gewesen, hätte man die Konferenz auch für eine Parteiveranstaltung der Grünen halten können.

»Dieses von der CSU betriebene Fischen am rechten Rand ist für mich unerträglich«, wetterte etwa ein Mitglied der CDU Remscheid. Besonders ein Treffen Seehofers mit dem ungarischen Ministerpräsidenten Viktor Orbán war ihm ein Dorn im Auge. »Das ist einer der letzten Diktatoren Europas«, schimpfte er. Als einige Parteifreunde mit dem Kopf schüttelten, fügte er hinzu: »Da brauchen Sie nicht mit dem Kopf zu schütteln, für mich ist das ein Verbrecher.«[131] Eine Aussage, für die der Redner tatsächlich starken Beifall erhielt. Wohlgemerkt auf einer CDU-Veranstaltung, nicht etwa bei den Grünen. Nicht ohne zudem die anwesende CDU-Parteiführung aufzufordern, den kritischen Tönen aus der Schwesterpartei stärker entgegenzutreten.

NRW-Landeschef Armin Laschet setzte daraufhin ein zufriedenes Lächeln auf, die Aussagen des Mannes schienen ihm zu gefallen. »Hier [in NRW] gibt es keine Pegida«, das Klima sei hier »wir werden das schaffen«, rief er anschließend ins Mikrofon.[132] Ein noch jüngeres Mitglied aus Castrop-Rauxel schwärmte auf der Konferenz davon, wie toll er mit Vertretern von Pro Asyl über die Zuwanderungskrise gesprochen habe. Und ein weiteres Mitglied forderte, unbegleiteten jugendlichen Asylbewerbern gleich fünf statt zunächst nur ein Jahr Aufenthalt in Deutschland zu gewähren.

Auch der Landesvorsitzende des Zentralrats der Muslime war auf der Konferenz zugegen, dankte der Kanzlerin unter dem Beifall der Zuhörer »für die deutlichen Worte der letzten Tage«. »Ich habe den Eindruck, Frau Bundeskanzlerin, dass wir unter Ihrer Führung das schaffen können«, lobte auch ein heimisches Mitglied aus der CDU Wuppertal seine Parteivorsitzende.

Kritik an Merkels Kurs war insgesamt rar gesät. Nur wenige wagten sich aus der Deckung, um ihre Unzufriedenheit kundzutun. Einer von ihnen ist ein Mittelständler aus der CDU Düsseldorf. Er sprach von Rechtsbrüchen und kritisierte die Einwanderung aus sicheren Herkunftsländern. »In der Republik läuft einiges durcheinander«, sagte er. Das war bereits die härteste Kritik des Abends. Worauf ein kommunaler Parteifunktionär aus der CDU Bochum der Kanzlerin sofort zur Seite sprang. »Was hätte Helmut Schmidt bei der Flutkatastrophe gemacht, wenn er erst die Juristen gefragt hätte?« Tosender Applaus. Nachdenklicheres drang kaum durch. Einer unter den 1000 Teilnehmern versuchte es trotzdem. »Du stehst da am Wahlkampfstand und weißt keine Antwort. Wir müssen doch die Menschen auf der Straße mitnehmen und dürfen sie nicht den Randgruppen überlassen.« Nur wenige klatschten.

Es sind Szenen wie diese, die im Beisein zahlreicher Medienvertreter die Kanzlerin in ihrer Vorgehensweise ermutigten, aber treue Unionswähler in erheblichem Maße befremdeten. Und CDU-Veranstaltungen wie die von Wuppertal sollten kein Einzelfall bleiben. Nur drei Wochen später lud die CDU ihre Mitglieder aus Baden-Württemberg, Rheinland-Pfalz,

Hessen und dem Saarland zu einer weiteren Regionalkonferenz nach Darmstadt ein. Die Reaktionen fielen ähnlich aus. »Diese CDU steht hinter Angela Merkel wie eine Eins«, unterstrich dort der hessische Ministerpräsident Volker Bouffier, gefolgt von starkem Beifall.

Auch hier äußerten nur wenige ihre Bedenken. »In Flüchtlingsheimen kommt es immer wieder zu Schlägereien, aber die Polizei hält diese Vorgänge von der Öffentlichkeit fern. Warum wird das alles verschwiegen?«, wollte etwa einer der Konferenzteilnehmer vom Ministerpräsidenten und der Kanzlerin erfahren. »Die Polizei berichtet über alles, wir sollten nicht eine These aufstellen, die nicht zutrifft«, wies Bouffier den Fragenden daraufhin schroff zurecht.

»Wir werden von den Immigranten überrollt«, befürchtete ein weiteres Parteimitglied. Eine Kommunalpolitikerin aus Mannheim, die der CDU seit 30 Jahren angehört, legte nach: »Frau Bundeskanzlerin, Ihr ›Wir schaffen das‹ kann so nicht stehenbleiben. Ich habe bei uns vor Ort noch nie so eine Wut erlebt.« Ein anderer Parteifreund ergänzte: »Ihr Satz, es gebe keine Grenzen, war fatal und falsch.«

Sätze wie diese sollten die Ausnahme bleiben und mit nur wenig Beifall goutiert werden. Nur in den hinteren Reihen klatschten einige. Die ganz vorn sitzenden Funktionäre begegneten der Kritik mit eisigem Schweigen. Lediglich die Antworten der Kanzlerin brachten Feuer in ihre Glieder. Da gehörten sie zu den Ersten, die sich laut klatschend von den Plätzen erhoben. Symptomatisch: Danach standen auch jene auf, die abzuwarten pflegen, um sich der jeweils geltenden Stimmung anzuschließen. Zuletzt folgten einige verunsicherte Kritiker, die Merkel schließlich leise und zögerlich ebenfalls Beifall zollten.

Auch in Darmstadt herrschten Worte der Bestätigung für Angela Merkel vor. »Mein Bekannter hat in Thüringen den Bodo Ramelow gewählt. Aber jetzt sagt er über unsere Bundeskanzlerin: ›Ich bin begeistert von dieser Frau‹«, freute sich eine Frau aus Rheinland-Pfalz. »Stacheldrahtzäune halten Flüchtlinge nicht auf«, wiederholte eine Funktionärin der Frauen Union aus Konstanz die Worte der Kanzlerin. Das darauf entgegnete »Doch«, hallte nur zaghaft von einigen aus den hinteren Reihen zurück.

Eine weitere Christdemokratin aus den Reihen der Frauen Union Hessen löste mit ihrer speziellen Forderung nach einer Begrüßungskultur für Flüchtlingskinder selbst unter eingefleischten Merkel-Fans Unmut aus. »Viele Kinder haben auf der Flucht ihr Schnuffeltuch verloren, wir sollten ihnen Kuschelsterne schenken.« Als sie dann zu erklären versuchte, warum auf den Kuschelsachen ein EU-Stern und keinesfalls ein Bundesadler zu sehen sein sollte, platzte einigen Christdemokraten dann doch der Kragen: »Wer soll denn das bezahlen?« Andere wurden drastischer. »Geh doch zu den Grünen«, war zu hören.

Doch es sind gerade diese Äußerungen, die den Linkskurs der Union unter Angela Merkel verdeutlichen. Zweifelsohne hätte man derlei Äußerungen auch schon zu Zeiten Helmut Kohls in der CDU hören können. Damals waren es jedoch Minderheiten, gar Paradiesvögel innerhalb der Partei. Heute hingegen sind solche abwegigen Forderungen innerhalb der Union durchaus mehrheitsfähig.

Nur eine Woche später kam es zu den verheerenden Terroranschlägen von Paris. Ein Überdenken des Migrationskurses der Kanzlerin erfolgte unter den CDU-Verantwortlichen dennoch nicht. So wie auf den Regionalkonferenzen blieben auch die 1001 Delegierten auf dem CDU-Bundesparteitag 2015 in Karlsruhe bedingungslos dem Kurs der Kanzlerin treu. Wie beschwipst erhoben sie sich nach Merkels Rede applaudierend von ihren Plätzen, zollten der Kanzlerin neun Minuten lang Beifall. Niemand blieb sitzen. Auch die Kritiker der vergangenen Wochen hatten sich in den Begeisterungssturm eingereiht.

Erst nach der Rede kamen einige Delegierte wieder zur Besinnung. »Was haben wir da gerade eigentlich getan?«, fragte sich einer von ihnen, sich darüber bewusst werdend, dass der Parteitag Merkels Migrationspolitik soeben einen Freifahrtschein ausgestellt hatte. »Konkret haben wir nichts beschlossen«, gestand sich später ein weiterer Delegierter ein. Andere rechtfertigten ihre Haltung. »Was hätten wir tun sollen? Die Kanzlerin beschädigen? Sie stürzen? Was dann? Dann bekommen wir Rot-Rot-Grün, das kann auch keiner ernsthaft wollen.«[133] Immer deutlicher wurde, dass die Union zu diesem Zeitpunkt längst in der Merkel-Falle saß. Angesichts mangelnder Mehrheiten und personeller Alternativen konnte sie gar nicht anders, als Merkels Kurs zu akzeptieren. Genaugenommen war der Parteitag sogar schon zu Ende, bevor die Türen zur Messehalle geöffnet worden waren.

Denn der Karlsruher Parteitag der CDU wurde bereits am Sonntag entschieden, nicht am Montag. Am Sonntag tagte das Präsidium, anschließend der Bundesvorstand. Zentrales Thema: der Leitantrag zur Zuwanderungskrise. Der Widerstand der Merkel-Kritiker: schon da erbärmlich. Ohne Mut, ohne Courage. Änderungswünsche glichen eher einem Betteln als einem Einfordern. Obergrenzen? Finden sich in dem Papier nicht. Merkel wollte sie nicht. Ohnehin sah der Antrag wenig konkrete Handlungsempfehlungen vor. Ein Werk, das von

Zustandsbeschreibungen geprägt war. Und zwei minimalen Zugeständnissen der Kanzlerin an die Kritiker ihrer Migrationspolitik.

Die Anzahl der Zuwanderer sollte jetzt »spürbar verringert« werden. Geschehe das nicht, könne Deutschland auf Dauer »überfordert« sein. Letzteres war erneut nur eine reine Situationsanalyse, kein Auftrag an die Bundesregierung. Statt die Zuwandererströme zu »reduzieren«, sollten sie nun »verringert« werden. Und das »spürbar«. Wieder ein relativer Begriff. Aus dem Parteideutsch übersetzt hieß das: Die Politik der offenen Türen bleibt bestehen. Gerade einmal zwei Delegierte verweigerten Merkels Leitantrag die Zustimmung.

Die mahnenden Worte des damaligen CSU-Chefs Horst Seehofer gingen zudem auf diesem Parteitag nahezu unter. »Wir müssen auch Seismograf der Lebenswirklichkeit sein«, hatte er gewarnt. Ein Satz, für den er nur schwachen Applaus bekam. Doch das ist genau jener Realitätssinn, der der CDU gerade in der Migrationspolitik abhandengekommen zu sein scheint. Jener Sinn für die Lebenswirklichkeit, der die CDU einst einmal ausgezeichnet hat.

Wirtschafts- und Sozialpolitik

Unter Bundeskanzlerin Angela Merkel hat sich auch das Verhältnis der CDU zur Wirtschaft deutlich abgekühlt. Es waren nicht zuletzt führende Wirtschaftsvertreter, die von einer schleichenden Sozialdemokratisierung der Christdemokraten sprachen.[134] Sogar von einer Entfremdung zwischen der CDU und der Wirtschaft ist inzwischen die Rede.

Eine Entfremdung, an der die Bundeskanzlerin einem Artikel der *Welt* vom 25. Oktober 2016 zufolge maßgeblichen Anteil hat. So sei der Partei, die unter Helmut Kohl im Jahr 1982 mit dem Slogan »Leistung muss sich wieder lohnen« zur Wahl angetreten sei, der Leistungsgedanke abhandengekommen. Und: »Viele Kanzler pflegten persönliche Verbindungen in die Wirtschaft. Konrad Adenauer hatte Robert Pferdmenges und Hermann Josef Abs von der Deutschen Bank, Helmut Kohl unter anderem Daimler-Chef Joachim Zahn. Gerhard Schröder war angeblich eng mit Jürgen Schrempp. Und Angela Merkel? Geht der Wirtschaft eher aus dem Weg, seit bekannt wurde, dass sie für den früheren Deutsche-Bank-Chef Josef Ackermann ein Geburtstagsessen gegeben hatte«, hieß es da. Die in dem Artikel zitierten Aussagen der Wirtschaftsbosse sind in Bezug auf ihre Kritik an der CDU regelrecht vernichtend.

»Viele Unternehmen sprechen der Union zunehmend die Wirtschaftskompetenz ab, die sie früher einmal hatte«, sagte da etwa Mario Ohoven, Präsident des Bundesverbands der mittelständischen Wirtschaft (BVMW). »CDU wie SPD werden von vielen in der Wirtschaft als sozialdemokratische Parteien wahrgenommen«, meinte Thilo Brodtmann, Hauptgeschäftsführer des Verbands Deutscher Maschinen- und Anlagenbau (VDMA). »In der deutschen Politik, aber auch in der Berliner Regierung bestimmen derzeit linke Ideologien die Diskussion, die wenig Wirtschafts- und Lebenserfahrung haben«, erklärte der Unternehmer Heinrich Weiss, früherer Präsident des Industrieverbands BDI.

»Wir haben Ansprechpartner in der Union und finden mit unseren Anliegen durchaus Gehör.« Allerdings leisteten die Christdemokraten in der großen Koalition »gegenüber Themen, die die SPD durchsetzen will, zu wenig Widerstand«, befand Stephan Schwarz, Präsident der Handwerkskammer Berlin und Chef des Gebäudereinigungsunternehmens GRG.

Viele störe der Zeitgeist, der unter Merkel in der CDU Einzug gehalten habe, so der Artikel weiter. Er sei es, den viele Wirtschaftsleute mit »Sozialdemokratisierung« umschrieben. Die CDU habe mit Kernüberzeugungen ihrer Parteibasis gebrochen, die von den allermeisten Wirtschaftsvertretern geteilt wurden: »Das Werteverständnis einer Gesellschaft vom Verhältnis Arbeit, Familie und Freizeit ändert sich seitdem. Die Abschaltung der Kernenergie? Das war Merkels Entscheidung. Jede dieser Änderungen rühre am »Weltbild gerade der mittelständischen Wirtschaftselite: fleißig, ordentlich, bodenständig und oft auch konservativ christlich«.

Zudem gebe es kaum bekannte Gesichter in der Union, die sich für die Wirtschaft starkmachten. Und Prominente mit Affinität zur Wirtschaft wie Friedrich Merz oder Roland Koch hätten ja unter Merkel die oberen Parteigremien verlassen. Merz ist zwar inzwischen auf die politische Bühne zurückgekehrt. Doch der enorme Widerstand der Kanzlerin, den Sauerländer in ihr Kabinett einzubinden, spricht Bände. Und Roland Koch? Den bezeichnete sie in einer Parteitagsrede vor einigen Jahren gar einmal als »Roland Kotz«.[135] Es wirkte wie ein Versprecher und die Kanzlerin korrigierte sich auch sofort. Das Grinsen, das ihr dabei jedoch über das Gesicht huschte, war vielsagend.

Inzwischen würde sich kaum noch jemand in der Union für die Wirtschaft starkmachen. »Warum auch?«, zitiert der damalige *Welt*-Artikel einen Christdemokraten. »Wenn sie sich da engagieren, machen sie in der Partei keine Karriere.«

Gleichzeitig opfert die Union ihren Leistungsgedanken in der großen Koalition zunehmend sozialdemokratischer, man könnte sogar sagen sozialistischer Gleichmacherei. Kaum ein Wunsch nach zusätzlichen Mitteln für die Sozialindustrie bleibt der SPD unerfüllt. Die Folgekosten werden den kommenden Generationen aufgebürdet. Statt der demografischen Entwicklung in Deutschland Rechnung zu tragen, wird der Wohlstand für Rentengeschenke verfrühstückt. So etwa bei der Diskussion um die Rente mit bereits 63 Jahren und zuletzt auch bei der Diskussion um die Grundrente.

Nahezu bei jeder sozialen Wohltat, die sich die SPD gerade wünscht, beugt sich die Union. Obgleich noch nicht einmal gesichert ist, wie das milliardenschwere Vorhaben der Grundrente überhaupt finanziert werden soll, strecken die Unionspolitiker gegenüber den Sozialdemokraten einmal mehr die Waffen. Und das, obwohl der Vorschlag von SPD-Finanzminister Olaf Scholz, die Grundrente durch eine europäische Finanztransaktionssteuer zu realisieren, derzeit mehr als ungewiss ist. Die Union verabschiedet sich damit nicht nur von ihrem Leistungsgedanken. Sie verabschiedet sich auch, nicht erst durch die Coronakrise, von einer soliden Haushaltspolitik.

Mängel in der Europapolitik

Ein weiterer wichtiger Bestandteil des Markenkerns der Union war stets, den europäischen Einigungsprozess voranzubringen. Heute, nach 15 Jahren unter der Kanzlerschaft von Angela Merkel, steht Europa jedoch gespaltener da denn je. Hass und Zwietracht haben sich innerhalb der Europäischen Union ausgebreitet. Dem Austritt Großbritanniens, angeheizt nicht zuletzt durch die Migrationspolitik der Bundeskanzlerin, wurde nur äußerst halbherzig entgegengewirkt.

Darüber hinaus geht inzwischen ein tiefer Riss durch die EU. Zum einen zwischen den west- und osteuropäischen Staaten in Fragen der Migrationspolitik, aber auch in gesellschaftspolitischen Fragen. Zum anderen zwischen den nord- und südeuropäischen Staaten in Sachen Wirtschafts- und Finanzpolitik. Auch wenn Angela Merkel von ihr treu ergebenen Parteimitgliedern, aber selbst von den Grünen stets als Stabilitätsfaktor Europas beschrieben wird,[136] so ist ein zunehmendes Auseinanderdriften der EU während ihrer Kanzlerschaft nicht zu übersehen. Nicht grundlos hatten sowohl Altkanzler Helmut Kohl als auch der ehemalige CDU/CSU-Kanzlerkandidat Edmund Stoiber wie bereits erwähnt 2012 und 2016 die Kritik an Angela Merkel gerichtet, sie mache »Europa kaputt«.[137]

Ebenfalls zum Markenkern der Union gehörten stets Föderalismus und Subsidiaritätsprinzip. Die Kanzlerin hingegen scheint in Bezug auf Europa einen zentralistischen Bundesstaat nicht abzulehnen, wie sie auf dem Brüsseler EU-Gipfeltreffen vom 7. November 2012 zu verstehen gab – ein weiterer Bruch mit einem wichtigen Pfeiler der CDU-Europapolitik.

Widerstand gegen diesen EU-Zentralismus kam bezeichnenderweise nicht aus den Reihen der CDU/CSU. Vielmehr waren es andere EU-Regierungschefs, bei der ihre Vorstellungen auf Kritik stießen. »Da haben wir eine klare Differenz mit Deutschland«, sagte ein Jahr nach Merkels Äußerungen über eine europäische Zentralregierung etwa der damalige schwedische Premierminister Fredrik Reinfeldt, der ebenso wie die CDU/CSU zur Europäischen Volkspartei (EVP) gehört, und betonte: »Die Idee, dass wir neue Vollmachten an Brüssel geben und die EU-Kommission sagt uns dann, was wir zu tun oder zu lassen haben, lehnen wir kategorisch ab.« Im Gegensatz zu Angela Merkel hatte sich Reinfeldt übrigens schon damals dafür ausgesprochen, für einen Verbleib Großbritanniens in der EU kämpfen. »Eine EU ohne England wäre sehr schlecht. London ist für uns ein wichtiger Verbündeter in Fragen der Entwicklung des EU-Binnenmarktes, für Europas digitale Agenda und mehr Freihandel.«

Dabei zeigte er auch Verständnis für den Vorstoß des damaligen britischen Premierministers David Cameron, Vollmachten aus Brüssel in die Nationalstaaten zurückzuholen. »Das stoppt vielleicht diejenigen in der EU, die immer mehr Zentralismus wollen.«[138] Merkels Hinwendung zum vor allem von den Sozialisten stark favorisierten EU-Zentralismus stellte somit eine weitere Abkehr vom christdemokratischen Markenkern dar.

Aufgabe einer eigenen Familienpolitik

Schon 2007 auf ihrem Bundesparteitag in Hannover relativiert die Partei mit dem C im Namen die Unantastbarkeit menschlichen Lebens, beschließt die Verschiebung des Stichtags bei der embryonalen Stammzellforschung.[139] Bereits Anfang der neunziger Jahre setzte Angela Merkel als Bundesministerin für Frauen und Jugend in der Frage des Schwangerschaftsabbruchs die Fristenlösung mit Beratung durch, eine abgeschwächte Form des einstigen DDR-Rechts. Zuvor hatten SPD, Grüne und FDP einen Gesetzentwurf in den Bundestag eingebracht, der die Abtreibung in den ersten drei Schwangerschaftsmonaten praktisch freigab. Die CDU/CSU-Fraktion antwortete mit einem Gegenentwurf, der dem Lebensschutz stärker Rechnung trug. Angela Merkel stimmte nicht mit ihrer Fraktion, sondern enthielt sich der Stimme. Später sollten 248 Abgeordnete der CDU/CSU-Fraktion erfolgreich gegen das neue Gesetz vor dem Bundesverfassungsgericht klagen.[140] Merkel gehörte nicht dazu.

Kostenlose Bereitstellung von Verhütungsmitteln an Frauen unter 21 Jahren, die Verabschiedung des zweiten Gleichberechtigungsgesetzes sowie das Frauenförderungsgesetz wiesen eine ähnliche politische Handschrift auf. Eine, die eher im rot-grünen Lager Beifall auslöste als in der Union.

Später, als Angela Merkel Parteichefin und schließlich Kanzlerin wurde, setzte sie diese Annäherung an eine rot-grüne Familienpolitik systematisch fort. Es folgte die Befürwortung von Krippenplätzen einschließlich einer späteren Kostenübernahme durch den Staat. Die von Rot-Grün favorisierte staatliche Kinder-Vollzeitbetreuung ab dem ersten Lebensjahr wurde somit zum Programm der CDU. Eine eigene Familienpolitik mit mehr individuellen Freiheiten sowie Wahl- und Entscheidungsmöglichkeiten als bürgerliche Alternative und Gegenmodell zu einer sozialistischen Familienpolitik wurde seitens der Union gar nicht erst verfolgt.

Veränderung von Positionen in der Bildungspolitik

Auch in der Bildungspolitik hat sich die CDU unter Angela Merkel weitestgehend dazu entschlossen, eigene Positionen aufzugeben und sich dem von Rot-Rot-Grün präferierten Einheitsschulsystem anzuschließen.[141] In diesem Fall bedeutet dies ebenfalls nichts anderes als staatliche Vollzeitbetreuung der Kinder. Zunächst noch auf freier Entscheidungsbasis in Form von freiwilligen Ganztagsschulen. Doch schon jetzt ist absehbar, dass die Union hier genauso den sozialistischen Vorstellungen einer verpflichtenden Ganztagsschule für alle Kinder folgen wird.[142]

Zuvor hatte die CDU bereits das bewährte gegliederte Schulwesen weitgehend aufgegeben.[143] Behaftet in dem Irrglauben, dadurch einen sogenannten Schulfrieden mit den linken Parteien aushandeln zu können. Längst schon hat jedoch der Angriff auch auf die Gymnasien und Privatschulen begonnen, um das Gesamtschulsystem als einzig geltende Schulform in Deutschland durchzusetzen. So wie beispielsweise im Bundesland Baden-Württemberg unter dem grünen Ministerpräsidenten Winfried Kretschmann, dessen grün-rote Landesregierung sich unmittelbar nach dem Machtantritt 2011 daranmachte, die flächendeckende Einführung der Einheitsschule – unter dem Namen Gemeinschaftsschule verniedlicht – voranzutreiben.

»Es gab keine Not, im Wirtschaftswunderland eine Gemeinschaftsschule einzuführen. Und die Parteiideologen taten es doch. Binnen kürzester Zeit ging es mit den Leistungen der Schüler bergab«, heißt es in einem Artikel der *Welt* vom 28. Oktober 2016, der beschreibt, wie in der Kretschmann-Ära die neue Schulform mehr Geld und Lehrerstellen erhielt, während Haupt-, Realschulen und Gymnasien »nur noch geduldet« oder »im schlimmsten Fall Fusionsmasse« wurden.

Darüber hinaus hatte das Landeskultusministerium Baden-Württembergs einen Bildungsplan vorgelegt, der unter anderem eine intensivierte Gender-Sexualerziehung in sämtlichen Unterrichtsfächern vorsah. Nicht ganz zu Unrecht sprach die *FAZ* bereits am 23. Januar 2014 von einem »Gesinnungslehrplan«. »Bildung sollte nicht zur Indoktrination werden, und das Abitur nicht zur Gesinnungsprüfung«, mahnte die Zeitung, in der es zudem hieß, dass es nicht »von allzu großer Klugheit« zeuge, »nahezu wörtlich die Ziele einschlägiger Interessengruppen in den neuen Entwurf für den Bildungsplan zu übernehmen«.

Die Journalistin Bettina Röhl wurde noch deutlicher. »Nach Revolution und dem langen Marsch durch die Institutionen kommt nun die Erziehung der Bevölkerung von oben. Die angeblich zahnlos gewordenen 68er sind alles andere als tot«,[144] stellte sie in der *WirtschaftsWoche* fest und zeigte auf, wohin derartige »Indoktrinationen« führen. »Hier soll der stromlinienförmige grüne Bessermensch der Zukunft zusammengebacken werden, der eigeninitiativ alle Individualisten in der Zukunft genauso aggressiv plattmacht, wie die Bildungsideologen es jetzt vorausplanen.«

Laut Koalitionsvertrag der grün-roten Landesregierung von 2011[145] sollten Schülern Werte »wie Gerechtigkeit, Fairness und Toleranz« sowie die »Gleichberechtigung der Geschlechter« und »Armutsbekämpfung«, wie auch »Projekte gegen Rechtsextremismus« und »Projekte zur Friedenserziehung« vermittelt werden. Und die CDU? Bei Protesten gegen die bildungspolitischen Vorhaben von Grün-Rot hat sie sich vornehm zurückgehalten. Um 2016 als Juniorpartner der Grünen mitregieren zu dürfen. Und so ist es auch nicht weiter verwunderlich, dass keine der beschriebenen und von Grün-Rot durchgesetzten bildungspolitischen Maßnahmen durch den Regierungseintritt der CDU zurückgenommen worden sind.

Vielmehr hat die CDU bereits weitere auf der Agenda linker Parteien stehende bildungspolitische Projekte abgenickt. Etwa die zunehmende Politisierung der Schulen durch sogenannte

»Kampf gegen Rechts«- oder Klimaprojekte. Und auch beim kollektiven Schuleschwänzen während der Fridays-for-Future-Demonstrationen ging die Union zumeist auf Tauchstation – die Kanzlerin lobte die Bewegung sogar.[146]

Anbiederung an die Ideologie der Grünen

Die Annäherung von Christdemokraten an die Grünen und umgekehrt wird von Teilen der Union schon seit den neunziger Jahren betrieben. Mit der sogenannten Pizza-Connection,[147] einem Gesprächskreis zwischen Bundestagsabgeordneten beider Parteien, die sich am 1. Juni 1995 erstmals im italienischen Restaurant »Sassella« in Bonn trafen. Der Kreis wurde damals von der christdemokratischen Parteiführung ähnlich kritisch beäugt, wie es seit der Kanzlerschaft Angela Merkels den Anhängern des konservativen Flügels der Union widerfährt.

Der Pizza-Connection gehörten von CDU-Seite unter anderem Hermann Gröhe, Ronald Pofalla, Armin Laschet, Norbert Röttgen und Julia Klöckner an. Politische Größen, die allesamt von Angela Merkel stark protegiert wurden. Sie machte Klöckner, Röttgen, Pofalla und Gröhe zu Ministern, die beiden letztgenannten zudem zu Generalsekretären. Lediglich zwischen ihr und Norbert Röttgen sollte es später zum Bruch kommen, nachdem die Kanzlerin ihn nach dessen Niederlage bei der Landtagswahl in Nordrhein-Westfalen 2012 als Bundesumweltminister fallen ließ.

Zuvor genoss er die Gunst der Kanzlerin, wurde in den Medien sogar als »Muttis Klügster«[148] bezeichnet. Merkel hatte ihn nicht nur zum Umweltminister gemacht, sondern auch zum stellvertretenden CDU-Bundesvorsitzenden. Bis zur für ihn verhängnisvollen Landtagswahl galt er als Hoffnungsträger für all jene in der Union, die von einer schwarz-grünen Koalition träumten. Als Bundesumweltminister sollte er Angela Merkels sogenannte Energiewende vorantreiben. Auch wurde er zunächst Landesvorsitzender des mit Abstand mitgliederstärksten CDU-Landesverbandes Nordrhein-Westfalen.

Nur: Beim Wähler kam der die »Energiewende« exekutierende Hoffnungsträger eines schwarz-grünen Traumes offenbar nicht an. Mit lediglich 26,3 Prozent holte die CDU ihr schlechtestes Ergebnis, das sie jemals bei einer Landtagswahl in Nordrhein-Westfalen erzielt hatte. Angela Merkel ließ ihren einstigen Zögling daraufhin fallen wie eine heiße Kartoffel, sie ahnte wohl, dass sich Röttgen als Aushängeschild für das Projekt Schwarz-Grün nicht mehr eignen würde. Also ersetzte sie ihn durch Peter Altmaier, ebenfalls der Pizza-Connection angehörend und ein flammender Befürworter einer schwarz-grünen Koalition.

Schon nach der Bundestagswahl 2013 hatte Angela Merkel eine Koalition mit den Grünen angestrebt und dabei ihrem Wunschpartner in Verhandlungen über eine Regierungsbeteiligung weitgehende Zugeständnisse gemacht.[149] Dass es damals letztlich nicht zur ersten schwarz-grünen Koalition auf Bundesebene kam, lag bezeichnenderweise weniger an der CDU als vielmehr am Altlinken Jürgen Trittin, der noch Vorbehalte gegen eine Koalition mit der Union hatte, die ihm zu diesem Zeitpunkt offenbar noch nicht links genug war. »Schade drum«,[150] kommentierte die Kanzlerin auf dem CDU-Bundesparteitag 2014 in Köln das nicht Zustandekommen eines Bündnisses mit der Öko-Partei. Und brachte damit ihre Sympathie für Schwarz-Grün besonders deutlich zum Ausdruck.

Nach dem gescheiterten Versuch 2013 wollte Angela Merkel nach der Bundestagswahl 2017 ihre lange schon ersehnte Koalition mit den Grünen endlich bekommen. Der Haken dabei: Über eine parlamentarische Mehrheit verfügten Union und Grüne inzwischen nicht mehr. Die Kanzlerin benötigte daher die von ihr so verhassten Liberalen als Mehrheitsbeschaffer. Jene Liberale, mit denen sie schon während der Koalition zwischen 2009 und 2013 immer wieder aufs Neue in Konflikte geraten war. Jene FDP, die sie bei der Bundestagswahl 2013 noch mit einer Anti-Zweitstimmen-Kampagne beschädigt und die dadurch den Wiedereinzug in den Bundestag verpasst hatte.

Unter Angela Merkel hat sich die Union weit von der einstmals ausgesprochen gut funktionierenden Zusammenarbeit mit den Liberalen während der Kohl-Ära entfernt. Und so wirkte die FDP während der Jamaika-Verhandlungen denn auch mehr wie ein störendes fünftes Rad am Wagen als wie ein gleichberechtigter Koalitionspartner.

Gegenüber der Öko-Partei rollte die Kanzlerin in den Verhandlungen dagegen regelrecht den »grünen« Teppich aus, verzichtete nahezu komplett auf eigene Inhalte. Und für die Grünen gab es auf der anderen Seite fast keinen Wunsch, den ihnen Angela Merkel nicht erfüllen wollte.[151]

»Geht es einer Partei indessen nur oder vorrangig um den Machterhalt, so verfällt sie rasch zum schlichten Wahlverein. Dies muss in der Union in aller Klarheit gesehen und beachtet werden. Die zentrale Fragestellung für sie muss heute weniger der Machterhalt als die ebenso kritische wie zukunftssichernde Aufarbeitung des Debakels vom 24. September sein«, kritisierte der ehemalige Bundesverteidigungsminister Rupert Scholz das anbiederungsartige Verhalten der Union gegenüber den Grünen während der Jamaika-Verhandlungen.[152]

Doch genau eine solche Aufarbeitung, in der sich der Linkskurs der Union als verheerende Ursache erweisen konnte, wollte Merkel unter allen Umständen vermeiden. Und so blieb es bei einer rein oberflächlichen Aufarbeitung der Bundestagswahl, ähnlich wie es das schon nach dem schlechten Abschneiden bei den Bundestagswahlen aus den Jahren 2005 und 2009 der Fall gewesen war. Fatale Fehlentwicklungen innerhalb der Partei blieben unausgesprochen. Dieser mangelnde Widerspruch vonseiten der Parteimitglieder am Kurs der Kanzlerin war nicht zuletzt die Ursache dafür, dass Angela Merkel nahezu jede Position während der Jamaika-Gespräche zugunsten der Grünen räumen konnte. Ein Umstand, der auch dem Politik-Magazin *Cicero* nicht verborgen blieb, das im November 2017 schrieb:

»Tatsächlich scheint Merkel bei den Grünen inzwischen mehr Anhänger zu haben als in den eigenen Reihen. Dazu haben nicht zuletzt die Jamaika-Sondierungsgespräche beigetragen, von denen peu à peu immer mehr Details bekannt werden.« So hatten laut Artikel die Verhandler der FDP erfahren müssen, dass sie als »*quantité négligeable*« angesehen wurden. Auch laut Unions-Stimmen seien »die Grünen als *privileged partner* behandelt worden, Lindners Truppe hingegen wie das fünfte Rad am Wagen.« Und: »Dass die regenerierte Lindner-FDP sich der Bundeskanzlerin nicht als willfährige Mehrheitsbeschafferin andienen würde, hätte man eigentlich nicht nur ahnen, sondern wissen müssen.«

Dass die Jamaika-Koalition letztlich nicht zustande gekommen sei, habe sich die Kanzlerin somit weitestgehend selbst eingebrockt. Doch im Kanzleramt setzte man auch bei diesem Thema auf Legendenbildung. Die Legende zum Scheitern der Jamaika-Koalition geht vereinfacht ausgedrückt so: Man sei sich eigentlich einig gewesen. Dann habe sich die FDP aus der Regierungsverantwortung gestohlen. Dem *Cicero*-Beitrag zufolge spielte sich der Vorgang hingegen anders ab.

»Keineswegs den Tatsachen entspricht also die Erzählung, Christian Lindner habe aus einem kalkulierten Affekt heraus das Scheitern einer Jamaika-Koalition bewirkt.« Vor allem die CDU, aber auch die Grünen, hätten dabei die entscheidende Rolle gespielt. Der grüne Ministerpräsident von Baden-Württemberg, Winfried Kretschmann, blickte dann auch tatsächlich mit Selbstkritik auf die Sondierungsgespräche zurück: »Es wäre hilfreich gewesen, so Kretschmann, wenn seine Partei in den vergangenen Wochen mit der FDP das eine oder andere Einzelgespräch am Rande geführt hätte.«

Entgegen der Legendenbildung aus dem Kanzleramt konnte es für die FDP somit gar keine andere Entscheidung geben, als die Jamaika-Insel der Glückseligkeit, wie sie von der Öko-Partei und der Kanzlerin erträumt wurde, zu verlassen. Gerade erst waren die Liberalen in den Bundestag zurückgekehrt. Und da sollten sie sich gleich in die Rolle eines bloßen Mehrheitsbeschaffers einer faktisch von den Grünen dominierten Regierung zwängen lassen? Dazu noch ohne erkennbare Zugeständnisse für klassisch liberale Projekte? Die Stammwählerschaft der FDP hätte ihrer Partei das wohl kaum verziehen. Der Rückzug war somit nur eine logische Folge, das Scheitern von Jamaika die Konsequenz.

Mitgliederentwicklung und Lethargie an der Basis

Als Angela Merkel im April 2000 CDU-Vorsitzende wurde, hatte die Partei noch 600 000 Mitglieder. Heute sind es 200 000 weniger.[153] Zwar ist hierbei zu berücksichtigen, dass allein schon aufgrund der demografischen Entwicklung die etablierten Parteien zwangsläufig rückläufige Mitgliederzahlen aufweisen. Jedoch genügt ein Vergleich mit der Schwesterpartei CSU, um zu erkennen, dass dies als alleinige Erklärung nicht ausreichen kann.

Während die CDU vom Jahr 2000 an bis heute über 33 Prozent ihrer Mitglieder verloren hat, hat die CSU im besagten Zeitraum lediglich einen Verlust von 22 Prozent zu beklagen.[154] Selbst bei der besonders stark alternden Linkspartei mit ihren zahlreichen Altkommunisten aus der DDR-Zeit fallen die Mitgliederzahlen mit einem Minus von 25 Prozent positiver aus als bei der Merkel-CDU.[155] Die FDP konnte in diesem Zeitraum leichte, die Grünen sogar starke Mitgliederzuwächse verzeichnen. Allein bei der sich in einem noch schlimmeren Zustand befindlichen SPD fallen die Mitgliederrückgänge verheerender aus.

Darüber hinaus ist im Verlauf der Merkel-Ära eine starke Lethargie unter den Parteimitgliedern entstanden. Parteiveranstaltungen wurden zunehmend weniger besucht, innerparteilichen Debatten und Sachthemen begegneten viele Mitglieder nur noch mit Gleichgültigkeit.[156] Auch das ist sicherlich mit eine Folge der bereits erwähnten asymmetrischen Wählerdemobilisierung unter der Kanzlerin.

Der ehemalige hessische Ministerpräsident Roland Koch beklagte im Oktober 2019 den Verlust von Mut, Konfliktwillen und Konfliktfähigkeit sowie die Aufgabe von Freiheit und wehrhaftem Staat als zentrale Werte der Union.[157] Und auch Friedrich Merz monierte, »dass sich seit Jahren über dieses Land wie ein Nebelteppich die Untätigkeit und die mangelnde Führung durch die Bundeskanzlerin« gelegt habe.[158] Der baden-württembergische CDU-Fraktionsvorsitzende Wolfgang Reinhart sprach in einem Positionspapier sogar von einer »inhaltlichen Insolvenz« der CDU. Die Partei müsse endlich aus ihrer Profillosigkeit herauskommen, in die Offensive gehen und selbst wieder den Diskurs prägen. Mit »Friedhofsruhe« sei dies nicht getan, merkte er kritisch an.[159]

Schlechte Wahlergebnisse

Seit dem Beginn von Angela Merkels Kanzlerschaft 2005 bis zur Bürgerschaftswahl in Hamburg am 23. Februar 2020 gab es insgesamt 57 Wahlen auf Landes-, Bundes- und europäischer Ebene. Lediglich bei 13 konnte die Union einen Stimmenzuwachs erzielen. Dem stehen 44 Wahlniederlagen entgegen, davon sogar zehn in zweistelliger prozentualer Höhe.[160] Noch deutlicher wird der Absturz der Union, wenn man die letzten Wahlergebnisse der Bundestagswahl, der Europawahl sowie der jeweiligen Landtagswahlen mit den vor dem Beginn von Angela Merkels Kanzlerschaft erreichten Ergebnissen vergleicht. Danach hat die Union bei allen Wahlen größtenteils deutliche Verluste zu verzeichnen. Kein einziger Urnengang wies hierbei für sie einen Zuwachs aus. Hielt sich der Verlust der Bundestagswahl 2017 im Vergleich zur Bundestagswahl 2002 mit einem Minus von 5,6 Prozent noch einigermaßen in Grenzen, so betrug er bei der Europawahl 2019 verglichen mit der letzten Europawahl der Vor-Merkel-Ära aus dem Jahr 2004 immerhin 15,6 Prozent. Noch schlimmer war die Entwicklung in den Bundesländern. In der Hälfte von ihnen fiel nach diesem Vergleich der Unionsverlust sogar zweistellig aus. Und auch die letzte Bundestagswahl wurde für die Union zum Desaster. Die CDU/CSU stürzte im Vergleich zur Wahl 2013 von 41,5 auf 32,9 Prozent ab. Das schlechteste Wahlergebnis seit 1949. Zudem war es der AfD nun endgültig gelungen, sich in der politischen Parteienlandschaft zu etablieren. Mit 12,6 Prozent der Stimmen zog sie erstmals in den Bundestag ein. Eine dauerhaft existente Partei rechts von der Union wurde somit Realität.

Merkels Rhetorik gegenüber innerparteilichen Kritikern fällt bei derartigen Niederlagen stets gleich aus. Man könne die Probleme von heute nicht mit Rezepten von vor 30 Jahren lösen, ist ein Dauerbrenner unter den Plattitüden, die aus dem Umfeld der Kanzlerin gern entgegnet werden. Wer würde einer solchen Aussage auf Parteitagen nicht kopfnickend beipflichten? Nur: Eigentlich ist in der CDU auch niemand bekannt, der je gefordert hätte, die Probleme von heute mit Rezepten von vor 30 Jahren zu lösen.

Solche oder ähnlich unterstellende Aussagen gehören zum Standardrepertoire der Unterstützer der Kanzlerin. Ihre Kritiker würden die Partei spalten. Befürworter von Merkels Kurs hingegen seien diejenigen, die die verschiedenen Strömungen in Partei und Gesellschaft zusammenführten.

Ist das wirklich so? Wie viel Propaganda steckt in der gezielten Streuung solcher Eindrücke? Könnte es sein, dass nicht vielmehr Wahlstrategien wie die asymmetrische Demobilisierung oder die zynisch anmutende und aus reinem Machtkalkül erfolgende Billigung des Aufstiegs einer Partei rechts der Union zur eigentlichen Spaltung von Partei und Gesellschaft beitragen?

Im Dezember 2015 vermeldete das Meinungsforschungsinstitut Infratest Dimap, dass die CDU mit ihren Positionen vom Wähler erstmals links der Mitte wahrgenommen werde. »Damit haben die Christdemokraten auf der rechten Seite des Parteienspektrums viel Platz gemacht für die Profilierung anderer Parteien, wovon die AfD profitiert«, konstatierte das Institut.

Auch eine 71 Seiten umfassende Studie der CDU-nahen Konrad-Adenauer-Stiftung unterstrich dieses Ergebnis:[161] »Aus der Perspektive der CDU-Mitglieder befindet sich die CDU als Partei deutlich links von der eigenen Position«, heißt es da auf Seite elf. »Die in die Mitte gerückte CDU scheint sich also von ihren Mitgliedern entfernt zu haben, die offenbar nach wie vor konservativere Positionen vertreten«, resümierte der *Focus* am 21. Dezember 2017 das Fazit der Studie.

Auch verorteten die 6981 befragten Mitglieder in der repräsentativen Studie ihre eigene Partei »deutlich links der eigenen Position«. Ebenso die Wähler, wenn sie die CDU – wie von Infratest Dimap belegt – mehrheitlich als links der Mitte wahrnehmen.[162] Dass in diesem Zusammenhang von zahlreichen deutschen Journalisten Merkels Politik weiterhin als »Kurs hin zur Mitte« bezeichnet wird, ist somit eher eine Irreführung der Leser, Zuhörer und Zuschauer. Dies sagt weniger etwas über die tatsächliche politische Richtungsänderung innerhalb der CDU aus als vielmehr darüber, mit welcher politischen Gesinnung die Mehrheit deutscher Medienvertreter sympathisiert.

Auf der anderen Seite wird die Bezeichnung »Linkskurs« für Merkels Politik von den meisten Journalisten gemieden, entsprechende Äußerungen innerparteilicher Kritiker mit der

Formulierung »angeblicher Linkskurs« abgeschwächt und in Zweifel gezogen.[163] Die Mitglieder-Interviews waren von der Konrad-Adenauer-Stiftung übrigens schon zwischen Februar und April 2015 erhoben worden. Die Ergebnisse gelangten jedoch erst zweieinhalb Jahre später an die Öffentlichkeit – nach der Bundestagswahl 2017.

Dabei waren Teile der Studie bereits im Sommer 2015 vom damaligen CDU-Generalsekretär Peter Tauber in der Parteireformkommission vorgestellt worden. Auch die Passage zur Selbstverortung der Mitglieder gegenüber ihrer Partei. Zudem hatten die befragten Mitglieder zum Ende des Interviews die Möglichkeit erhalten, einen Kommentar abzugeben. »Davon wurde mannigfaltig Gebrauch gemacht«, heißt es dazu in der Studie auf Seite 63. Dabei sei reichlich Kritik zutage getreten. Nichts davon hat die Parteireformkommission aufgenommen. Eine sträfliche Ignoranz gegenüber der Parteibasis, die sich damit erklären dürfte, dass die Parteiführung um Angela Merkel etwas vollkommen anderes im Sinn hatte. Peter Tauber fasste dies später dahingehend zusammen, dass die CDU bunter und weiblicher werden solle. Eine Ausrichtung, welche die Stimmungslage an der Parteibasis komplett ignorierte.

Noch interessanter ist der Umstand, dass die Erhebung noch vor dem Eintritt der Migrationskrise und somit vor Angela Merkels Politik der offenen Tür erfolgte. Es darf daher angenommen werden, dass sich der entstandene Eindruck der Mitglieder gegenüber dem Kurs ihrer Partei noch weiter verstärkt haben dürfte.

Die Folgen dieser Ignoranz ließen nicht lange auf sich warten. Bei der Bundestagswahl 2017 erhielt die CDU-Parteiführung, die auszog, um bunter und weiblicher zu werden, mit dem zweitschlechtesten Ergebnis der Union seit Bestehen der

Bundesrepublik die entsprechende Quittung. Weitere Wahlniederlagen sollten folgen. Es ist ein Absturz, dessen nackte
Zahlen keine Zweifel darüber aufkommen lassen, dass der
Linkskurs der Union auf ganzer Linie als gescheitert angesehen werden kann.

KAPITEL 7

Der konservative Widerstand in der Union

Als Reaktion auf die Politik der Kanzlerin haben sich in manchen Gegenden Deutschlands schon vor einigen Jahren unabhängig voneinander konservative und wirtschaftsliberale Mitglieder der CDU/CSU zu lokalen oder regionalen Initiativen mit dem Ziel einer Politikwende zusammengeschlossen.

Die Aktion Linkstrend stoppen und der Konservative Aufbruch in Bayern

Dr. Thomas Jahn, heute unter anderem stellvertretender Bundesvorsitzender der WerteUnion, dokumentiert im folgenden Abschnitt als Mann der ersten Stunde die Anfänge des parteiinternen Widerstands gegen den Linkskurs der Kanzlerin:

2009 kann als Startschuss für den Beginn eines Vernetzungsprozesses von wertkonservativ eingestellten Mitgliedern in CDU und CSU betrachtet werden, wofür es mehrfache politische Auslöser gab. Während Angela

Merkel den Linkskurs seit Beginn ihrer Kanzlerschaft 2005 noch mit der Regierungsbeteiligung der SPD zu kaschieren vermochte, war das Unverständnis bei konservativen Basismitgliedern über den neuen Koalitionsvertrag zwischen Union und FDP groß, der Ende 2009 das neue schwarz-gelbe Bündnis auf Bundesebene besiegelte. Wieder keine Spur von Reformpolitik bei Steuern, Rente und Finanzen, von den Bereichen Familie, christliche Werte, Lebensschutz und innere Sicherheit ganz zu schweigen. Neben einigen Merkel-kritischen Internetblogs wie »CDU-Politik« oder »Die echte CSU« gründeten sich daher nun erstmals seit den achtziger Jahren neue Basisinitiativen in der Union. Die bekannteste war der Arbeitskreis engagierter Katholiken in der CDU, gegründet von dem Publizisten Martin Lohmann, damals Vorsitzender des Bundesverbands Lebensrecht und Organisator des alljährlichen »Marsches für das Leben« in Berlin. Neben den Christdemokraten für das Leben (CDL) hatte die CDU damit eine weitere auf christlichen Wertvorstellungen fußende aktive Basisbewegung. Im Januar 2010 gab die CDU-Führung mit der »Berliner Erklärung« die Parole aus, die CDU müsse sich neue Wählergruppen links der Mitte erschließen und sich weniger stark um kirchennahe Katholiken oder andere Konservative kümmern, da diese Gruppen ohnehin die Unionsparteien wählen würden und weniger wahlentscheidend geworden seien. Als Reaktion der Basis initiierten daraufhin konservative CDU-Mitglieder im Februar 2010 eine Aktion gegen den Linkstrend in der CDU. Mit einer Anzeigenkampagne wurde für Unterschriften geworben. Im Verlauf des Jahres 2010 war schließlich die Zahl 5000 erreicht. Im Mittelpunkt der Aktion stand ein »Manifest gegen den Linkstrend«, in dem die Unterzeichner, darunter der langjährige stellvertretende Vorsitzende des Bundesparteigerichts der CDU, Friedrich-Wilhelm Siebeke, der ehemalige Ministerpräsident von Sachsen-Anhalt, Werner Münch, Martin Lohmann und René Stadtkewitz, Mitglied der CDU-Fraktion des Berliner Abgeordnetenhauses, Folgendes erklärten: »Mit großer Sorge registrieren die Unterzeichner, wie sich die Führung der CDU mit der ›Berliner Erklärung‹ vom 15. Januar offenbar endgültig von ihren Wurzeln und langjährigen Stammwählern verabschieden und die ›Öffnung nach links‹ unumkehrbar weiter vorantreiben will.«

Mit ihrem Manifest wendeten sich die Unterzeichner gegen den Marsch in den Schuldenstaat und eine immer größere Steuer- und Abgabenlast, eine linke Gesellschaftspolitik bei der Geschlechterumerziehung des Gender Mainstreaming, bei der Homo-Ehe und der Gängelung durch das »Antidiskriminierungsgesetz« sowie eine illusionäre und gescheiterte Multi-Kulti-Integrationspolitik. Außerdem kritisierten sie eine linke Schulpolitik, die das differenziert gegliederte Schulwesen immer weiter preisgibt, den zu geringen Einsatz für eine Erinnerung an die Opfer der Vertreibung, eine hunderttausendfache »straffreie« Kindestötung durch Abtreibung und die mangelhafte Verteidigung des christlichen Erbes, die Gefahr einer Islamisierung und den EU-Beitritt der Türkei.

Die dann seit März 2010 von Angela Merkel gegen alle früheren Absagen eingeleitete Politik der Rettung einzelner Schuldenländer im Euro-Raum bescherte der Aktion Linkstrend stoppen (ALs) weiteren starken Zulauf. Erstmals fand dann im Mai 2011 ein konservativer Strategiekongress in Berlin statt, bei dem etwa 150 Teilnehmer über Formen und Ziele eines CDU-internen Widerstands gegen Merkels Linkskurs berieten. Inzwischen hatte Merkel nicht nur die Euro-Stabilitätskriterien geopfert und die Tür zu einer europäischen Schulden-Union weit aufgestoßen. Das von ihr geführte christlich-liberale Bundeskabinett hatte im Dezember 2010 die faktische Abschaffung der Wehrpflicht beschlossen und die Bundeswehr so weiterer wichtiger Ressourcen beraubt. Noch gravierendere Auswirkungen hatte der Ende März 2011 völlig kopflos entschiedene Ausstieg aus der Kernenergie, nachdem dieselbe Regierung erst 2010 eine Laufzeitverlängerung für alle deutschen Kernkraftwerke vorgesehen hatte. Reichlich Diskussionsstoff daher für den Berliner Kongress der ALs, die damals klarmachte, mit neuen aktivistischen Aktionsformen alte Pfade verlassen und sich zu einer deutschen Protestbewegung ähnlich der amerikanischen Tea-Party-Bewegung entwickeln zu wollen.

Ab Mitte 2011 begann auch ein Vernetzungsprozess zwischen der ALs und Mitgliedern der CSU, die sich damals vor allem in den Arbeitsgemeinschaften der Jungen Union, der Mittelstands-Union und der Union der Vertriebenen engagierten, nachdem die Unzufriedenheit mit der Führung von CDU und CSU auch durch spektakuläre Wahlniederlagen angeschwollen war. Anfang August 2011 waren lt. »Deutschlandtrend« nur noch 25 Prozent der befragten Bürger mit der Politik[164] der Bundesregierung zufrieden. Die Union hatte mittelweile mit Umfragewerten zu kämpfen, die noch schlechter waren als zur Zeit der sogenannten Spendenaffäre im Jahr 2000.

Immer mehr prominente Unionspolitiker machten ihrem Unmut Luft: Ex-Verteidigungsminister Volker Rühe kritisierte die Außenpolitik der Regierung Merkel, Kurt Biedenkopf bezeichnete die Energiewende als »unbegreiflich«[165]. Nach der verheerenden Wahlniederlage der CDU bei der baden-württembergischen Landtagswahl Ende März 2011 rechnete auch Erwin Teufel im Juli 2011 in einem ausführlichen Artikel in der *FAZ*[166] mit Merkels Politik ab, woraufhin er aus der CDU breite Zustimmung erfuhr. »Vielen in unserer Partei« spreche Teufel »aus dem Herzen«, sagte CDU-Innenexperte Wolfgang Bosbach in den *Stuttgarter Nachrichten*[167]. In den *Ruhr Nachrichten*[168] applaudierte der damalige JU-Chef Philipp Mißfelder und bestätigte, an der Basis gebe es »ein nicht geringes Maß an Frustration«. Fraktionsvize Michael Fuchs kritisierte in der *Rheinischen Post*[169] eine Wirtschaftspolitik, die sich zunehmend am Zeitgeist ausrichte. Auch der Thüringer CDU-Fraktionschef Mike Mohring[170] und sein baden-württembergischer Kollege Peter Hauk[171] gaben Erwin Teufel recht. Gerade auch in Baden-Württemberg begann sich die Parteibasis jetzt zu wehren. Sie lehnte den neuesten Linksschwenk in der Bildungspolitik zur Abschaffung der Hauptschule ab. Das bekam die Initiatorin dieser Politik, die damalige Bildungsministerin und Merkel-Vertraute Annette Schavan zu spüren, die von ihrem Kreisverband Ulm nicht mehr als Parteitagsdelegierte nominiert wurde.

Dies alles ermunterte auch die ALs zu weiteren Aktionen. So konnte sie sich auf dem CDU-Parteitag in Leipzig im November 2011 mit medienwirksamen Verteilaktionen einem breiteren Medienpublikum präsentieren. Die Parteitagsdelegierten erhielten Orangen mit »Vitamin C gegen den Linkstrend«. Nahezu zeitgleich konnte in Nürnberg »Euro-Rebell« und Merkel-Kritiker Peter Gauweiler vom Partei-Establishment gerade noch gestoppt werden. Er unterlag bei seiner Kandidatur um den stellvertretenden Parteivorsitz nur sehr knapp mit 20 Stimmen[172] dem damaligen Bundesverkehrsminister Peter Ramsauer. »Angefeuert« wurde Gauweiler damals übrigens von Aktivisten der Aktion Linkstrend stoppen, die mit Transparenten vor der Tagungshalle für die »Euro-Rebellen« in der CDU/CSU-Bundestagsfraktion demonstrierten.

Im Mai 2012 verfestigte die ALs ihre Strukturen und etablierte sich als eingetragener Verein mit Friedrich-Wilhelm Siebeke als Erstem Vorsitzenden. Gleichzeitig musste man aber auch enttäuscht feststellen, dass es nicht gelungen war, eine prominente Persönlichkeit aus der CDU als Galionsfigur zu gewinnen. Siebeke war mit damals 90 Jahren zu betagt und medial leider unbekannt. Dieser Umstand war sicher neben der Gründung der AfD ein wesentlicher Faktor für den späteren Misserfolg der ALs, die auf den CDU-Regionalkonferenzen im Herbst 2012 mit Auftritten noch einmal von sich reden machen konnte. Merkel gelang es aber dennoch, mit dem von ihr schon 2000 ersonnenen Mittel der Regionalkonferenzen, die Parteibasis wieder für sich einzunehmen. Die Gründung der AfD im Februar 2013 sicherte ihr anschließend ihr politisches Überleben, nachdem die Euro-Debatte Anfang 2013 neue Fahrt aufgenommen hatte.

Der sehr knappe Mitgliederentscheid der FDP über einen Ausstieg aus der Euro-Rettung lag 2013 gerade mal ein Jahr zurück. Mit ihrem zu dieser Zeit neuen Chef Mario Draghi legte die Europäische Zentralbank (EZB) endgültig alle Hemmungen ab und ließ die Druckerpressen auf Hochtouren rotieren. Durch die Rücktritte von Christian Wulff (2012) und Annette Schavan (2013) hatte Merkel wichtige Vertraute verloren. Und dann nahte im März mit der Zypernkrise das nächste Euro-Fiasko. Die in den Bundestagsfraktionen von CDU/CSU und FDP zuletzt stark gestiegene Zahl der »Rettungsgegner« wie etwa Wolfgang Bosbach drohten im Falle Zyperns eine kritische Masse zu erreichen und die Kanzlermehrheit zu gefährden.

Tatsächlich erreichte die Zahl der Euro-Rebellen in Merkels Regierungsfraktionen bei der Zypernabstimmung im April 2013 ihren bisherigen Höhepunkt. Auch die kritischen Stimmen an der CDU-Basis waren zu diesem Zeitpunkt unüberhörbar geworden, denn im Januar 2013 hatte die CDU die zwölfte Wahlniederlage in Folge kassiert und mit Niedersachsen das letzte große Flächenland im Westen verloren.

Schließlich konstituierte sich am 11. März 2013 im hessischen Oberursel mit über 1000 Interessierten eine neue Partei, die sich fortan Alternative für Deutschland nannte und den Hochschulprofessor Bernd Lucke, die Unternehmerin Frauke Petry und den langjährigen Printjournalisten Konrad Adam zu ihrem Sprechertrio wählte. Bernd Lucke war da erst vor Kurzem aus der CDU ausgetreten, der er 30 Jahre lang angehört hatte. Wahrscheinlich sicherte die Gründung der AfD Merkels politisches Überleben, denn die CDU-Führung konnte die Partei auch als Instrument zur Disziplinierung von Euro-Rebellen und anderen »Rechtsabweichlern« in den eigenen Reihen einsetzen, nach dem Motto: »Wage es nicht, die Positionen der AfD in der CDU weiter zu vertreten, denn damit schadest du den Wahlchancen der Union.« Darüber hinaus wurde auch der anfangs erfolgreich operierenden Aktion Linkstrend stoppen nun das Wasser abgegraben, weil eine vierstellige Zahl von Merkel-Kritikern die CDU in Richtung AfD verließen[173] und folglich nicht mehr als Störenfriede in der Partei andere Mitglieder »anstecken« konnten. Die AfD erfüllte für Merkel damit die wichtige Funktion eines politischen Blitzableiters.

2013 hatte die AfD auch für Merkels Wahlerfolg gesorgt, denn das erstaunliche Ergebnis, knapp vor der 5-Prozent-Hürde, ging vor allem zulasten der FDP, die nun den Einzug in den Bundestag verpasste, was CDU und CSU in eine große Koalition mit der SPD zwang, eine Konstellation, die Merkel eine breite Kanzlermehrheit bescherte. Im Zuge dieser Entwicklungen stellte die Aktion Linkstrend stoppen schließlich ihre Aktivitäten faktisch ein. Es mangelte zunehmend an engagierten Unterstützern und den nötigen Spenden. Anfang 2014 wurde die Auflösung des Vereins beschlossen.

Die Sache der Wertkonservativen in der Union sollte danach allerdings neuen Auftrieb erhalten, dieses Mal ausgehend von Bayern, denn Anfang Juni 2014 fanden sich knapp 50 CSU-Mitglieder aus ganz Bayern in Nürnberg zusammen, um das CSU-Basisprojekt »Konservativer Aufbruch – CSU-Basisbewegung für Werte und Freiheit« ins Leben zu rufen[174]. Am Beginn dieses Projekts stand ein Gründungsmanifest, das sich inhaltlich eng an das CSU-Grundsatzprogramm anlehnte und die Prinzipien Freiheit, christliches Menschenbild, Subsidiarität, Marktwirtschaft, Eigenverantwortung und Souveränität in den Mittelpunkt stellte. Der Konservative Aufbruch war als eine Initiative der CSU-Basis gedacht, die die Interessen der CSU-Mitglieder vertrat und sich kritisch-konstruktiv in die politische Diskussion einbrachte. Das Gründungsmanifest enthielt folgende Punkte:

»Was wollen wir erreichen?

Wir wollen, dass sich die CSU auf ihre Grundwerte besinnt und die auf dem Christentum fußenden Werte, vor allem in Fragen des Lebensrechts, der Familie und der Würde des Menschen, im politischen Alltag umsetzt.

Wir wollen die Ausplünderung der Bürger, gerade auch der jungen Generation durch immer neue Ausgabenprogramme stoppen. Soziale Sicherheit kann nicht auf Schuldenbergen gegründet werden. Wir kämpfen für eine umfassende Steuerreform mit einer echten Entlastung der arbeitenden Bevölkerung und für grundlegende Reformen der sozialen Sicherungssysteme.

Unser Leitbild ist die Soziale Marktwirtschaft im Sinne Ludwig Erhards. Sein Programm einer freien Wirtschafts- und Gesellschaftsordnung wurzelt in zeitlos konservativen Tugenden: Für diese Tugenden – Fleiß,

Leistung, Sparsamkeit, Verantwortungsbereitschaft, Zuverlässigkeit, Einsatzfreude und Hilfsbereitschaft – treten wir ein.

Wir lehnen die überstürzte Energiewende ab und plädieren für eine sichere, bezahlbare Energieversorgung Deutschlands auf marktwirtschaftlicher, unideologischer Basis.

Wir lehnen eine Vergemeinschaftung der Staats- und Bankenschulden in der Europäischen Union ab. Die CSU muss Inflations- und Weichwährungstendenzen kompromisslos entgegentreten und die Einhaltung der Euro-Stabilitätskriterien einfordern. Wer die Euro-Stabilitätskriterien dauerhaft nicht erfüllt, soll die Eurozone verlassen können.

Wir wollen die Europäische Union auf diejenigen, wenigen Aufgabenbereiche beschränken, die von den Mitgliedsstaaten selbst nicht wahrgenommen werden können. Die EU soll auf absehbare Zeit keine neuen Mitglieder aufnehmen und darf sich nicht zu einem Superstaat entwickeln. Einen EU-Beitritt der Türkei lehnen wir ab.

Wir lehnen eine ungesteuerte Zuwanderung nach Deutschland ab. Integration ist eine Bringschuld der Zuwanderer. Wir sind gegen die Einführung der doppelten Staatsbürgerschaft.

Die Institutionen ›Ehe und Familie‹ sind die wichtigsten Grundlagen unseres Gesellschaftsmodells. Auch das Leitbild ›Vater, Mutter, Kind‹ ist kein Auslaufmodell, sondern der elementare Grundpfeiler unserer Gesellschaft! Jetzt und in Zukunft! Unsere Initiative wird alles daran setzen, dass die CSU ›Ehe und Familie‹ weiterhin schützt und fördert. So wie es der Art. 6 GG vorsieht. Wir sprechen uns strikt dagegen aus, dass die sinnlose, ideologische und unwissenschaftliche ›Gender-Mainstreaming-Forschung‹ weiterhin staatlich gefördert wird.

Für uns geht Opferschutz vor Täterschutz. Neben einer konsequenten Verbrechensbekämpfung fordern wir einen lückenlosen Schutz unserer Bürger vor grenzüberschreitender Kriminalität.

Wir treten für eine Stärkung des Leistungsprinzips in der schulischen und universitären Ausbildung und für die konsequente Sicherstellung der Freiheit für Forschung, Lehre und Bildung ein.

Wir befürworten eine personelle Erneuerung der CSU. Aufgaben und Ämter sollen nicht nach Proporz oder Quote, sondern nach Kompetenz und Befähigung vergeben werden. Wir wollen keine Parteiführung, die die Grundwerte der Union opfert, um sich den jeweils wechselnden medialen Stimmungslagen anzupassen.«[175]

Der Konservative Aufbruch wurde fortan bewusst nicht als Verein, sondern in Form einer Netzwerkstruktur organisiert, geführt von gleichberechtigten Sprechern. Ende Juli 2014 wurde Lars Bergen zum Ersten Sprecher und unter anderem die heute noch aktiven Mariana Gronewald-Haake und Thomas Jahn zu stellvertretenden Sprechern gewählt. Voraussetzung für die Mitarbeit im Konservativen Aufbruch (KA) war eine Mitgliedschaft in der CSU, einer Arbeitsgemeinschaft oder einem Arbeitskreis der CSU.

Schwerpunkte der inhaltlichen Arbeit waren neben der auch in einer breiten Medienöffentlichkeit geäußerten Kritik an politischen Fehlentwicklungen wie dem Linkskurs der CDU-Führung vor allem die Kritik an der überstürzten und konzeptlosen Energiewende. Dazu wurde schon 2014 ein eigener Arbeitskreis, ausgestattet mit kompetentem Expertenwissen und geführt von Dipl.-Ing. Hans W. Häfner, gegründet.

Anfangserfolge konnte der KA bereits im Spätsommer 2014 erzielen, denn anders als die Aktion Linkstrend stoppen konnte sich der KA von Anfang an der Unterstützung prominenter CSU-Politiker wie des ehemaligen CSU-Generalsekretärs Thomas Goppel oder des ehemaligen CSU-Bundesinnenministers Hans-Peter Friedrich erfreuen[176]. Gemeinsam mit Thomas Goppel wurde im September 2014 unter größerer medialer Beachtung und mit erfreulichem Zuspruch durch die CSU-Basis die erste Auftaktveranstaltung in Rott am Inn, dem Begräbnisort und der langjährigen Wohnstätte von Franz Josef Strauß durchgeführt. Kritisch beäugt von der Parteiführung der CSU gelang es dem KA auf dem CSU-Parteitag im Dezember 2014 mit der Unterstützung von Thomas Goppel in einem spektakulären Initiativantrag, der von 50 Landtagsabgeordneten der CSU unterstützt wurde, die geplante Linksverschiebung des CSU-Grundsatzprogramms zu verhindern und zentrale, wertkonservative Pflöcke zu den Themen Freiheit, Lebensschutz, Ehe und Familie sowie christliches Menschenbild im aktuellen Grundsatzprogramm einzurammen.[177]

Anfang 2015 konnte der KA eine Unterstützerliste mit etwa 10 000 Unterzeichnern[178] aufweisen und Regionalvertretungen in allen sieben bayerischen Bezirken gründen.

Bereits Ende 2014 zeichnete sich ein erheblicher Asylzustrom nach Deutschland ab. Angela Merkel und die von ihr geführte Bundesregierung hatte aber auch vor diesem sich anbahnenden Problem monatelang die Augen verschlossen, um dann ohne Absprache mit den betroffenen EU-Partnern und den Bundesländern und Kommunen das europäische Abkommen von Dublin für syrische Bürger einfach für gegenstandslos zu erklären und die Grenzen nach Deutschland mit immer noch anhaltenden verheerenden Konsequenzen zu öffnen.[179] Der KA gehörte natürlich von Anfang an zu den schärfsten Kritikern dieser Politik und hat seitdem immer wieder den Rücktritt Merkels gefordert. Auf dem Höhepunkt der von Merkel ausgelösten Asylkrise am 12. Oktober 2015 kamen die Sprecher des KA einer Einladung des damaligen CSU-Vorsitzenden Horst Seehofer in die CSU-Parteizentrale zu einem Gedankenaustausch nach. Seehofer gestand dem KA danach zu, weiterhin die berechtigten Interessen der konservativen Mitglieder der CSU vertreten zu dürfen. Der Wortlaut der damals gemeinsam abgestimmten Erklärung lautete wie folgt:

»Seehofer trifft Konservativen Aufbruch.

Der CSU-Vorsitzende Horst Seehofer ist heute in München mit den Sprechern des ›Konservativen Aufbruchs‹ in der CSU zusammengekommen. Bei dem einstündigen Treffen ging es um die aktuelle Flüchtlingskrise

und die Rolle der CSU als Richtungsweiser und Takt-
geber in Berlin, gerade mit ihren jüngsten Vorschlägen
zur Begrenzung der Zuwanderung. Der Parteivorsitzende und die Sprecher des ›Konservativen Aufbruchs‹
stimmen überein, dass die CSU als große Volkspartei
eine enorme Bandbreite mit unterschiedlichen Positionen, darunter christliche, soziale, liberale und konserva-
tiv-nationale, immer abgebildet hat und auch künftig abbilden wird. Jeder dieser Strömungen ist für das Profil
der CSU wichtig, und alle Strömungen sind sich einig
in dem Ziel, die CSU insgesamt zu stärken und nicht
zu spalten.«[180]
Zu diesem Zeitpunkt konnte der KA auf eine enorm
erfolgreiche Vernetzungsarbeit zurückblicken, die ab
2015 auch die CDU in den Nachbarländern Bayerns,
vor allem in Baden-Württemberg, erfasste, wo der KA
in Stuttgart jeweils mit eigenen Rednern an der viel
beachteten »Demo für alle« im Juni und Oktober 2015
teilnahm. Die »Demo für alle« war aus einer Reihe von
christlichen Basisinitiativen entstanden und richtete
sich gegen die damals von der grün-roten Landesregierung in Baden-Württemberg geplanten Einführung
neuer Lehrpläne zur Frühsexualisierung von Kindern in
den Grundschulen. Weitere Kontakte konnten ab 2016
auch nach Sachsen-Anhalt, Nordrhein-Westfalen, Hessen, Thüringen, Brandenburg und Mecklenburg-Vorpommern geknüpft werden, wo sich jeweils konservative CDU-Basisinitiativen bildeten.[181]
Später trat der Konservative Aufbruch, nun unter dem
Namen ›WerteUnion‹ in Bayern – Konservativer Aufbruch, in einer von etwa 100 Teilnehmern besuchten

Versammlung Anfang Juli 2019[182] als eigenständiger Verband für die Mitglieder der CSU der WerteUnion bei.

Initiative CDU-Kurswechsel

Ein weiteres Beispiel für aus der Unzufriedenheit mit dem Kurs der Parteivorsitzenden und Kanzlerin entstandene regionale konservative Initiativen innerhalb der Unionsparteien war die Initiative CDU-Kurswechsel in Sachsen, deren Entwicklung einer der Gründer, Dr. Ulrich Link, heute Landesvorsitzender der WerteUnion Sachsen, im folgenden Abschnitt beschreibt:

> 2015 hatte eine Gruppe von Mitgliedern des CDU-Ortsverbands Dresdner Norden aus anhaltender Unzufriedenheit mit der Politik der CDU-geführten Bundesregierung heraus begonnen, sich Gedanken zu machen, wie in der CDU eine Wende weg vom Linkskurs hin zu bürgerlich-konservativer Politik durchgesetzt werden könne. Als Schwerpunkte wurden die Energiepolitik, die Euro- und die Europapolitik sowie die Zuwanderung gesehen.
> Anfang 2016 stellte ich mich als Neumitglied im Ortsverband vor: »Um Missverständnisse zu vermeiden: Ich bin nicht in die CDU eingetreten, weil ich den Kurs der aktuellen Parteiführung unterstütze. Ich will vielmehr diejenigen in der Partei unterstützen, die diesem Kurs ein Ende bereiten wollen.«

Aus dem Kontakt zwischen der Gruppe und dem Neumitglied ergab sich kurz danach die Gründung der Initiative CDU-Kurswechsel. Zügig wurden Positionen beschrieben und Forderungen aufgestellt. Diese wurden in einem Flyer, in einem Internetauftritt sowie auf Facebook präsentiert. Vor allem Internet und Facebook stießen von Anfang an auf überraschend große Resonanz. Allerdings zeigte sich bald, dass, insbesondere zu Beginn, unter denjenigen, die sich der Initiative anschließen wollten, auch etliche Verschwörungstheoretiker unterschiedlichster Couleur waren. Von diesen grenzte sich die Initiative CDU-Kurswechsel aber konsequent ab, deutlich schärfer als die Mutterpartei.

Der im September 2017 leider viel zu früh verstorbene Mitinitiator der Initiative, Peter Heichen, hatte das Talent, zu relevanten Personen schnell gute Beziehungen herzustellen, so auch zu einem Redakteur der der SPD-nahen DDV-Mediengruppe zugehörigen *Sächsischen Zeitung*. Für diesen war ein vermeintlicher Streit in der CDU selbstverständlich interessant. Aus einem Gespräch zwischen einigen Angehörigen der Initiative CDU-Kurswechsel und dem Redakteur entstand ein umfangreicher Artikel mit großem Foto, der Ende Juli 2017 im Lokalteil Dresden der Ende Juli 2016 im Lokalteil Dresden veröffentlicht wurde. Später berichteten auch die Dresdner Neuesten Nachrichten (DNN) ausführlich über die Initiative[183]. Thema war insbesondere der Wunsch nach einem Kurswechsel der CDU.

In der Folge bat der CDU-Kreisvorsitzende zum Gespräch und meinte, man könne das Interview mit der *Sächsischen Zeitung* durchaus als parteischädigendes

Verhalten verstehen. Freundlich erläuterten die Vertreter der Initiative CDU-Kurswechsel, dass sie keine Furcht vor einem Parteiausschlussverfahren hätten, da keiner von ihnen von der Politik abhängig sei. Der Begriff »parteischädigend« fiel daraufhin – auch in den Folgejahren – nie wieder. In dem Gespräch übte die Initiative CDU-Kurswechsel deutliche Kritik daran, dass der Kreisverband auf bundespolitischem Gebiet weder eigene Aktivitäten zeigte noch Möglichkeiten zum Engagement bot. In der Folge fand im Kreisverband unter Beteiligung der örtlichen Mitglieder des Deutschen Bundestags – darunter Arnold Vaatz – ein mitgliederoffenes Bundespolitisches Forum statt, das die Initiative CDU-Kurswechsel zur Präsentation ihrer Kritik und ihrer Forderungen nutzte. Ergebnis: Das Mitgliederwachstum setzte ein. Mit zunehmender Bekanntheit der Initiative sahen sich allerdings einige Angehörige des öffentlichen Dienstes veranlasst, ihr Engagement zu beenden, da sie berufliche Nachteile befürchteten.

Ein vom damaligen Generalsekretär der Sächsischen Union, Michael Kretschmer, schon länger angeregtes Treffen mit einem der Angehörigen der Initiative wurde in den Herbst verschoben und in Privaträume verlegt. Mit Kretschmers Zustimmung nahmen weitere Kurswechsel-Vertreter an dem konstruktiven Gespräch teil, in dem unter anderem die Beteiligung der Initiative an einer Veranstaltung der Konrad-Adenauer-Stiftung vereinbart wurde, auf der der frühere Bundesinnenminister Hans-Peter Friedrich zur Frage der Leitkultur Stellung nehmen sollte. So konnte sich die Initiative auf der

Veranstaltung in einem Einführungsvortrag inhaltlich positionieren.

Versuche, sich mit dem Berliner Kreis in der CDU zu verknüpfen und diesen als eine Art Basisorganisation zu ergänzen, blieben leider zunächst erfolglos. Wie sich später herausstellte, lag dies nicht an fehlendem Interesse, sondern an mangelnden Ressourcen des Berliner Kreises.

Nachdem Ende 2016 bereits erste Kontakte zu anderen regionalen CDU-Basisinitiativen aufgebaut und Überlegungen zu einem bundesweiten Zusammenschluss zunehmend konkreter geworden waren, beteiligte sich die Initiative CDU-Kurswechsel im Februar 2017 am Vorbereitungstreffen zur Gründung des Freiheitlich-konservativen Aufbruchs in Königswinter und war eine von dessen Gründungsinitiativen.

Der Freiheitlich-konservative Aufbruch

Die Gründung

Einige Wagemutige, die sich hauptsächlich über Facebook gefunden hatten, entwickelten die Idee, aus dem halben Dutzend über Deutschland verstreuten konservativen Initiativen innerhalb der Union einen Dachverband aufzubauen, der es mit der Parteiführung samt dem von ihr gesteuerten hauptamtlichen Parteiapparat aufnehmen sollte. Ein erstes Treffen in kleinem Kreis, zu dem auch ich gehörte, endete an einem verschneiten Samstag Anfang 2017 in Oberursel mit dem Plan, einen Verein zu gründen, in dem sich alle Unionsmitglieder versammeln konnten, die die CDU/CSU wieder auf den richtigen Kurs bringen wollten.

Ein eingetragener Verein sollte es sein, um dem Ganzen einen festen Rahmen mit Satzung und vor allem mit eigenen Finanzen zu geben. Denn es war klar, dass die Parteiführung keine finanzielle Unterstützung gewähren, sondern im Gegenteil den Zusammenschluss von Anfang an bekämpfen würde. Schließlich wurde im Laufe der Vorbereitungen entschieden, aus Gründen der schnelleren Umsetzbarkeit keinen neuen Verein zu gründen, sondern einen bereits bestehenden und sympathisierenden eingetragenen Verein als Hülle zu übernehmen, umzubenennen und die Satzung anzupassen. So wurde der existierende eingetragene Verein Konservativer Aufbruch Baden-Württemberg zum Ursprung des Freiheitlich-konservativen Aufbruchs in der CDU/CSU e. V., wie unsere neue Gruppierung anfangs etwas sperrig heißen sollte.

Als Gründungsdatum legten wir Samstag, den 25. März 2017 fest. Dieses Datum war durch den nicht ganz einfachen Abgleich der Kalender der Hauptprotagonisten unter Berücksichtigung der Osterfeiertage entstanden. Dabei war allerdings nicht bedacht worden, dass am gleichen Tag der Landesparteitag der CDU Baden-Württemberg stattfinden sollte, was aber erst auffiel, nachdem entgegen der ursprünglichen Planung ein Tagungsraum in Schwetzingen (Baden-Württemberg) statt des nicht verfügbaren Tagungsraums in Wiesbaden (Hessen) fest gebucht worden war. So wurde die Gründung unbeabsichtigterweise von den Medien und der Parteispitze als Konkurrenzveranstaltung zum CDU-Landesparteitag wahrgenommen, was schon vor der Gründung zu ersten bösen Bemerkungen seitens der Partei führte.[184] Wir entschlossen uns, es dennoch durchzuziehen, denn uns war klar, dass unsere Initiative ohnehin große Mühe haben würde, schnelle Erfolge zu erzielen, und so wollten wir keine Zeit durch eine Verschiebung nach hinten verlieren.

Weitere Schwierigkeiten tauchten noch vor der Gründungsversammlung auf: Wir waren ohne Finanzmittel und anfangs nur wenige Ehrenamtliche, die über ganz Deutschland verstreut waren. Der CDU-Kreisverband Rhein-Neckar, zu dem der Ort der Gründungsversammlung, Schwetzingen, gehört, lehnte jede Unterstützung bei der Veranstaltung ab. Damit wurden schon die Raummiete, das Catering und die Erstellung der Stimmkarten zu Herausforderungen. Und so wurde dann viel improvisiert, wenn auch mit jeder Menge Herzblut und Begeisterung. Da mussten dann handgeschriebene Pappschilder mit der Aufschrift »FKA« als Wegweiser und eine in die Jahre gekommene Deutschlandfahne als Sichtschutz vor den Tischen des Tagungspräsidiums herhalten. Ich brachte neben den Interviews im Vorfeld viele Stunden damit zu, Anfragen zur Veranstaltung zu beantworten, die Teilnehmer zu erfassen und den Eingang des Kostenbeitrags von 10 Euro pro Teilnehmer zu prüfen. Bei der Registrierung der Teilnehmer am Gründungstag mussten mir dann meine Frau und einige Freunde helfen, denn die meisten der teilweise aus Nord- und Ostdeutschland angereisten Gründungsmitglieder kannten sich ja nicht oder nur sehr flüchtig, sodass erst mal viele Formalien hinsichtlich der Mitgliedschaft zu erledigen waren.

Neben der formalen Satzungsänderung, den Wahlen zum Bundesvorstand und einem sehr engagierten Impulsvortrag des ehemaligen hessischen CDU-Fraktionsvorsitzenden Dr. Christean Wagner wollten wir noch 30 politische Thesen, quasi als Programm, verabschieden. Die 30 Punkte, die später um zwei weitere ergänzt wurden, beschäftigten sich hauptsächlich mit den Themen innere und äußere Sicherheit, Wirtschaftspolitik und Einwanderung. Es war deutlich, dass die Sorge um die langfristigen Folgen der unkontrollierten Masseneinwanderung nach Deutschland unsere Mitstreiter dabei am meisten beschäftigte. Vielfach war schwere Enttäuschung, ja fast Wut über den Kurs der Kanzlerin zu erkennen, die, wie manche Sachverständigen meinten, unter Missachtung bestehender Gesetze und Regelungen[185] bis zum März 2017 rund 1,5 Millionen Menschen als Flüchtlinge nach Deutschland hatte einwandern lassen, wohl wissend, dass die wenigsten davon Anspruch auf Asyl hatten und nur ein geringer Anteil Flüchtlinge nach der Genfer Konvention waren.

Bei vielen handelte es sich um Migranten, die durch eine vergleichsweise hohe staatliche Unterstützung nach Deutschland gelockt worden waren. Viele befürchteten, dass sich diese Menschen aufgrund ihrer kulturellen und religiösen Prägung nicht in Deutschland integrieren würden und sich so die ohnehin vorhandenen Probleme mit bestehenden Parallelgesellschaften drastisch verschärfen würden. Sollte sich diese Einwanderung in diesem Tempo fortsetzen und gleichzeitig die Geburtenraten der Zuwanderer deutlich über denen der Einheimischen bleiben, musste man damit rechnen, dass sich unsere christlich und europäisch geprägte Gesellschaft in ihrer Zusammensetzung wesentlich und nachhaltig verändern würde. So wurde der Freiheitlich-konservative Aufbruch in der Union von Anfang an auch medial stark als Bewegung gegen Merkels Flüchtlingspolitik wahrgenommen.

Tatsächlich schafften wir es, die ehrgeizige Tagesordnung in der Kürze der zur Verfügung stehenden Zeit durchzubringen. Da wir uns im Vorfeld zwar über den geschäftsführenden Vorstand aus Vorsitzenden, vier Stellvertretern, einem Pressesprecher und einem Schatzmeister verständigt hatten, nicht aber über die weiteren Vorstandsmitglieder (es wurden schließlich 15 Beisitzer), wurde so eine recht bunte Truppe gewählt, die die nächsten beiden Jahre den Verein führen sollte. Wir starteten jedenfalls erstaunlich gut und mit medialem Rückenwind. Es waren etliche Kamerateams und Journalisten der schreibenden Zunft anwesend. Dies lag hauptsächlich daran, dass die Medien die neue Gruppierung noch nicht einschätzen konnten, aber als »Krawallmacher« in der CDU/CSU offenbar interessant fanden. Viele der politisch linken Journalisten hofften wohl, dass ihre Berichterstattung über die Kritik am Kurs der Kanzlerin die Union schwächen würde. So wurde unser Hauptanliegen, eine inhaltliche Politikwende, durch die Medien sehr stark in Richtung auf Kritik an der Kanzlerin persönlich zugespitzt, wodurch wir medial zu »Merkelkritikern«[186] wurden.

Neben der phänomenal breiten Berichterstattung durch die Medien verfügten wir zur Kommunikation mit Interessenten nur über ein E-Mail-Postfach, einen Facebook-Auftritt und eine, wenn auch noch einfache, Homepage. Dennoch verzehnfachte sich die Mitgliederzahl von den anfänglich rund 70 Gründungsmitgliedern innerhalb weniger Monate[187], was uns vor die Herausforderung einer zeitnahen Erfassung per EDV stellte. Wir waren extrem motiviert wegen der erfolgreichen Gründung und des Mitgliederwachstums, aber genau genommen waren wir trotzdem noch nicht einmal ein kleiner David. Im Nachhinein verwundert es nicht, dass die CDU-Parteispitze uns lange ignorieren konnte. Dennoch gab es zur Gründung keine Alternative – im Grunde erfolgte sie in vielerlei Hinsicht sogar recht spät. Zu lange hatte die Kanzlerin die Union entkernen können, was dazu geführt hatte, dass sich sehr viele ehemalige Mitglieder und Wähler schon zu weit von der CDU/CSU entfernt hatten.

Vernetzung und Wachstum

Bereits im Vorfeld der Gründung des FKA hatten wir verschiedentlich Kontakt zum Berliner Kreis in der CDU/CSU gehabt. Hierbei handelt es sich um eine Gruppe von Bundestagsabgeordneten der CDU/CSU, die ebenfalls eine Schärfung des politischen Profils und eine Kurswende erreichen wollen, deren Wirkungskreis aber die Bundestagsfraktion ist. Einer seiner Gründer war Dr. Christean Wagner, weitere Treiber Sylvia Pantel und Klaus-Peter Willsch, beides mutige Bundestagsabgeordnete, die sich schon verschiedentlich einen Namen gemacht hatten, aber auch mit Schwierigkeiten aufgrund ihrer Forderung nach einer konservativen und wirtschaftsliberalen Politikwende zu kämpfen hatten.

Schon wenige Wochen nach unserer Gründung wurden unsere Mitglieder zu einer Veranstaltung des Berliner Kreises nach Berlin eingeladen. Redner auf der Veranstaltung waren unter anderem Roland Tichy und Prof. Andreas Rödder, die mit den gut 100 Teilnehmern[188], darunter auch der ehemalige Verteidigungsminister Ruppert Scholz, über eine konservative Politikwende diskutierten. Es zeigte sich deutlich, dass sich viele langjährige Anhänger der Unionsparteien nach dem jahrelangen Linkskurs der Parteiführung wieder nach einem klaren inhaltlichen Profil sehnten.

Auch die nächste Veranstaltung des Berliner Kreises, die im Juni 2017 im Sitzungssaal der CDU/CSU-Bundestagsfraktion stattfand, versammelte eine dreistellige Anzahl von Unionsmitgliedern. Mit dabei diesmal Wolfgang Bosbach[189], der sich in den Jahren zuvor auch in der Öffentlichkeit wegen seiner klaren Worte bei gleichzeitig persönlicher Umgänglichkeit einen guten Ruf erarbeitet hatte. Hauptthema der Sitzung war die innere Sicherheit, lange Zeit eine Kernkompetenz der Union. Im Anschluss fand noch ein Pressegespräch statt, bei dem die anwesenden Journalisten in einer Pressemappe Diskussionspapiere zu verschiedenen Themen erhielten. Darunter war auch ein Papier, welches sich kritisch mit der deutschen Klimapolitik auseinandersetzte. Genau und nur dieses Papier griff einer der anwesenden Journalisten auf und initiierte daraus die Schlagzeile »Rechter CDU-Flügel stellt sich gegen den Kurs der Kanzlerin«[190]. Dass es sich bei dem Papier um eine Diskussionsgrundlage handelte und dass es im Rahmen der Sitzung nicht einmal angesprochen wurde, interessierte nicht. Entscheidend war die schnelle Schlagzeile und der Versuch, den Berliner Kreis im Speziellen und die Konservativen und Wirtschaftsliberalen in der Union zu diskreditieren. Eine Erfahrung, die wir nicht das letzte Mal gemacht haben würden.

Die Christdemokraten für das Leben, e. V. (CDL), eine unionsnahe Gruppierung von rund 5000 Mitgliedern,[191] die sich für Lebensschutz engagieren, war von Anfang an Partner des Freiheitlich-konservativen Aufbruchs. Viele ihrer Funktionäre wurden dort auch Mitglied, denn der FKA setzte sich ja ebenfalls von Anfang an für eine Politikwende insbesondere zur Stärkung der Familie und für mehr Lebensschutz ein. Auf Anregung der CDL wurden die anfänglich 30 politischen Thesen des FKA um zwei zum Lebensschutz erweitert, was die Beziehung zwischen beiden Gruppierungen weiter festigte. Allerdings verlor die einst offiziell als Sonderorganisation der

CDU geführte CDL diesen Status durch einen Beschluss des CDU-Bundesvorstands im August 2018.[192]

Gründung von Landesverbänden

Schon bald nach der Gründung begann der FKA, Landesverbände aufzubauen. Ziel dabei war es, das Wachstum deutschlandweit voranzubringen. In Bayern beließen wir es zunächst beim Konservativen Aufbruch der CSU, welcher sich ja dem Dachverband angeschlossen hatte. In Sachsen bildete die Initiative CDU-Kurswechsel die Basis für den dortigen Landesverband. Schnell konnten Landesverbände mit entsprechenden Vorständen in Baden-Württemberg, Hessen, Saarland, Sachsen-Anhalt, Nordrhein-Westfalen, Niedersachsen, Berlin und Rheinland-Pfalz etabliert werden, wohingegen die eher kleineren beziehungsweise dünn besiedelten Bundesländer Starthilfe benötigten und teilweise nur langsam eigenständige Aktivitäten entwickelten. Dennoch hatten wir es rund ein halbes Jahr nach der Gründung geschafft, in allen Bundesländern Verantwortliche zu finden, die dezentral den weiteren Aufbau in der Fläche übernahmen und bereits auf der nächsttieferen Ebene Kreis- beziehungsweise Regionalverbände gründen konnten. So wurde das deutschlandweite Netzwerk des FKA immer dichter.

Die WerteUnion wird geboren

So sehr wir uns auch in dem Namen Freiheitlich-konservativer Aufbruch inhaltlich und emotional wiederfanden, so war uns auch klar, dass er einfach zu sperrig war und die ausgesprochene Abkürzung FKA leicht ins Lächerliche gezogen werden konnte. Wir beschlossen daher im Sommer 2017, uns einen neuen Namen zu geben. Naturgemäß war dies kein einfacher Prozess, auch weil mangels Finanzmitteln dafür nicht einfach eine Agentur beauftragt werden konnte. Glücklicherweise hatten wir jedoch ein sehr kreatives Mitglied, das uns mehrere gute Vorschläge machte. Dennoch gab es lange interne Diskussionen um den Namen, das passende Logo, den Claim und die anderen Elemente der Außendarstellung. Nach wenigen Wochen und mit relativ geringem finanziellen Einsatz gelang es dann aber doch, eine große Mehrheit des Vorstands hinter einer Lösung zu versammeln. Der Beschluss, uns WerteUnion zu nennen, war im Hinblick auf die Außenwirkung vermutlich einer der besten.

Der Balanceakt vor der Bundestagswahl 2017

Zum Zeitpunkt der Gründung der WerteUnion im Frühjahr 2017 bestand gemäß den Umfragen durchaus die reale Gefahr, dass SPD, Grüne und Linke zusammen bei der im Herbst anstehenden Bundestagswahl eine Mehrheit erringen konnten – für uns Konservative und Wirtschaftsliberale natürlich ein Horror. Wir waren fest davon überzeugt, dass der Linkskurs der Kanzlerin dafür verantwortlich war, dass die Union wohl viele Wähler an die sich immer weiter radikalisierende AfD, aber noch in größerem Umfang an die Gruppe der Nichtwähler verlieren würde. Um Rot-Rot-Grün zu verhindern, wollten wir die CDU/CSU wieder wählbar machen für diejenigen, die Frau Merkel politisch heimatlos gemacht hatte.

Bald schon war uns aber klar, dass wir in einer Art Zwick-mühle steckten: Um nämlich den Tanker CDU/CSU inhalt-lich zu bewegen, mussten wir kraftvoll agieren und laut für die Politikwende werben, wozu als Begründung natürlich eine öffentliche Nennung der bisherigen Fehlentwicklungen not-wendig gewesen wäre. Genau das aber hätte naturgemäß für schwere Konflikte mit den Personen in der Union gesorgt, die den Kurs der Parteivorsitzenden mitgetragen hatten. Ein sol-cher lauter parteiinterner Streit kurz vor der Bundestagswahl war jedoch mit dem Risiko verbunden, Wähler zu irritieren, und hätte der Parteiführung die Möglichkeit gegeben, die ab-sehbaren Verluste nur darauf zu schieben.

Wir entschlossen uns also, gute Miene zum bösen Spiel zu machen und bis zur Bundestagswahl öffentlich nur sehr dosiert zu kritisieren. Stattdessen versuchten wir, über Briefe an die Parteispitzen im Bund und in verschiedenen Ländern für unsere Positionen zu werben und ins Gespräch zu kom-men. Die allerdings dachten überhaupt nicht daran, unsere Positionen zu berücksichtigen. Mancher Brief blieb sogar un-beantwortet. Offensichtlich hatte auch die Parteivorsitzende beschlossen, uns einfach zu ignorieren.

Der Vorstand der WerteUnion geriet langsam unter Druck, und zwar vonseiten einiger eigener Anhänger. Denn die waren enttäuscht, dass die Gruppierung nach der relativ fulminanten Anfangsphase nun in der Wahrnehmung nach außen deutlich zahmer geworden war. Je näher die Wahl kam, umso schwie-riger war es, zu vermitteln, dass es sich um ein taktisch kluges Stillhalten, nicht aber um ein Einknicken handelte. Zudem bestand die Gefahr, dass die Absicht, aus taktischen Gründen vor der Wahl Ruhe zu bewahren öffentlich bekannt und gegen die WerteUnion verwendet wurde. Mancher hielt das Ganze für ein abgekartetes Spiel zwischen der WerteUnion und der CDU/CSU, um Wähler zu halten, aber die Parteispitze einfach so weitermachen zu lassen wie bisher. In der Folge gab es die ersten Austritte. Die Aktiven der WerteUnion waren also mehrfach unzufrieden, denn sie konnten keine Bewegung der Politik der Kanzlerin in die richtige Richtung erkennen, sahen in Folge ein schlechtes Ergebnis auf die Union zukommen und enttäuschten gleichzeitig eigene Anhänger, die aktivere und offenere Kritik an der Kanzlerin erwarteten.

Die Position der WerteUnion war eindeutig: Wenn das Wahlergebnis für die Union tatsächlich so schlecht ausfallen sollte, war das die Folge der falschen Merkel'schen Politik, weshalb sie dann auch die Verantwortung dafür übernehmen musste. Wir gingen also in den Wahlabend mit einer vorbereiteten Presseerklärung, in der wir für diesen Fall ihren Rücktritt forderten.

Der Wahlabend nahm den befürchteten Verlauf: Rot-Rot-Grün fand zwar glücklicherweise keine Mehrheit, aber die CDU/CSU erhielt das schlechteste Ergebnis seit 1949[193]. Und die AfD etablierte sich als stärkste Oppositionspartei zur Großen Koalition. Der WerteUnion konnte die Parteiführung hierfür keine Schuld zuweisen, da sie sich vor der Wahl nach außen loyal verhalten hatte. Allerdings stand für uns nun die Frage im Raum, ob das Ergebnis vielleicht besser geworden wäre, wenn die WerteUnion offensiver und kritischer aufgetreten wäre und den vielen Menschen, die die CDU/CSU nicht mehr gewählt hatten, klar gezeigt hätte, dass es da eine Gruppierung gibt, die sich für konservative und wirtschaftsliberale Inhalte einsetzt.

Jedenfalls schien weder das miserable Ergebnis der Bundestagswahl noch unsere Rücktrittsforderung gegen die Kanzlerin als Verantwortliche die Stimmung im Adenauerhaus zu trüben. Der Parteiapparat feierte sichtlich erfreut darüber, dass es nochmals gelungen war, Frau Merkel an der Macht zu halten.

Für die WerteUnion hingegen war sicher, dass es ein »Weiter so« nicht geben durfte. Wenn schon keine personellen Konsequenzen bei der Union gezogen wurden, erwarteten wir zumindest eine sachliche Aufarbeitung der Gründe für das schlechte Ergebnis. Unserer Meinung nach wäre man dann schnell darauf gestoßen, dass der Kurs der Parteiführung in den letzten Jahren Millionen Wähler vertrieben hatte. In einem Wirtschaftsunternehmen würde man daraus inhaltliche und personelle Konsequenzen ziehen – die Parteispitze hatte daran aber offenbar kein Interesse. Allerdings machte die SPD der Kanzlerin zunächst einen Strich durch die Rechnung, indem sie eine Fortsetzung der großen Koalition ablehnte. Gewohnt machtorientiert entschied sich die Kanzlerin, über eine sogenannte Jamaica-Koalition mit den Grünen und der FDP zu verhandeln. Die WerteUnion sah eine Koalition der CDU/CSU mit den Grünen jedoch als nicht machbar an. Zu weit waren deren Forderungen von christdemokratischen Positionen entfernt. Beispielsweise wollten die Grünen Deutschland noch mehr für Armutsmigranten öffnen und die EU weiter als Zentralstaat mit gemeinsamem, aus Steuern gespeistem Haushalt ausbauen.[194]

Dennoch schien die Spitze der CDU/CSU bereit, den Grünen bei vielen Themen entgegenzukommen, um eine gemeinsame Regierung zu etablieren und so die eigene Macht zu erhalten. Als dieses Vorhaben jedoch an der FDP scheiterte, sah die WerteUnion die Chance, dass die CDU/CSU sich nun auf ihre eigenen Grundsätze besinnen und als stärkste Partei eine

Minderheitsregierung umsetzen könnte. Dies hätte den großen Vorteil gehabt, dass die Union alle Kabinettsposten hätte besetzen und zunächst immer dort, wo die Exekutive handeln kann, keine Kompromisse mit anderen Parteien hätte eingehen müssen, sondern christdemokratische Politik »pur« hätte umsetzen können. Doch erwartungsgemäß wollte Frau Merkel davon nichts wissen, denn eine solche Minderheitsregierung hätte der Fraktion und dem Deutschen Bundestag mehr Gewicht verliehen als eine ausverhandelte Koalition, bei der sich eigentlich nur der von der Kanzlerin geführte Koalitionsausschuss einig sein muss, um auch parlamentarische Mehrheiten zu garantieren. Daher wurden nun doch wieder Koalitionsverhandlungen mit der SPD geführt.

Wenigstens gab es bei vielen Christdemokraten die Erwartung, dass die Union sich dabei inhaltlich und personell gut durchsetzen würde, denn schließlich hatte auch die SPD bei der Wahl kräftig verloren und war nur noch halb so stark wie die Union. Allerdings wurden diese Hoffnungen jäh enttäuscht. Die Parteivorsitzende der CDU war bereit, dem Koalitionspartner SPD wesentliche Ressorts wie das Finanzministerium, das Außenministerium und das Sozialministerium zu überlassen. Inhaltlich waren die Zugeständnisse ebenfalls enorm. Verschiedene Bewertungen[195] des Koalitionsvertrags betonen, dass die Vereinbarungen mehrheitlich sozialdemokratischen Forderungen entsprechen und die Union als deutlich stärkerer Koalitionspartner viel weniger ihrer Inhalte durchsetzen konnte. Letztendlich würde sich die Union den Verbleib von Frau Merkel im Kanzleramt also sehr teuer erkaufen.

Um Kritik an dieser Lösung innerhalb der Union zu verhindern, wurde für den Fall einer Ablehnung der Koalitionsvereinbarung mit Neuwahlen gedroht. Dies geschah im Kalkül, dass die meisten Bundestagsabgeordneten der Union um ihre gerade gewonnenen Mandate fürchten und sich lieber für eine für sie persönlich ungefährlichere Koalitionsvereinbarung hergeben würden. Eine Minderheitsregierung mit den genannten Möglichkeiten hatte in einem solchen Umfeld keine Chance. Für die WerteUnion war aber klar, dass eine Große Koalition mit solchen inhaltlichen und personellen Vereinbarungen weder dem Land noch der Partei guttun würde. Daher kam die Forderung auf, zu diesem wichtigen Thema eine Mitgliederbefragung vorzunehmen, wie sie bei der SPD vorgesehen war. Die Parteispitze der CDU dachte aber überhaupt nicht daran, die Mitglieder einzubeziehen, sondern wollte nur die Delegierten des Bundesparteitags über die Koalition entscheiden lassen, was vom Ergebnis natürlich leichter zu steuern war. Die WerteUnion beschloss, die Ablehnung der Vereinbarung auf dem im Februar 2018 in Berlin stattfindenden Bundesparteitag zu vertreten. Unter dem Motto »GroKo – nein danke« (illustriert mit einem schwarz-roten Krokodil) wollten wir die Delegierten dazu bewegen, der Koalitionsvereinbarung nicht zuzustimmen. Eine Genehmigung für einen Infostand auf dem Bundesparteitag erhielten wir nicht. Also blieb nur, bei Minusgraden auf dem Außengelände des Parteitags einen Infostand mit Transparenten und anderen Eyecatchern aufzubauen und den eintreffenden Delegierten Flugblätter zu überreichen.

Viele hatten Verständnis für unsere Argumente gegen die Vereinbarungen mit der SPD, verwiesen aber auch auf die gefühlte Alternativlosigkeit und die Gefahr von Neuwahlen mit weiteren Stimmenverlusten. Neben diesen angenehmen Sachdiskussionen gab es leider auch einige sehr unangenehme Erfahrungen. Sie reichten von schroffer Ablehnung der Flugblätter bis zu Beschimpfungen und sogar Rempeleien gegen

Mitglieder der WerteUnion durch CDU-Parteifreunde. Hier war zu spüren, dass eine sachliche Diskussion von einigen nicht erwünscht war – vermutlich, weil man die eigene Machtposition durch die WerteUnion bedroht sah.

Auf dem Parteitag selbst wurde die Debatte über die Koalitionsvereinbarung durch die berüchtigte Parteitagsregie routiniert gesteuert: Erwartete kritische Wortmeldungen wurden erst am Ende berücksichtigt, als die Redezeit bereits reduziert war und die Aufmerksamkeit naturgemäß deutlich nachgelassen hatte. Bei der abschließenden Abstimmung waren schon viele Delegierte abgereist. Der Tagungspräsident, Armin Laschet, fragte in einer offenen Abstimmung nur nach Gegenstimmen und errechnete dann daraus und aus der Gesamtzahl der stimmberechtigten Delegierten die angebliche Zahl der Zustimmenden. Dabei »vergaß« er die Frage nach den Enthaltungen und unterstellte außerdem, dass auch alle nicht mehr Anwesenden mit Ja stimmten. Wer sich also enthalten wollte oder nicht mehr anwesend war, wurde so als Zustimmender gezählt.[196]

Interessanterweise waren Stimmkarten zur Enthaltung im Übrigen auch gar nicht vorhanden – angeblich sei das alles im Eifer des Gefechts geschehen. So kann das bekanntgegebene Ergebnis für die Neuauflage der Großen Koalition wohl mit Recht als »geschönt« bezeichnet werden. Doch offener Widerspruch blieb weitestgehend aus – wer möchte sich schon gegen die Parteiführung stellen, auch wenn es in der Sache gerechtfertigt ist. Immerhin stimmten dann aber bei der Wahl der Bundeskanzlerin im Bundestag am 14. März 2018 zahlreiche Abgeordnete der Koalition, sehr wahrscheinlich auch der CDU/CSU, nicht für Angela Merkel und machten durch das unerwartet knappe Ergebnis ihre Ablehnung der Koalitionsvereinbarungen deutlich.

Die erste Jahrestagung

Auch wenn die WerteUnion die Auseinandersetzung gegen eine Fortführung der Koalition mit der SPD verloren hatte, war doch deutlich geworden, dass sie kampagnenfähig war. Nun wollten wir auch beweisen, dass wir als Konservative und Wirtschaftsliberale Teil der CDU/CSU waren, wenn wir auch dem Kurs der Parteiführung sehr kritisch gegenüberstanden. So führten wir am 7. April 2018 unsere erste Jahrestagung mit dem Generalsekretär der CDU Baden-Württemberg, Manuel Hagel, als Hauptredner sowie einer Podiumsdiskussion mit dem Mainzer Historiker Prof. Dr. Rödder, der Bundestagsabgeordneten Sylvia Pantel, dem Landtagsabgeordneten Gregor Golland (NRW) und Dr. Christean Wagner durch. Jens Spahn und andere CDU-Politiker schickten Grußworte[197] an die Versammlungsteilnehmer.

Mit dem auf der Jahrestagung beschlossenen dreiseitigen »Konservativen Manifest«, das auf den bisherigen 32 Standpunkten aufbaute, definierten wir die wesentlichen inhaltlichen Positionen der WerteUnion. Dabei war uns die Ablehnung von Extremismus ebenso wichtig wie das klare Signal, die Unionsparteien inhaltlich wieder auf den richtigen Weg zurückbringen zu wollen. Ein wichtiger Inhalt des Manifests ist die Forderung nach einer Beschränkung und Steuerung der Einwanderung, um die Chance zu wahren, dass Einwanderer sich an die Gesetze und Regeln unserer Gesellschaft anpassen und nicht konträre Parallelgesellschaften bilden. Weitere Themen sind der Erhalt der inneren und äußeren Sicherheit sowie freiheitliche Ansätze in der Wirtschafts-, Finanz- und Europapolitik. Viele Inhalte, die im »Konservativen Manifest« enthalten sind, konnten wir aus dem Grundsatzprogramm der CDU ableiten, wo sie meist nur etwas allgemeiner formuliert sind. Neben den inhaltlichen Forderungen betonten wir im Umfeld der Jahrestagung aber auch, dass es beim im Herbst 2018 anstehenden Parteitag der CDU einen Wechsel an der Parteispitze geben müsse. Ein Jahr nach den parteiinternen Scharmützeln um die Gründungsversammlung verdeutlichten wir dadurch die klare Positionierung als aktive und legitime innerparteiliche Opposition und grenzten uns gleichzeitig offensiv von der AfD ab.

Der erste offizielle Kontakt: Gespräch mit der Generalsekretärin

Mit dieser Jahrestagung schien es auch endlich etwas Aufmerksamkeit der Parteiführung für die Anliegen der WerteUnion zu geben, nachdem unsere Kontaktversuche vorher weitgehend ignoriert worden waren. Es gelang uns sogar, einen persönlichen Gesprächstermin bei der neu gewählten Generalsekretärin der CDU Deutschlands, Annegret Kramp-Karrenbauer, im Konrad-Adenauer-Haus zu bekommen. Lobenswerterweise hatte sie sich wohl vorgenommen, die Partei und deren Mitglieder in ihrer Breite kennenzulernen.

Das Gespräch zwischen ihr und mir als Bundesvorsitzendem der WerteUnion fand zwar in persönlicher und angenehmer Atmosphäre statt, brachte inhaltlich leider aber keine Annäherung. Ich schilderte ihr unsere Hauptanliegen. Als loyale Generalsekretärin im Dienste der Vorsitzenden war ihr Verständnis für die kritischen Positionen der WerteUnion jedoch sehr begrenzt und ihre Erwiderung war letztlich identisch mit der offiziellen Position der Parteivorsitzenden. Auch meine Frage, ob sie einen Weg sehe, dass die WerteUnion offizielle Organisation der Unionsfamilie werden könnte, beantwortete sie nur sehr ausweichend. So blieb es beim gut gemeinten Signal des Austauschs, der bei der WerteUnion jedoch nicht den Eindruck erwecken konnte, dass sich inhaltlich etwas in unserem Sinne ändern würde.

Die Seehoferkrise

Im Sommer 2018 spitzte sich der Streit um die Einwanderungspolitik in der Union zu. Innenminister Horst Seehofer wollte mittels eines Masterplans Migration die Einwanderungspolitik neu aufstellen.[198] Ein entscheidender Punkt darin war das Vorhaben, Asylbewerber, die bereits in einem anderen EU-Land registriert worden waren, an der deutschen Grenze zurückzuweisen. Die WerteUnion unterstützte diese Forderung, nicht zuletzt, weil sie unserer Meinung nach auch dem geltenden Recht nach Art. 16a Abs. 2 GG entsprach. Doch die Kanzlerin war hier kompromisslos und wollte Zurückweisungen partout verhindern. Allerdings schien ihr diesmal die Mehrheit in der CDU/CSU-Fraktion zu entgleiten, da sowohl in der CSU als auch in der CDU viele Bundestagsabgeordnete Seehofers Position teilten.

Merkel erkannte, dass sie eine offene Diskussion oder gar Abstimmung vermutlich verlieren würde, und entschied sich, wie so oft, für ein taktisches Manöver: Sie warb für eine europäische Lösung und für etwas Zeit, diese zu verhandeln. Etwas später wurde verbreitet, Seehofer und die CSU seien nicht

bereit, ihr diese Zeit zu geben (was von einzelnen Unionsab-
geordneten bestritten und in der retrospektiven Berichterstattung[199] auch nicht mehr hervorgehoben wurde). Merkel schaffte es, in einer Fraktionssitzung, zu der entgegen der üblichen
Praxis nur die Abgeordneten der CDU, nicht aber die der CSU
eingeladen waren, die inhaltliche Auseinandersetzung zu einem Machtkampf zwischen der CSU und der CDU hochzusti-
lisieren[200] und so die CDU in ihrem Sinne gegen Seehofer, die
CSU und deren inhaltliche Forderung nach Zurückweisung
an den Grenzen zu solidarisieren. Sie hatte aus einem inhaltlichen Diskurs einen Aufstand der CSU gegen die CDU gemacht und bewusst eskaliert, sodass die Medien die Geschichte gern aufnahmen.

Die WerteUnion positionierte sich provokativ unter dem
Slogan »Lieber ohne Merkel als ohne CSU«, um auf den eigentlichen Verursacher des öffentlichen Streits hinzuweisen.
Es gab auch interne Diskussionen, ob wir die Vorbereitungen
für eine bundesweite Ausdehnung der CSU treffen sollten –
für viele in der WerteUnion ein verlockender Gedanke. Denn
die CSU galt schon lange als Hüterin der Unionswerte entgegen einer weiter zu den Grünen gerutschten CDU. Die WerteUnion war zwar bereits in allen Bundesländern vertreten,
aber von flächendeckender Präsenz weit entfernt. Selbst wenn
also die große Mehrzahl der damals rund 1000 Mitglieder zur
CSU gewechselt wäre, hätte dies allenfalls punktuell für eine
belastbare Organisationsstruktur außerhalb Bayerns ausgereicht.

Letztendlich wurden solche Gedankenspiele auch von der
CSU verworfen, denn man fürchtete zu sehr, dass die CDU
dann im Gegenzug in Bayern »einmarschieren« und der CSU

zahlreiche Mandate wegnehmen würde. So entschied sich die CSU also wieder einmal dafür, ihre Positionen zugunsten der größeren Schwesterpartei zu opfern. Daran änderte auch eine Veranstaltung nichts, zu der der mit der WerteUnion befreundete Berliner Kreis den Vorsitzenden der Landesgruppe der CSU im Deutschen Bundestag, Alexander Dobrindt, eingeladen hatte. Zwar zeigten die anwesenden CDU-Bundestagskollegen ebenso wie die zahlreichen Mitglieder der WerteUnion große Sympathie und Unterstützung für eine starke CSU und deren Positionen, aber diese hatte sich wohl schon damit abgefunden, dass ihr bei wichtigen Auseinandersetzungen mit der Kanzlerin nur die Rolle des laut brüllenden, aber letztlich zahnlosen Löwen blieb.

Die Merkelianer schlagen zurück

Offensichtlich hatte die WerteUnion durch ihr Wachstum und ihre Aktionen im Sommer 2018 die Wahrnehmungsschwelle deutlich überschritten, wodurch sich deren Kritiker auf den Plan gerufen sahen. Die Ende 2017 formlos ausgerufene Initiative Union der Mitte (UdM), die sich ausdrücklich hinter die Politik der Kanzlerin stellte und von ihr gelobt wurde, begann im Sommer 2018, öffentlich gegen die Führung der CSU, aber vor allem gegen die WerteUnion, Stimmung zu machen.[201] Inhaltlich sprach sie sich etwa für eine allgemeine CO_2-Abgabe aus.[202]

Im Gegensatz zum starken Wachstum der WerteUnion brachte es die UdM, von manchen in den sozialen Medien als »Union der Mutti« bezeichnet, nie zu relevanten Mitgliederzahlen, einer Organisationsstruktur oder größeren Veranstaltungen. Ziel war es offensichtlich, die aufmüpfige

171

CSU-Führung und später hauptsächlich die WerteUnion zu diskreditieren. Deshalb spielte sich das Leben der UdM hauptsächlich auf Twitter ab, wo eine Handvoll Personen die WerteUnion öffentlich mit Beschimpfungen, Halbwahrheiten und Lügen überzog.[203] Eine wesentliche Protagonistin war Karin Prien, die Kultusministerin von Schleswig-Holstein, das vom CDU-Linksaußen Daniel Günther in einer Koalition mit den Grünen und der FDP regiert wird. Die Vehemenz, mit der die Kultusministerin öffentlich gegen die WerteUnion agierte,[204] lässt darauf schließen, dass dieses Vorgehen ihrem Ministerpräsidenten Günther nicht unbekannt war und vermutlich auch mit dessen Rückendeckung geschah. Jedenfalls diente die UdM eine Zeitlang in der medialen Berichterstattung als gern gesehenes Gegengewicht zur ungleich größeren WerteUnion.

Da die UdM weder eine formelle Struktur noch viele Aktive in ihren Reihen hatte, musste sie sich aber meist außerhalb der Medien Gehör durch aggressive Posts in Twitter verschaffen. Häufig warfen ihre Anhänger der WerteUnion z. B. vor, rechtsnational oder/und eine zweite AfD zu sein.[205] Eine Auseinandersetzung mit inhaltlichen Positionen fand dagegen selten statt. Viele der Tweets waren gerade noch im Rahmen der Meinungsfreiheit, auch wenn Stil und Inhalt oft durchaus als unangemessen und populistisch bezeichnet werden können. Allerdings wurden auch falsche Fakten verbreitet, etwa, dass die meisten Mitglieder der WerteUnion gar keine Mitglieder der CDU/CSU seien[206], was nicht stimmte. Wir beschlossen, uns nicht alles gefallen zu lassen und gingen anwaltlich gegen diese Falschbehauptung vor. Erwartungsgemäß bekamen wir Recht – und der Verfasser eine saftige Gebührenrechnung mitsamt der Aufforderung, die Aussage öffentlich zu widerrufen.

Um klarzumachen, dass die WerteUnion nicht etwa nur eine »Anti-Merkel-Bewegung« ist, wie uns von manchen Medien und parteiinternen Gegnern verschiedentlich vorgeworfen wurde,[207] formulierten wir im August 2018 quasi als Zusammenfassung unseres »Konservativen Manifests« die »Fünf Thesen für ein starkes Deutschland«. Hierin fanden sich die aus unserer Sicht wichtigsten Lösungsgedanken zu den dringendsten politischen Problemen wieder, insbesondere also zu den Themen Einwanderung, innere Sicherheit, Europa, Steuern und Rente.

So schnell, wie sie aufgetaucht war, verschwand die Union der Mitte dann aber auch wieder. Wie mir von Beteiligten mitgeteilt wurde, zerstritten sich die Protagonisten persönlich, sogar von rechtlichen Auseinandersetzungen untereinander war die Rede. Einem Aktivisten entzogen die anderen demzufolge den Zugriff auf den Twitter-Account. Die Kultusministerin von Schleswig-Holstein fand noch einen guten Vorwand, sich zurückzuziehen, indem sie öffentlich erklärte, sie wolle durch den Ausstieg nun zur Einheit und Befriedung der Partei beitragen. Schließlich verkündete der Gründer Stephan Bloch am 23. November 2019 über Facebook die förmliche Auflösung der UdM.

Pläne zur personellen Erneuerung der CDU

Was viele befürchteten, nämlich dass Frau Merkel nur mangels Alternative auf dem Bundesparteitag der CDU im Dezember 2018 wieder mit einem guten Ergebnis zur Parteivorsitzenden gewählt werden würde, wollte eine kleine Gruppe Konservativer und Wirtschaftsliberaler in der CDU, darunter auch Mitglieder der WerteUnion, unbedingt verhindern. Denn uns war klar, dass es ohne Gegenkandidaten allenfalls ein schwaches Zeichen des Protests in der Partei geben würde. Zwar wussten wir, dass auch Friedrich Merz und Jens Spahn in Lauerstellung waren, allerdings wollten wir auf Nummer sicher gehen, falls kein Kandidat seinen Hut gegen Merkel in den Ring werfen würde. Deshalb reifte im Frühsommer 2018 der Plan, einen eigenen Gegenkandidaten zur Parteivorsitzenden aufzubauen.

Wenn unser Ziel, einen möglichst großen Teil der Delegierten auf dem Parteitag zu gewinnen, erfolgreich sein sollte, musste alles gut vorbereitet und zeitlich exakt geplant sein. Insbesondere durfte das Vorhaben nicht zu früh bekannt werden, da eine öffentliche Personaldiskussion dazu geführt hätte, dass die absehbare Niederlage der CDU bei den im Herbst anstehenden Landtagswahlen in Bayern und Hessen uns wegen der »Verschwörung« und dem damit verbundenen Signal der Zerstrittenheit in die Schuhe geschoben worden wäre. Damit hätte dann die Parteiführung nicht nur von ihrer eigenen Schuld an der Niederlage abgelenkt, sondern im Gegenteil auch noch ihre innerparteiliche Position gestärkt, da sie dazu aufrufen könnte, man müsse gerade jetzt Geschlossenheit zeigen.

Natürlich kam der Suche nach einem geeigneten Kandidaten entscheidende Bedeutung zu. Er musste einerseits extrem vertrauenswürdig sein, damit nichts im Vorfeld »durchsickern« würde. Andererseits musste er ein bestimmtes Renommee mitbringen. Er sollte natürlich politisch konservativ und wirtschaftsliberal sein, um eine Gegenposition zu Merkel zu bilden, durfte aber der WerteUnion nicht zu nahestehen, um nicht von vornherein gegen Wände zu laufen. Vor allem aber: Er musste entschlossen und mutig genug sein, um sich für das Himmelfahrtskommando bereitzustellen. Denn einerseits war klar, dass die Erfolgschancen gering waren, andererseits wussten alle Beteiligten, dass ein Rückzieher strategisch sinnvoll sein konnte, sobald ein anderer erfolgversprechenderer Kandidat unserer Couleur seinen Hut in den Ring werfen würde. Je länger die Überlegungen voranschritten, umso stärker wurde unsere Intention, durch die Ankündigung unseres Kandidaten andere zu ermutigen, auf den fahrenden Zug aufzuspringen. Denn dann wären diese ja nicht die »Königsmörder«, sondern »nur« weitere Gegenkandidaten.

Die WerteUnion als konservative Basisbewegung in der CDU/CSU verfügte schon knapp eineinhalb Jahre nach ihrer Gründung durch ihr Wachstum über zahlreiche überzeugte und engagierte Mitglieder mit Projekterfahrung und vor allem Spezialisten für die unterschiedlichsten Bereiche. So konnten wir relativ schnell und doch im Verborgenen ein Team aufstellen, in dem die diversen notwendigen Fähigkeiten für eine Kampagne vorhanden waren. Die Planung verlief dann ab Sommer 2018 generalstabsmäßig mit regelmäßigen Treffen der Projektgruppe in einem eigens für unseren Zweck zur Verfügung gestellten Tagungsraum.

Schnell war klar, dass sich der Zeitplan an der Wahl in Hessen am 28. Oktober orientieren musste. Grob gesagt mussten wir vor der Verkündung der Kandidatur, die kurz nach der erwarteten Wahlschlappe stattfinden sollte, so viel Vorbereitungen wie möglich treffen, ohne damit aufzufallen. Insbesondere musste es darum gehen, den Kandidaten vorher schon bekannter zu machen. Die Termine und Maßnahmen wurden genau geplant, denn wir wussten, dass dem Timing und dem Überraschungseffekt wesentliche Bedeutung für den Erfolg des Unterfangens zukommen würde.

Unser Expertenteam war beseelt von dem Gedanken, die CDU ab dem kommenden Parteitag von der Herrschaft Merkels zu befreien. Keinesfalls wollten wir uns selbst vorwerfen müssen, diese Chance ungenutzt gelassen zu haben. Und so konkretisierten und füllten wir den Zeitplan immer weiter, planten Auftritte und Veröffentlichungen des Kandidaten, Briefe an Gremien und die amtierende Parteivorsitzende für den Tag x, bauten eine Homepage und sprachen vorsichtig potenzielle Spender an. Kurzum: Das Projekt nahm Fahrt auf. Parallel wandten wir uns auch öffentlich gegen eine erneute Kandidatur von Frau Merkel als Parteivorsitzende.

Offensichtlich waren auch andere Wagemutige auf die gleiche Idee gekommen und wollten Frau Merkel den Vorsitz nicht kampflos überlassen. Verschiedene durchaus interessante Kandidaten, wie beispielsweise der Staatsrechtler Matthias Herdegen[208] tauchten auf. Hatten wir damit schon unser Ziel erreicht, dass zumindest nicht nur Frau Merkel auf dem Parteitag kandidieren und Unzufriedene damit eine echte Wahl haben würden? Wir bewerteten die Chancen der einzelnen Kandidaten und kamen zum Ergebnis, dass wir den bisher stärksten Bewerber präsentieren und vielleicht sogar die Anhänger der anderen auf unseren Kandidaten bündeln konnten.

Die Landtagswahlen in Bayern am 14. Oktober brachten das erwartete Ergebnis: Die CSU verlor jeden fünften ihrer bisherigen Wähler und mit dem schlechtesten Ergebnis seit 1950 auch die absolute Mehrheit der Mandate. Eine Katastrophe, die stark auf das desolate Bild der Bundesregierung zurückgeführt werden konnte.[209] Doch angesichts der zwei Wochen später anstehenden Wahlen in Hessen hielten sich alle Kritiker noch zurück, denn sie wussten, dass man ihnen sonst hinterher die Schuld für die absehbare Schlappe zuschieben würde. Da die Partei sich nicht zu einem Kurswechsel aufrappeln konnte, fiel auch das Ergebnis in Hessen miserabel aus. Die CDU verlor fast jeden dritten Wähler und erzielte das schlechteste Ergebnis seit 1966.[210] Nun war klar, dass es so nicht weitergehen konnte. Gemäß unserem Zeitplan wollten wir in wenigen Tagen öffentlich die Gegenkandidatur verkünden.

Dann jedoch kam es zur unerwarteten Wende: Anscheinend hatte die Parteivorsitzende Wind von einer ihr bevorstehenden Kampfkandidatur durch einen ernsthaften Gegenkandidaten bekommen. Offenbar befürchtete sie, auf dem Parteitag nur mit einem schlechten Ergebnis oder sogar gar nicht mehr gewählt zu werden. Dies wäre einer massiven Demontage gleichgekommen und hätte vermutlich sogar ihre Kanzlerschaft in Gefahr bringen können. So entschied sie sich zum taktischen Rückzug in der unmittelbar auf den Wahlabend folgenden Bundesvorstandssitzung.

Daraufhin erklärten mit Annegret Kramp-Karrenbauer, Friedrich Merz und Jens Spahn gleich drei politische Schwergewichte ihre Kandidatur für den Parteivorsitz. Unser Plan des Personalwechsels an der Spitze hatte damit sogar mehr Erfolg gehabt, als wir realistisch erwartet hatten: Es waren nicht nur starke und sehr erfolgversprechende Kandidaten ins Rennen gegangen, sondern die Parteivorsitzende hatte tatsächlich aus Furcht vor einem schwachen Ergebnis auf dem Parteitag das Feld geräumt, um ihre Kanzlerschaft nicht unmittelbar zu gefährden. Damit war aber auch klar: Ihre Tage als Kanzlerin würden sich endgültig dem Ende zuneigen – eine echte Chance für die von der WerteUnion geforderte notwendige Politikwende.

Somit fiel es uns nicht schwer, den letzten Teil unseres Plans umzusetzen: Unser Gegenkandidat verzichtete auf seine

Kandidatur und die WerteUnion freute sich auf frischen Wind durch einen neuen Parteivorsitzenden. Verbindlich festlegen auf einen Kandidaten wollten wir uns noch nicht, aber von allen dreien konnten wir für unsere Positionen mehr erwarten als von der bisherigen Vorsitzenden.

Die Auseinandersetzung um den UN-Migrationspakt

Das Thema Migration, das sowohl die Mitglieder der WerteUnion als auch sehr viele Bürger gemäß Umfragen stark beschäftigte, erfuhr im Herbst 2018 eine deutliche Zuspitzung.[211] Erst nach und nach wurde in der Öffentlichkeit bekannt, dass die Kanzlerin plante, den UN-Migrationspakt quasi an der Öffentlichkeit vorbei Anfang Dezember für Deutschland anzuerkennen. Auch eine Abstimmung im Bundestag war wenige Wochen zuvor noch nicht absehbar.[212]

Problematisch an diesem Abkommen schien vor allem, dass Migration darin grundsätzlich positiv bewertet wird und folgerichtig gefördert werden soll. Dementsprechend enthielt es viele Regelungen, die (noch) mehr Einwanderung auch nach Deutschland erwarten ließen. Zwar sollten die enthaltenen Regelungen ausdrücklich nicht verbindlich sein, dennoch vermuteten Juristen erhebliche Auswirkungen auf die zukünftige Rechtsprechung und -auslegung in Deutschland.[213] Das Wort »Verpflichtung« oder »verpflichtet« etwa kommt 87 Mal im Dokument vor. Beispielsweise beinhaltet der Pakt die Verpflichtung, dass alle Migranten unabhängig von ihrem Status – also auch abgelehnte Asylbewerber –, Zugang zu umfangreichen staatlichen Leistungen des Einwanderungslandes erhalten sollen.[214] Viele Staaten, darunter auch Österreich, erklärten früh, dass sie dem Pakt nicht zustimmen würden.[215]

Die WerteUnion sah in dem Pakt mehr Risiken als Chancen und versuchte zunächst, aus dem Kanzleramt offizielle Antworten zu vertiefenden Fragen zum Migrationspakt zu bekommen. Als dies erfolglos blieb, arbeiteten wir darauf hin, zumindest eine öffentliche Debatte zum Migrationspakt zu initiieren, damit es wenigstens zu einer Behandlung im Bundestag kommen würde. Dazu thematisierten wir das geplante Abkommen in den Medien und starteten verschiedene Aktionen.

Insbesondere reichten wir öffentlichkeitswirksam einen Antrag beim für Dezember geplanten Bundesparteitag der CDU ein, in dem wir forderten, dass die Bundesregierung den Pakt nicht ohne vorherige Behandlung im Bundestag annehmen solle. Uns war nämlich bewusst, dass ein normaler Antrag auf Ablehnung auf dem von Merkelanhängern dominierten Parteitag keine Mehrheit finden würde. So aber sahen wir zumindest die Chance, dass die Parteiführung unseren Antrag mit dem Hinweis auf eine vorherige Behandlung im Bundestag, dann auf dem Parteitag ohne Debatte relativ geräuschlos erledigen wollte, was wir zumindest als Etappensieg verbuchen könnten.

Über die von uns erstellte und beworbene Plattform Sag-uns-deine-Meinung.de boten wir Bürgern die Möglichkeit, direkt an ihren Bundestagsabgeordneten eine Mail zu versenden mit der Aufforderung, dem Migrationspakt nicht zuzustimmen. Diese Möglichkeit wurde weit über zehntausend Mal wahrgenommen und sorgte so doch für einigen Druck auf die Abgeordneten.[216]

Ludwig Englmeier, eines unserer späteren Mitglieder, startete außerdem eine Petition gegen die Annahme des Paktes, die innerhalb weniger Tage eine fünfstellige Zahl von Unterstützern fand und auch im Petitionsausschuss behandelt wurde.[217] Gemeinsam mit dem Initiator dieser Petition haben wir unter anderem gefordert, vor einer Annahme des Migrationspakts erst eine Anhörung im Petitionsausschuss durchzuführen oder zumindest eine zusätzliche Erklärung des Bundestags zum Migrationspakt abzugeben.

Als Kenner der politischen Szene war uns jedoch klar, dass mit der im Bundestag in Migrationsfragen vorhandenen »linken« Mehrheit aus Linken, Grünen, SPD und weiten Teilen der FDP sowie einigen Abgeordneten der CDU/CSU und gegen den Willen der Bundesregierung keine Ablehnung des Pakts erreichbar sein würde. Wenn der Pakt also schon nicht zu verhindern war, so wollten wir doch wenigstens das Beste aus der Situation machen. Deshalb haben wir parallel zu unseren Bemühungen, die Annahme des Pakts bis zu einer Einigung mit ablehnenden Ländern wie Österreich zu verschieben oder sogar zu verhindern, zusammen mit einigen sehr engagierten CDU/CSU-Bundestagsabgeordneten des konservativen Berliner Kreises intensiv daran gearbeitet, dass zumindest ein Bundestagsbeschluss zustande kam, der die Risiken des Pakts weitgehend begrenzte.

So entstand nach zähen Diskussionen der Beschluss, den CDU/CSU und SPD im Bundestag eingebracht haben. Er drückte insbesondere die klare Intention aus, »Einwanderung zu begrenzen und zu steuern«, bekanntermaßen eine der wesentlichen Forderungen der WerteUnion. Weiterhin stellte der Beschluss klar, dass Deutschland rechtliche Folgen des Migrationspakts für die deutsche Migrationspolitik ablehnt. Dieser Antrag hat dann aufgrund dieser anfangs nicht enthaltenen, wertvollen Ergänzungen auch eine breite Mehrheit in der CDU/CSU-Fraktion bekommen. Die WerteUnion hat also neben einer breiten Debatte über den Migrationspakt in der

Bevölkerung und einer Abstimmung hierzu im Bundestag erreicht, dass der Migrationspakt nicht einfach angenommen wurde, sondern dass die Souveränität Deutschlands und die Absicht, Einwanderung nach Deutschland zu begrenzen, in einem Beschluss explizit festgehalten wurden.

Der Berliner Kreis der CDU/CSU ließ diese Erklärung des Bundestags noch ins Englische übersetzen und schickte sie zur Dokumentation und Klarstellung an die UN. Wir sahen in dem Beschluss ein klares politisches Signal, das dazu beiträgt, rechtliche Konsequenzen aus dem Migrationspakt weitgehend zu verhindern. Natürlich war der Migrationspakt, dem die Bundesregierung dann zustimmte, durch diesen Beschluss inhaltlich nicht besser geworden. Aber die negativen Folgen für Deutschland wurden deutlich eingegrenzt. Die WerteUnion hatte damit zwar nicht das Idealziel erreicht, doch im Sinne des maximal Machbaren zumindest größeres Unheil verhindert.

Die Wahl des neuen Vorsitzenden auf dem CDU-Parteitag

Schon während der Vorstellungstour der drei aussichtsreichsten Kandidaten für das Amt des CDU-Vorsitzenden in Regionalkonferenzen wurde deutlich, dass der überraschende »Newcomer« Friedrich Merz große Sympathien an der Basis genoss. Für viele Mitglieder entsprach er dem Wunsch nach Wirtschaftskompetenz, die aufgrund der vorangegangenen Sozialdemokratisierung der Union mehr und mehr verloren gegangen war. Andere erhofften sich eine Korrektur des häufig als zu links empfundenen Kurses der letzten Jahre, etwa in der Innen- oder Einwanderungspolitik. Obwohl Jens Spahn als in vielen Positionen Konservativer und Wirtschaftsliberaler durch seine sehr offen und klar vorgetragenen Standpunkte und seine frische Rhetorik durchaus Sympathiepunkte erwerben konnte, war zu spüren, dass es wohl auf einen Zweikampf zwischen der bisherigen Generalsekretärin Kramp-Karrenbauer als Hüterin des Vermächtnisses von Merkel und deren Kritiker Merz hinauslaufen würde.

Die WerteUnion hatte einen Informationsstand auf dem Parteitag beantragt und vom Konrad-Adenauer-Haus genehmigt bekommen, sodass sie dort mit drei Dutzend Freiwilligen präsent war. Wir verteilten an die Delegierten und Gäste unter anderem »Doppelpässe«, um darauf aufmerksam zu machen, dass ein früherer Parteitag der CDU entschieden hatte, die sogenannte Optionslösung, also eine Einschränkung der Doppelstaatlichkeit, zu beschließen. Die Parteivorsitzende und Kanzlerin hatte jedoch schon kurze Zeit nach dem Beschluss öffentlich verkündet, dass sie sich an diesen Beschluss des höchsten Gremiums der CDU nicht gebunden sehe[218] – etwas, was unserem Demokratieverständnis diametral entgegenstand.

Besonders stolz waren wir darauf, dass wir über die Plattform CDUplus verschiedene Anträge zum Parteitag eingereicht hatten. Diese mussten laut Satzung der CDU dort auch behandelt werden, obwohl die WerteUnion formal nicht antragsberechtigt war, weil es uns gelungen war, für jeden Antrag im Vorfeld über 500 Unterstützer zu gewinnen. Bemerkenswert daran war, dass wir die Ersten waren, die es geschafft hatten, über diesen Weg Anträge zu stellen und im Plenum begründen zu dürfen. Der Vorgang zeigte zudem, dass unsere Anhänger gut zu mobilisieren waren. Obgleich die Anträge, darunter die Forderung nach einem Sonderparteitag zum Thema Migration, erwartungsgemäß auf dem Parteitag nur »unter ferner liefen« behandelt und abgelehnt wurden, hatten wir so doch Flagge gezeigt. Allerdings stand der Parteitag natürlich ganz im Zeichen der Auseinandersetzung um den Parteivorsitz. Die WerteUnion hatte sich im Vorfeld nicht offiziell festgelegt, hegte aber weit überwiegend Sympathie für Friedrich Merz, dem man am ehesten die Politikwende zutraute. Einige tendierten auch zu Jens Spahn, der ja auch verschiedentlich durch kritische Äußerungen zur Politik der Kanzlerin, wie zuletzt beim Migrationspakt, von sich reden gemacht hatte.[219] Allerdings war allen Beobachtern bewusst, dass es ein enges Rennen geben würde, denn die Generalsekretärin nutzte geschickt die Verbindungen und Erfahrungen aus ihrem Amt. So hatte sie am Vorabend zahlreiche weibliche Delegierte zu einem Treffen eingeladen und dort einige vorher Unentschlossene für sich gewonnen. Insbesondere stand auch die große Mehrheit derer, die im System Merkel gut lebten und keine Veränderung wollten, hinter ihr. Ein solch starkes Funktionärsnetzwerk konnte der von der Basis favorisierte Friedrich Merz, der ja erst vor Kurzem aus der Wirtschaft zurück in die Politik gekommen war, nicht vorweisen.[220]

Im ersten Wahlgang lagen Annegret Kramp-Karrenbauer und Friedrich Merz erwartungsgemäß nahezu gleichauf und deutlich vor Jens Spahn. Damit kam es in der Stichwahl darauf an, für welchen der beiden Kandidaten sich seine Anhänger entscheiden würden. Da man davon ausgehen konnte, dass viele jüngere, aber auch konservative Delegierte für Spahn gestimmt hatten, hofften die Anhänger von Friedrich Merz, dass sie mehrheitlich diesen unterstützen würden. Doch diese Hoffnung erwies sich als falsch. Wie gemunkelt wurde, hatte

Jens Spahn einige seiner Anhänger nach dem ersten Wahlgang aufgefordert, in der Stichwahl Kramp-Karrenbauer zu wählen.[221] Er dementierte dies jedoch. »AKK« wurde dann auch mit einem sehr knappen Ergebnis zur Vorsitzenden gewählt und holte sich prompt mit Paul Ziemiak einen Generalsekretär an Bord, der vielen als Anhänger von Jens Spahn galt.

Die Mitglieder und Sympathisanten der WerteUnion nahmen die Entscheidung mit großer Enttäuschung auf, denn damit schien die gewünschte Politikwende erneut in weite Ferne gerückt. Dem Vernehmen nach sollen an diesem Wahlabend zahlreiche Mitglieder der CDU aus Enttäuschung ihr Parteibuch zurückgegeben haben.[222] Am Stand der WerteUnion sammelten sich aber immerhin viele Anhänger von Friedrich Merz und machten sich gegenseitig Mut. Die *Bild*-Zeitung berichtete davon, dass der von der WerteUnion ausgeschenkte Gin dort in Massen geflossen sei.[223]

Versuch der Einbindung – WerteUnion beim Werkstattgespräch

In den Tagen nach dem Bundesparteitag erlebte die WerteUnion einen weiteren Mitgliederzuwachs.[224] Offensichtlich war für einige Mitglieder der CDU nun der Moment gekommen, sich stärker für die Politikwende einzusetzen. Die neu gewählte Vorsitzende tat indes das, was man richtigerweise nach einer knappen Wahl tun sollte: Sie ging auf die Anhänger des unterlegenen Gegenkandidaten zu. So gab es unter anderem auch wieder Kontakt zur WerteUnion. Wir erhielten das Angebot, uns sowohl inhaltlich für das zu erarbeitende neue Grundsatzprogramm einzubringen, als auch mit Experten am Werkstattgespräch Migration teilzunehmen.

Wir schickten fünf Mitglieder der WerteUnion, Polizisten, Richter und einen Anwalt, der selbst in der Betreuung von jugendlichen Flüchtlingen aktiv ist. Unser Ziel war dabei, in den geplanten Workshops im Konrad-Adenauer-Haus auf eine restriktivere Einwanderungspolitik hinzuwirken. Allerdings mussten wir erleben, dass in einigen Gruppen von der jeweiligen Leitung die Diskussion über manche kritische Themen, etwa die Probleme mit dem politischen Islam, unterbunden wurden.[225] Letztlich blieb von der eigentlich guten Idee des Werkstattgesprächs nicht mehr übrig als ein harmloser Austausch.

Die Ergebnisse waren wenig konkret, eine Umsetzung von bestimmten Maßnahmen war nicht absehbar und fand auch später nicht statt. Dies lag zum Teil auch daran, dass die Kanzlerin die Veranstaltung, die ja letztlich den Finger in die größte Wunde ihrer Politik hätte legen können, von vornherein ablehnte und auch konsequent mied.[226] Die CDU hatte eine Chance verpasst, die Vergangenheit aufzuarbeiten und eine Strategie für die Bewältigung bestehender Probleme zu entwickeln. So konnte das Ergebnis des Werkstattgesprächs uns als WerteUnion natürlich nicht zufrieden stimmen.

Hans-Georg Maaßen verstärkt die WerteUnion

Bereits seit dem Sommer 2018 flackerte in der öffentlichen Diskussion immer wieder der Name des damaligen Präsidenten des Bundesamts für Verfassungsschutz, Dr. Hans-Georg Maaßen, auf. Es war offensichtlich, dass die SPD das CDU-Mitglied aus seiner exponierten Position loswerden wollte, weil er immer wieder auch auf die Gefahren des Linksextremismus für die innere Sicherheit hinwies, was nicht ins politische Bild der SPD passte.[227]

Nach Ausschreitungen in Chemnitz und einer damit verbundenen kontroversen öffentlichen Diskussion über den Wahrheitsgehalt eines Videos erreichte der Koalitionspartner SPD schließlich, dass Maaßen ins Innenministerium versetzt werden sollte. Maaßen konterte und kritisierte seinerseits »linksradikale Kräfte« in der SPD. Innenminister Seehofer gab daraufhin dem Druck der schäumenden SPD, die damit drohte, die Koalition platzen zu lassen, nach und versetzte Maaßen Anfang November in den einstweiligen Ruhestand.[228]

Die WerteUnion war ebenso wie viele Bürger vom Umgang mit Maaßen schockiert. Wir wollten nicht akzeptieren, dass ein in unseren Augen korrekt handelnder hochrangiger Beamter mit Zuständigkeit für die innere Sicherheit von den Medien gerichtet und von der SPD aus seinem Amt geworfen wird. Ebenso war für uns nicht akzeptabel, dass die eigene Partei, also die CDU, ein unbequemes, aber hochkompetentes Mitglied in einer Spitzenfunktion dem Koalitionsfrieden opferte. Uns war klar, dass neben dem Ziel, die Koalition mit der SPD keinesfalls zu gefährden, auch die kritische Einstellung von Herrn Maaßen zur Einwanderungspolitik der Kanzlerin dabei eine wichtige Rolle spielte.[229] Wir stellten uns deshalb während der wochenlangen Diskussion offen mehrfach medial auf die Seite von Herrn Maaßen, konnten uns aber nicht durchsetzen.

Dennoch wollten wir die Kampagne gegen Herrn Maaßen nicht einfach hinnehmen und luden ihn zu einer Veranstaltung der WerteUnion im Februar 2019 nach Köln ein. Wir wollten damit ein Zeichen setzen, dass es auch in der CDU/CSU Mitglieder gab, die mit dem linken Feldzug gegen Maaßen nicht einverstanden waren und zu ihm standen. Die Resonanz war gewaltig: Die Platzkapazität von 150 Personen, die uns die vorgesehenen Räumlichkeiten boten, war bereits wenige Tage nach der Einladung ausgebucht, sodass wir leider etlichen zur Veranstaltung angemeldeten Mitgliedern der WerteUnion absagen mussten. Auch das Medienecho war enorm.

Der sachliche Vortrag von Herrn Maaßen begeisterte die Zuhörer. Er plädierte für einen starken Rechtsstaat gegenüber rechten und linken Extremisten, aber auch Islamisten und benannte die Fehler und damit einhergehenden Gefahren der unkontrollierten Masseneinwanderung, die nach wie vor stattfinde. Als CDU-Mitglied kritisierte Maaßen, dass die CDU viele frühere Positionen aufgegeben habe und programmatisch immer weiter nach links rutsche.[230] Maaßens Rede wurde immer wieder von spontanen Beifallsbekundungen unterbrochen und nach ihrem Ende gab es lange stehende Ovationen. In der folgenden Podiumsdiskussion erhielten auch die Sprecherin des Berliner Kreises der CDU/CSU, Sylvia Pantel, und der Dresdner Politikwissenschaftler Professor Werner Patzelt viel Zuspruch für ihre Beiträge.

Wenige Tage nach der Veranstaltung erklärten die Herren Maaßen und Patzelt ihren Beitritt zur WerteUnion. Für uns war das natürlich eine Adelung und brachte nach Bekanntwerden auch einen bisher nicht da gewesenen Ansturm an Neumitgliedern. Die WerteUnion hatte sich knapp zwei Jahre nach ihrer Gründung endgültig etabliert.

Die Rückkehr von Herrn Maaßen auf die politische Bühne gefiel aber leider nicht allen in der CDU/CSU. Insbesondere auf der höheren Funktionärsebene machte sich die Sorge breit, dass die Kritiker der Einwanderungspolitik der Kanzlerin nun weiter an Einfluss gewinnen könnten. Die Gegenreaktion ließ daher nicht lange auf sich warten. Eine für Mai 2019 geplante

Veranstaltung des Berliner Kreises mit dem Fraktionsvorsitzenden der CDU/CSU, Ralph Brinkhaus, wurde von diesem zur Machtdemonstration gegen die Kritiker in der eigenen Partei genutzt.[231] Als ihm bekannt wurde, dass mit den Mitgliedern der WerteUnion auch Herr Maaßen zu der Veranstaltung eingeladen worden war, zog er seine vorherige Zusage für die Nutzung des Fraktionssaals der CDU/CSU zurück und bestand darauf, dass Maaßen nicht im gleichen Teil der Veranstaltung wie er reden dürfe.[232]

Um weder Brinkhaus noch Maaßen als Referenten zu verlieren, zog der Berliner Kreis daraufhin kurzerhand in einen anderen Raum des Deutschen Bundestags um und teilte die Veranstaltung auf. Im ersten Teil redete Brinkhaus, im zweiten, nachdem dieser die Veranstaltung verlassen hatte, neben weiteren fachkundigen Referenten zur Gefahr durch den politischen Islam auch Maaßen. Der Attraktivität der Veranstaltung taten der Umzug und die Aufteilung keinen Abbruch: Der neue Sitzungssaal war mit einer dreistelligen Zahl an Teilnehmern[233] gut gefüllt, es gab rege Diskussionen und der starke Applaus für Maaßen ließ keinen Zweifel daran, dass er die Sympathien des Publikums hatte.[234] Allerdings zeigte der Vorgang auch, dass der neue Fraktionsvorsitzende, der erst wenige Monate zuvor in der Hoffnung auf eine vom Kanzleramt unabhängigere Fraktion in einer Kampfkandidatur gegen seinen Vorgänger gewählt worden war, doch nicht willens war, kritische Stimmen zu akzeptieren.

Sündenbock WerteUnion

Im Vorfeld der Europawahl am 26. Mai 2019 hatte die WerteUnion ein europapolitisches Positionspapier erarbeitet, weil seitens der CDU/CSU nicht vorgesehen war, deren Mitglieder in die Erarbeitung des Europawahlprogramms einzubinden. Unser Ziel war es, innerhalb der Partei die Diskussion über die zukünftige Europapolitik zu beleben. Noch wichtiger war uns aber das Signal nach außen, dass die Union sich mit den Fragen der Bürger und deren Sorge um eine Berücksichtigung ihrer Interessen beschäftigte. Denn es war anhand von Umfragen schon früh abzusehen, dass das Wahlergebnis der Europawahl für die CDU/CSU nicht gut ausfallen würde.[235]

Die Kernaussage unseres Positionspapiers war die Forderung nach einem »Europa mit Freiraum«, das nur regeln solle, was es besser könne als einzelne Staaten, etwa Außen- und Verteidigungspolitik, den Schutz vor illegaler Einwanderung und die Stärkung des europäischen Binnenmarkts. Ausufernde Bürokratie und Zentralismus wurden darin ebenso abgelehnt wie eine Schuldenunion.

Dieses Positionspapier hatten wir dann im März als Impuls für das zu erarbeitende Europawahlprogramm der CDU/CSU unter anderem der Parteivorsitzenden zur Verfügung gestellt. Leider gab es auf unser Schreiben keine Antwort. In der Veröffentlichung zu unseren Impulsen vom 19. März haben wir explizit die Positionierung der CDU-Vorsitzenden gelobt, aber auch kritisiert, dass die Kanzlerin und die SPD nicht entschieden genug auf ein europäisches Vorgehen gegen die illegale Einwanderung in die EU hinarbeiteten. Zusätzlich zu diesem Papier veranstaltete die WerteUnion am 18. Mai einen Europatag in Bautzen, unter anderem mit dem Generalsekretär der CDU Sachsen, Alexander Dierks, und Prof. Werner Patzelt, der die CDU Sachsen als Berater im Vorfeld der dort anstehenden Landtagswahl unterstützte.

Die Europawahl brachte das befürchtete Ergebnis mit schweren Verlusten für die CDU/CSU, sie fiel auf unter 29 Prozent.[236] Analysen zeigten, dass sie sowohl an die Grünen als auch an Nichtwähler und die AfD verloren hatte, also sozusagen an allen Fronten zerrieben worden war.[237] Anstatt jedoch nach dieser erneuten Wahlschlappe die Ursachen endlich offen zu analysieren und auch die Politik der Kanzlerin miteinzubeziehen, versuchten die Hauptamtlichen der CDU sehr schnell, die Schuld auf andere zu schieben: Ein »vermeintlicher ›Rechtsruck‹« bei der Jungen Union sowie medienwirksame Auftritte der konservativen WerteUnion hätten zu einer »deutlichen Abkehr der unter 30-jährigen Wählerinnen und Wähler« geführt, hieß es in einer eiligen Wahlanalyse der Parteizentrale.[238]

Abgesehen davon, dass das schlechte Abschneiden bei den unter 30-jährigen Wählern nur einen geringen Teil der Verluste erklärte, wurde völlig übersehen, dass die CDU/CSU selbst einen wesentlichen Fehler begangen hatte. Insbesondere die jungen Wähler hatte die Union nämlich dadurch verschreckt, dass sie – entgegen der Positionen von WerteUnion und Junger Union – für die europäische Urheberrechtsreform eingetreten war. Besonders junge, sehr internetaffine Menschen hatten sich im Vorfeld der Wahl äußerst besorgt gezeigt, dass dadurch die Inhalte im Internet eingeschränkt werden würden. Insofern versuchte die Analyse der Parteizentrale von diesem eigenen Verschulden, aber auch von den Ursachen der vielen Wahlschlappen zuvor, abzulenken, wovon eine insbesondere die sture Weigerung der Kanzlerin war, entschiedener gegen die unkontrollierte Masseneinwanderung vorzugehen. Der Vorwurf der Parteizentrale gegen die WerteUnion und die Junge Union sorgte dann auch bei einigen Funktionsträgern der Union für Stirnrunzeln und sogar Widerspruch. Wolfgang Bosbach, ein in der Union hoch geschätztes konservatives Urgestein, wies die Kritik etwa öffentlich als verfehlt zurück und forderte stattdessen ein klares inhaltliches Profil der Unionsparteien.[239]

Letztlich wurde durch den Vorgang aber deutlich, dass die Parteiführung offensichtlich nicht mehr an einem konstruktiven Dialog mit der WerteUnion interessiert war.

Die zweite Jahrestagung – der Druck der Parteiführung nimmt zu

Im Vorfeld ihrer für den 15. Juni geplanten zweiten Jahrestagung hatte die WerteUnion die Zusage vom stellvertretenden Bundesvorsitzenden der CDU, Thomas Strobl, für ein Referat mit anschließender Diskussion erhalten. Um dem Referenten die Anreise möglichst komfortabel zu gestalten, wurde extra Stuttgart in seinem Heimatland Baden-Württemberg als Tagungsort gewählt. Außerdem hatte auch Rainer Wendt, Bundesvorsitzender der Deutschen Polizeigewerkschaft, als Redner zugesagt.

Drei Tage vor der Veranstaltung meldete eine Agentur, dass Strobl nicht teilnehmen werde[240] – bevor die WerteUnion offiziell darüber informiert wurde. Die offizielle Begründung lautete dann, dass die WerteUnion vor der Veranstaltung den Fokus ausschließlich auf Personalfragen wie die Zukunft von Angela Merkel gelegt habe. Diese Art von Selbstbeschäftigung halte Strobl für schädlich. Strobl selbst teilte mit: »Ich werde alles dafür tun, zu diesen selbstzerstörerischen Selbstbeschäftigungsprozessen keinerlei Beiträge zu leisten.«[241]

Abgesehen davon, dass eine so kurzfristige Absage und dann noch über die Medien zumindest fragwürdig erscheint, war die inhaltliche Begründung eine Farce. Denn die WerteUnion hatte sich ja gerade wenige Wochen vorher aktiv inhaltlich im Europawahlkampf eingebracht. Außerdem hatte sie sich beispielsweise Ende Mai in Baden-Württemberg für ein Kopftuchverbot an Schulen und Kindergärten und Anfang Juni für eine Verlängerung der Laufzeit von Kernkraftwerken eingesetzt. Es konnte also nicht die Rede davon sein, dass die WerteUnion den Fokus ausschließlich auf Personalfragen gelegt habe. Dass die WerteUnion für ein Mitbestimmungsrecht der Mitglieder bei der zukünftigen Entscheidung über den Parteivorsitz und die Kanzlerkandidatur plädierte, war spätestens seit unseren Anträgen zum vorangegangenen Bundesparteitag im Dezember des Vorjahres sowie diversen Mitteilungen bekannt und kam somit nicht als »neu aufgetretener« Grund in Frage.

Warum also die kurzfristige Absage? Es gibt Hinweise darauf, dass Strobl in einer Telefonkonferenz der CDU-Parteispitze kurz zuvor massiv bedrängt wurde, seine Teilnahme abzusagen.[242] Entweder war der Druck tatsächlich so stark oder Strobl war zu schwach, um seine Zusage zu halten. Auf jeden Fall verzichteten wir darauf, öffentlich hart zu reagieren. Allerdings zeigte auch dieser Vorgang, dass die CDU – von oben dirigiert – ein deutliches Defizit an innerparteilicher Diskussionskultur, aber auch an Wertschätzung gegenüber den eigenen Mitgliedern aufweist. Denn wo, wenn nicht bei einem Treffen mit engagierten Mitgliedern der Basis, könnte man besser mit diesen über den Kurs der Partei und Möglichkeiten, sich zu engagieren, sprechen?

Unabhängig von der kurzfristigen Absage verlief die Jahrestagung erfolgreich. Die Mitglieder bestätigten mit nur einer Gegenstimme erneut den Vorsitzenden, und auch die weiteren Vorstandswahlen verliefen harmonisch. Der Vortrag von Rainer Wendt mit der Forderung nach mehr innerer Sicherheit wurde enthusiastisch gefeiert.[243] Hans-Georg Maaßen, dessen Flug aus Berlin ausgefallen war, schickte spontan eine beachtenswerte Videobotschaft, und von Philipp Amthor, einem konservativen, jungen CDU-Bundestagsabgeordneten, wurde ein freundliches Grußwort verlesen.[244] Und natürlich blieben wir bei der Forderung, die Mitglieder der CDU/CSU bei den wesentlichen Personalentscheidungen zum Parteivorsitz und zur Kanzlerkandidatur stärker einzubinden, entweder durch Mitgliederbefragung oder gar -entscheid.

Die zu geringen Mitwirkungsmöglichkeiten der Mitglieder und der Mangel innerparteilicher Debatte waren unserer Meinung nach nämlich wichtige Gründe für den schon seit Jahren anhaltenden Mitgliederrückgang. Auch in unserer Forderung nach einer liberal-konservativen Politikwende der CDU/CSU sahen wir uns bestätigt, denn eine repräsentative Umfrage von INSA aus dem Juli 2019 zeigte, dass 77 Prozent der Unionswähler eine stärkere Berücksichtigung der Positionen der WerteUnion in der CDU/CSU wünschten.[245] Anstatt jedoch die Positionen der WerteUnion diesem Willen der Wähler entsprechend stärker einzubinden, hatte die Parteispitze der CDU nun aber offensichtlich die WerteUnion als Gegner auserkoren, wie in den folgenden Monaten immer deutlicher werden sollte.

Die Wahlen in Sachsen und Thüringen

Auch im Herbst des Jahres 2019 standen wieder wichtige Landtagswahlen an, nämlich unter anderem in Sachsen und Thüringen. In Sachsen, wo die CDU regierte, hatte die AfD bei der vorangegangenen Europawahl die CDU überholt. Als WerteUnion, die in Sachsen besonders stark ist, wollten wir dafür sorgen, dass Ministerpräsident Michael Kretschmer im Amt bleiben konnte. Aus vielen Wahlkreisen kamen Anfragen nach Rednerauftritten von Hans-Georg Maaßen, und so trat dieser zur Unterstützung des lokalen CDU-Kandidaten und damit der Landespartei auf. Die Reaktionen der höheren Funktionärsebene waren allerdings bestenfalls zurückhaltend, wenn nicht sogar ablehnend. Offensichtlich gefiel es einigen in der Parteispitze nicht, dass die »persona non grata« neben inhaltlichen Angriffen gegen Rot-Rot-Grün auch Kritik an der Einwanderungspolitik der Kanzlerin übte.

Dennoch überraschte es dann doch, als sich die Parteivorsitzende Kramp-Karrenbauer im August, als Maaßen gerade in der heißesten Phase des Wahlkampfs auftrat, öffentlich mit Gedanken zu seinem Ausschluss zitieren ließ.[246] Ihr Generalsekretär versuchte zwar, dies wieder einzufangen, doch an ein rein kommunikatives Missgeschick mochte niemand wirklich glauben. Und so zeigten sich auch einige hochrangige, sonst eher linientreue CDU-Vertreter irritiert von den Aussagen der Parteivorsitzenden und verwiesen darauf, dass in der Union doch noch Meinungsfreiheit gelten müsse. Die WerteUnion stellte sich natürlich demonstrativ hinter Herrn Maaßen, zumal er auf Veranstaltungen der regionalen CDU von der Basis, die Klartext hören wollte, gefeiert wurde.[247] Offensichtlich waren auch viele Mitglieder der CDU/CSU der Meinung, dass die Positionen von Herrn Maaßen und der WerteUnion stärkere Berücksichtigung in der Politik der Union finden müssten, denn innerhalb von wenigen Tagen nach Bekanntwerden der Aussagen der Bundesvorsitzenden erlebte die WerteUnion einen regelrechten Ansturm von Mitgliedsanträgen und erreichte nahezu 3000 Mitglieder.[248]

Natürlich polarisierten die Aussagen von Herrn Maaßen, indem er mit scharfem Verstand auf die bestehenden Probleme hinwies, für die neben links-grünen Politikansätzen auch Fehler der Kanzlerin verantwortlich waren. Es zeigte sich aber, dass eine offene Thematisierung und Diskussion ein Mittel war, frühere Unionswähler, die zur AfD abgewandert waren, für die CDU zurückzugewinnen. Denn bei den Veranstaltungen erntete er viel Zustimmung, wenn er dafür warb, dass die CDU jetzt in einigen Bereichen konsequent einen Kurswechsel durchsetzen müsse. So eine CDU, wie sie Maaßen vertrete, könne man wieder wählen, war bei den Veranstaltungen von Teilnehmern häufig zu hören.[249] Die WerteUnion positionierte sich wenige Tage vor der Wahl ebenfalls noch einmal mit einem klaren öffentlichen Appell an die Wähler, den Erfolgsweg Sachsens durch Wahl der CDU zu unterstützen.

Das Wahlergebnis mit der CDU als klar stärkster Partei bewies schließlich, dass es gelingen kann, Wähler von der AfD zurückzugewinnen, wenn man mit klarer Kante bestehende Probleme anspricht und glaubwürdig für Lösungen wirbt. Auf der Wahlparty der WerteUnion in Dresden, die man kurzerhand organisiert hatte, da die offizielle Feier der CDU nur für den engsten Kreis zugänglich war, herrschte dann auch gute Stimmung. Eine INSA-Umfrage nach der Wahl zeigte letztlich, dass Maaßen messbar potenzielle Wähler der AfD dazu bringen konnte, wieder die Union zu wählen.[250]

Weniger zufrieden waren viele Mitglieder nach der Wahl aber mit der Ankündigung des Ministerpräsidenten, eine Regierung mit der SPD und Grünen bilden zu wollen. Gerade Letztere waren für viele CDU-Mitglieder wegen ihrer teilweise linksradikalen Positionen und Personen kein geeigneter Koalitionspartner. Auch die WerteUnion positionierte sich daher gegen eine solche Koalition und begründete dies anhand konkreter inhaltlicher Differenzen. Da eine Koalition mit der Linkspartei und mit der AfD für die WerteUnion von vornherein ausschieden, plädierte sie für eine Minderheitsregierung, die sich je nach inhaltlichem Themenfeld die Mehrheiten suchte. Erwartungsgemäß war die Parteispitze der CDU aber an einer stabilen Koalition interessiert, welche zwar inhaltlich mehr Kompromisse verlangt, aber machttechnisch einfacher ist. Trotz Widerstand von der WerteUnion, die vergeblich eine Mitgliederbefragung anregte, bekam Sachsen so eine Koalition aus CDU, SPD und Grünen, was manchem CDU-Wähler sauer aufstieß, da er ja quasi mit seiner Stimme die Grünen mit ins Kabinett geholt hatte.

Bei den Wahlen in Thüringen kam es knüppeldick. Zwar verlor die amtierende links-rot-grüne Regierung erfreulicherweise ihre Mehrheit, allerdings wurde die AfD zweitstärkste Kraft.[251] Zusammen erhielten die Linkspartei und AfD mehr als 50 Prozent der Stimmen, was bedeutete, dass es keine Regierung ohne eine der beiden radikalen Parteien geben konnte. Eine Konstellation, die es zuvor in Deutschland noch nicht gegeben hatte und die ungewöhnliche und schmerzhafte Lösungen erforderte. Wir ahnten damals noch nicht, dass dieses Wahlergebnis für die WerteUnion dramatische Folgen haben würde.

Der CDU-Bundesparteitag in Leipzig

Nach dem Erfolg unseres Informationsstands auf dem Bundesparteitag der CDU in Hamburg 2018 wollten wir die WerteUnion natürlich auch auf dem Bundesparteitag Ende November 2019 in Leipzig präsentieren und beantragten dies beim Konrad-Adenauer-Haus. Diesmal wurde uns aber signalisiert, dass es Widerstand im Vorstand gegen einen Stand der WerteUnion gebe;[252] erstaunlich, wenn man sich vor Augen führte, wie viele unterschiedliche Organisationen und Firmen auf dem Parteitag ausstellten. Letztlich wurde – vermutlich auch aus Sorge vor der negativen Öffentlichkeitswirkung eines Ausschlusses der WerteUnion – der Stand aber doch genehmigt, wenngleich nur unter Auflagen.[253]

So wurde unser Stand dann zur Anlaufstelle für viele Interessierte, darunter einige Prominenz, und Ort spannender Gespräche. Dass bei manchem Funktionär angesichts des kontinuierlichen Wachstums der WerteUnion die Nerven blank lagen, zeigte aber ein Zwischenfall, bei dem ein Mitglied des Parteiapparats an unserem Stand laute und wüste Beschimpfungen gegen die WerteUnion und ihre Mitglieder ausstieß, wie die verdutzte Standbesatzung berichtete. Dies offenbarte uns, welches Aggressionspotenzial vorhanden war, wenn die eigene Machtstellung in Gefahr gesehen wurde.

Unabhängig vom Stand wollten wir uns natürlich auch wieder inhaltlich einbringen und nutzten dazu erneut die Plattform CDUplus. Unsere dort im Vorfeld des Parteitags eingestellten drei Anträge bekamen wieder sehr schnell die notwendigen 500 Stimmen. Insbesondere wollten wir erreichen, dass der Bundesparteitag die von Innenminister Seehofer angekündigte pauschale Aufnahmequote von Migranten, die per

Boot übers Mittelmeer nach Malta beziehungsweise Italien gebracht wurden, ablehnte. In der Gegenrede auf dem Parteitag wurde mir von Philipp Amthor entgegengehalten, dass es sich bei der Zusage ja nur um eine begrenzte Anzahl von wenigen Hundert Bootsflüchtlingen handeln würde.[254] Diesem Argument folgte die Mehrheit der Delegierten und lehnte daher unseren Antrag ab. Dabei hätte aber wohl den meisten Delegierten bewusst sein müssen, dass es bei der pauschalen Zusage Seehofers eine feste Beschränkung gar nicht gab,[255] aber man wohl auch nie nachfragen und dies herausfinden würde.

Mit dem zweiten, viel beachteten Antrag, den chinesischen Staatskonzern Huawei aus Sicherheitsgründen von der Vergabe des deutschen 5G-Netzes auszuschließen, hatte die WerteUnion schon einige Wochen vor dem Parteitag eine Diskussion in Gang gebracht. Denn diese, in der CDU durchaus populäre Forderung, stand konträr zur Politik des Kanzleramts. Es wäre ein ziemlicher Affront gegen die Kanzlerin gewesen, wenn der Antrag der WerteUnion angenommen worden wäre. So bemühte sich die Parteispitze schon früh darum, einen eigenen, abgemilderten Antrag einzubringen, um diesen als eine Art Kompromiss auch gegen den der WerteUnion durchzusetzen, was dann auch gelang.[256] Dennoch hatte die WerteUnion erneut ein Zeichen gesetzt.

Auch unser dritter Antrag, der auf den Abbruch der Beitrittsverhandlungen der EU mit der Türkei abzielte, fand keine Mehrheit, obwohl auch die CSU diese Position vertritt. Manchmal fragte ich mich, ob die WerteUnion leicht umformulierte Passagen aus dem bestehenden Grundsatzprogramm der CDU beantragen könnte und die Delegierten diese abgelehnt hätten, weil der Antrag von der WerteUnion kam.

Hinsichtlich der schon früh durch die WerteUnion öffentlich in die Diskussion gebrachten Urwahl des Kanzlerkandidaten verzichteten wir bereits vor dem Parteitag auf eine formale Antragstellung, da die Junge Union ihrerseits beschlossen hatte, einen solchen Antrag einzubringen.[257] Um hier keine unnötige Konkurrenz zwischen verschiedenen Anträgen zu fördern, hielt sich die WerteUnion zurück und empfahl die Unterstützung des Antrags der JU. Leider zeigte sich auch bei der Abstimmung über diesen Antrag, dass die Parteiführung die Delegierten fest im Griff hatte: Der Antrag wurde mit großer Mehrheit abgelehnt, womit eine Chance auf Einbindung der Parteibasis leider verspielt wurde.

In einer Hinsicht erlebte die WerteUnion aber ein Novum: Sowohl die Parteivorsitzende als auch der als ihr ständiger Rivale gehandelte Friedrich Merz erwähnten die WerteUnion in ihren Reden. Kramp-Karrenbauer eher indirekt und etwas genervt (»Es gibt nur eine Werte-Union und das ist die CDU Deutschlands.«),[258] Friedrich Merz durchaus weitsichtig integrierend (»hat natürlich einen Platz in der CDU«). Wir empfanden beides als Adelung.

Der Feldzug gegen die WerteUnion

Im Januar 2020 richtete sich der Blick der Politik nach Thüringen. Die bisher amtierende Regierung aus Linkspartei, SPD und Grünen hatte bei den Wahlen ihre Mehrheit verloren und nun weniger Stimmen als die Oppositionsparteien CDU, FDP und AfD. Ohne Linkspartei oder AfD gab es keine Mehrheit. Da die WerteUnion für die CDU eine Koalition mit beiden Parteien ausschloss und sich auch mit keinem Ministerpräsidenten aus einer der beiden Parteien anfreunden wollte, konnte nur eine ungewöhnliche Regierungsform zum Tragen kommen, nämlich eine Minderheitsregierung, idealerweise mit einem Ministerpräsidenten der CDU. Leider war die CDU-Fraktion jedoch intern so zerstritten, dass sie sich nicht dazu durchringen konnte, einen Kandidaten für diese Lösung aufzustellen. Die FDP tat dies und präsentierte als Ministerpräsidentenkandidaten ihr Mitglied Thomas Kemmerich, der im dritten Wahlgang im Landtag auch die Mehrheit erhielt und damit gewählt war. Offensichtlich hatte Kemmerich neben den Stimmen seiner FDP auch die Mehrheit der Stimmen von CDU und AfD bekommen, jedoch ohne, dass es dafür eine Absprache gab. Ein Sturm der Entrüstung brach los, denn es könne ja nicht sein, dass sich in einer Wahl ein Kandidat der FDP auch mit den Stimmen der AfD gegen einen der Linkspartei durchsetzt. Die damals in Afrika weilende Bundeskanzlerin sprach von einem »unverzeihlichen Vorgang« und davon, dass das Ergebnis »rückgängig zu machen ist«.[259] Es gab in der Folge Anschläge auf Geschäftsstellen der CDU und der FDP.[260]

Die WerteUnion verteidigte die demokratische Wahl und die Entscheidung der Mandatsträger der CDU in der außergewöhnlich schwierigen Konstellation, denn ein Ministerpräsident der FDP war uns lieber als einer der Linkspartei, auch wenn uns nicht gefiel, dass seine Wahl auch durch Stimmen der AfD erfolgt war. Das sah man im Kanzleramt und in der Parteispitze der CDU nicht gern. Ein erstes Exempel wurde mit dem Ostbeauftragten der Bundesregierung, Staatssekretär Christian Hirte, statuiert. Er hatte dem neu gewählten Ministerpräsidenten per Twitter gratuliert und musste dafür drei Tage später auf Druck von der Kanzlerin sein Amt aufgegeben.[261] Gegen die WerteUnion ging man ebenfalls hart vor.

Den Anfang machten die üblichen Protagonisten wie Ruprecht Polenz oder Christian Bäumler, die eine AfD-Nähe konstruierten bzw. die Auflösung der WerteUnion forderten, was viele Medien begeistert aufgriffen.[262] Elmar Brock, Mitglied des Bundesvorstands der CDU, bezeichnete die WerteUnion frei nach dem Motto »Feind, Todfeind, Parteifreund« gar als »Krebsgeschwür«, das man herausschneiden müsse.[263] Einen offiziellen Widerspruch der Parteiführung gegen diese Entgleisung gab es nicht. Etwas später äußerte sich dann auch der Ministerpräsident des Saarlandes, Tobias Hans,[264] abfällig zur WerteUnion, und der Fraktionsvorsitzende der CDU/CSU im Bundestag, Ralph Brinkhaus sagte, dass die »Leute von der WerteUnion nicht zu uns gehören«.[265]

Einige Tage später wurden Medienberichte lanciert,[266] wonach es in Nordrhein-Westfalen regelmäßige Kontakte zwischen der WerteUnion und der AfD gegeben habe. Trotz unseres Dementis wurde für diese angeblichen Kontakte nie ein Beweis vorgelegt oder die Aussage öffentlich zurückgenommen. Die WerteUnion war Ziel einer gesteuerten Kampagne mit Beleidigungen und Verleumdungen, welche insbesondere die innerparteiliche Opposition zerschlagen sollte. Einige in der CDU verfolgten auch das Ziel, den Weg in Richtung einer Kooperation oder gar Koalition mit der Linkspartei frei zu machen[267] – hier war die WerteUnion im Weg.

Zu der Kampagne gegen die WerteUnion gehörten auch teilweise datenschutzrechtlich bedenkliche »Enthüllungen« über lange zurückliegende und eher unbedeutende Verbindungen von Funktionsträgern der WerteUnion zur AfD, wie etwa meine Spenden aus den Jahren 2014 und 2016 über insgesamt 120 Euro sowie ehemalige Mitgliedschaften von einzelnen Funktionsträgern der WerteUnion zu Anfangszeiten der AfD.[268]

Auch der Vorsitzende der Jungen Union, Tilman Kuban, nutzte die Gelegenheit, öffentlich gegen die unliebsame Konkurrenz um die alleinige Vertretung der Konservativen in der Partei auszuteilen.[269]

Die Botschaft der innerparteilichen Kampagne an die Mitglieder von CDU/CSU und JU war klar: Wer Karriere in der Partei, aber auch in parteinahen öffentlichen Funktionen machen wollte, sollte sich nicht in der WerteUnion engagieren. Und tatsächlich hielten zahlreiche Mitglieder dem Druck nicht stand und traten aus.[270]

Es gab jedoch auch mutige prominente Funktionsträger der CDU/CSU, die sich öffentlich gegen Forderungen nach einem Ausschluss von Mitgliedern der WerteUnion, einen Unvereinbarkeitsbeschluss oder eine Auflösung der WerteUnion aussprachen, etwa der stellvertretende Fraktionsvorsitzende der CDU/CSU, Thorsten Frei, der Chef der CSU-Landesgruppe, Alexander Dobrindt, oder Wolfgang Bosbach.

Die WerteUnion beschloss am 15. Februar 2020 in einer Sitzung des erweiterten Bundesvorstands mit den Landesvorsitzenden einstimmig die »Frankfurter Erklärung«, in der sie eine Zusammenarbeit mit der AfD ebenso wie mit der Linkspartei ablehnte. Damit wurde die bisherige Haltung konkretisiert, die ich in einem Gastbeitrag auf *Focus online* vom 25. Juli 2019 (»Abgrenzung, keine Ausgrenzung – wie die AfD überflüssig werden soll«) bereits beschrieben hatte.

Aus der massiven Kampagne aus dem politisch linken Lager, aus der eigenen Partei und weiten Teilen der Medien gegen die WerteUnion wurde schließlich ein Bumerang: Im Februar 2020 erlebte der Verein trotz einer dreistelligen Zahl von Austritten per Saldo den stärksten Mitgliederzuwachs eines Monats und wuchs innerhalb weniger Tage auf über 4000 Mitglieder.[271] Anscheinend gab es in der CDU/CSU zahlreiche Mitglieder, die nicht mehr zuschauen wollten, wie die Union sich durch eine Anbiederung an die umbenannte SED, die Linke, immer weiter von den Grundsätzen christdemokratischer Politik entfernte.

Leider verlor die CDU im Zusammenhang mit ihrer späteren »passiven Unterstützung«[272] der links-rot-grünen Regierung in Thüringen durch ihre Enthaltung bei der Wahl des neuen Ministerpräsidenten aber auch zahlreiche Mitglieder – hier konnte auch die WerteUnion als Auffanglinie oft nicht mehr helfen. Welch schwieriges Klima in der CDU insgesamt herrscht, zeigte sich ebenso daran, dass die gerade vor gut einem Jahr gewählte Vorsitzende Kramp-Karrenbauer anlässlich der Konstellation in Thüringen scheiterte und ankündigte, ihren Parteivorsitz beim nächsten Parteitag abzugeben.

Genau drei Jahre nach ihrer Gründung ist die WerteUnion im Frühjahr 2020 nach Hunderten von Veranstaltungen mitgliedermäßig, organisatorisch, vom Bekanntheitsgrad und finanziell so stark wie nie zuvor, sieht sich gleichzeitig aber auch den härtesten Angriffen ihrer Geschichte ausgesetzt. Bis weit in das Jahr 2020 hinein dominiert dann die Corona-Krise die politische Debatte und macht es der WerteUnion sehr schwer, ihre Themen zu platzieren, da diese neben der Pandemie nur wenig Interesse fanden.

Die Voraussetzungen für weiteres Wachstum und steigenden Einfluss sind dennoch geschaffen, doch erst in einigen Monaten oder gar Jahren wird man die Bedeutung dieser Basisbewegung und ihrer bisherigen Erfolge vollständig beurteilen können. Möglicherweise hat die WerteUnion die Weichen gestellt, um den Linkskurs und Niedergang der CDU/CSU der letzten Jahre umzukehren, auch wenn die Wahrscheinlichkeit hoch ist, dass andere versuchen werden, sich mögliche Erfolge anzuheften.

KAPITEL 8

Was die Union jetzt tun muss

Welche Fehler aus Sicht der WerteUnion in der deutschen Politik, aber auch parteiintern in der CDU/CSU, über einen langen Zeitraum begangen worden sind, wurde in den vorangegangenen Kapiteln deutlich aufgezeigt. Wenn die CDU/CSU auch weiterhin die bestimmende politische Kraft in Deutschland bleiben und so dessen Zukunft gestalten und in die richtige Richtung lenken will, muss sie den Mut zu einer nachhaltigen Politikwende aufbringen.

Das Profil schärfen und den Markenkern stärken

Ursache für den schleichenden Niedergang der Union ist in erster Linie die Tatsache, dass sowohl Wähler als auch Mitglieder ein klares Profil ihrer Partei vermissen. Dieses Profil ist jedoch von enormer Bedeutung. Erst ein klarer Kurs, ein politischer Kompass, gibt den Menschen Halt und Orientierung. Wie sollen die eigenen Anhänger, die Mitglieder und vor allem die Wahlkämpfer mit Motivation und Überzeugung Werbung für CDU und CSU betreiben, wenn ihnen noch nicht einmal selbst genau klar ist, wofür ihre Partei eigentlich steht? Wie soll man die treuen Parteisoldaten dazu bringen, bei Wind und Wetter an den Infoständen zu stehen, Wahlkampf an den Haustüren zu betreiben oder Plakate aufzuhängen, wenn die ungeschriebene und unausgesprochene, aber in den Köpfen haftende Botschaft einfach »Weiter so« bedeutet?

Und was ist damit denn überhaupt gemeint? Weiter so, irgendwie durchregieren? In einer längst nicht mehr großen Koalition mit der SPD? Indem man immer mehr eigentlich unannehmbare und zugleich aus Sicht eines Christdemokraten unverantwortliche Forderungen erfüllt wie zuletzt bei der Grundrente?

Weiter so, Wahl um Wahl verlieren? Ohne jegliche kritische Aufarbeitung der Ursachen? Wie in Thüringen mit einem Verlust von fast 12 Prozent[273] und der Degradierung der CDU zur drittstärksten Partei hinter AfD und den SED-Erben? Weiter so, dass jährlich bis zu 200 000 Migranten nach Deutschland einwandern und die Grenzen unseres Rechts- und Sozialstaats zusehends erschöpfen?[274] Weiter so, eine expansive Geldpolitik zu betreiben, von der unabhängig agierende Wirtschafts- und Finanzexperten prophezeien, dass es nur noch eine Frage der Zeit ist, bis diese Blase platzen wird?[275] Weiter so, eine überhastete und nicht durchdachte Energiewende zu betreiben, die schon jetzt auf ganzer Linie gescheitert ist?[276] Die uns als Folge die höchsten Strompreise in Europa beschert und uns in die Abhängigkeit totalitär regierter Staaten wie Russland treibt? Weiter so, die bevorstehende demografische Krise zu ignorieren und die sozialen Brennpunkte mit immer neuen Wohltaten aus der Staatskasse zuzuschütten? Weiter so, den Wohlfahrtsstaat auf diese Weise immer weiter ausufern zu lassen und somit dafür zu sorgen, dass die Spielräume für Investitionen in unsere marode Infrastruktur immer enger werden? All das sind Vorgehensweisen, die mit dem Profil einer unionsgeführten Bundesregierung normalerweise nichts zu tun haben sollten. Vorgehensweisen, die sogar das genaue Gegenteil dessen sind, was Wähler von CDU und CSU von ihrer Partei erwarten. Dennoch sind sie Realität. Und das einzig und allein deshalb, weil die Bundeskanzlerin ihrem Koalitionspartner jeden Wunsch erfüllt, um weiter Regierungschefin bleiben zu können.

Regieren darf jedoch nicht zu einem Selbstzweck verkommen. Ohne eigenes Profil gibt es keine Positionen, um die man in einem demokratischen Prozess und im Wettbewerb mit den anderen Parteien ringen kann. Ohne eigenes Profil kann sich für eine Partei auch keine Agenda ergeben, kein ernst zu nehmendes Regierungsprogramm, das in der Politik Maßstäbe setzen könnte. Fehlt der Partei die Agenda, so fehlt ihr auch jegliches strategische Konzept. Zwangsläufig kann daraus nur eine Politik »auf Sicht« resultieren. Ein vages Manövrieren des alternden Tankers CDU, der mit immer weniger Besatzung unter einem Nebelschleier ohne vorausschauenden Kurs dahinschippert. Ziellos auf permanenter Schleichfahrt darum bemüht, nicht auf ein Riff aufzulaufen. Wer würde auf so einem Kahn anheuern wollen?

Eine Volkspartei, die den Anspruch hat, breite Teile der Bevölkerung mitzunehmen, darf nicht ziellos in See stechen. Sie muss sagen, wohin sie will, und sie muss bei aller Berücksichtigung notwendiger Kompromisse ihren Kurs halten. Daher ist es dringend erforderlich, dass die Union sich auf jene Werte besinnt, die sie einst stark gemacht haben. Erfüllt sie diese

Werte wieder mit Leben, kann sie ihr Profil schärfen und ihren Markenkern stärken.

Doch was sind eigentlich jene Werte, die für CDU und CSU jahrzehntelang Grundlage ihrer Wahlerfolge waren? Dies scheint nach über 20 Jahren unter der Führung Angela Merkels als Parteivorsitzende und Generalsekretärin insbesondere in der CDU zusehends in Vergessenheit geraten zu sein. Es war der einstige langjährige CDU/CSU-Fraktionsvorsitzende Alfred Dregger, der den Begriff »Freiheit statt Sozialismus« geprägt hat[277] und mit dem die Union neben Adenauers »keine Experimente«[278] aus den fünfziger Jahren die besten Wahlergebnisse erzielte.

Das ist lange her. Und doch ist dieser Slogan angesichts der Zuwächse von AfD und Grünen, einer zunehmenden Verharmlosung der SED-Erben, neu aufkommender Debatten über Enteignung, der sich verschärfenden politischen Beziehungen des Westens zu Russland und China hochaktuell. Auch im Empfinden der Bürger in Bezug auf ihre Meinungsfreiheit. Das belegt auch die Tatsache, dass einer Allensbach-Umfrage vom Mai 2019 zufolge sich nur noch jeder fünfte Deutsche frei fühlt, seine Meinung in der Öffentlichkeit zu äußern.

Gerade die CDU muss sich deshalb wieder darauf besinnen, dass sie eine Partei ist, die für den Wert der Freiheit steht statt für Sozialismus. Für einen antitotalitären Konsens und eine damit einhergehende, kompromisslose Bekämpfung von Links- und Rechtsextremismus nach innen sowie eine Stärkung des transatlantischen Bündnisses als Garant für die Freiheit nach außen.

Dies dürfen nicht bloß Sprüche auf Parteitagen sein, um anschließend zur Tagesordnung überzugehen und im alltäglichen Regierungsgeschäft ein »Weiter so« an Sozialismus statt

Freiheit zu betreiben. Freiheit muss vielmehr wieder zur DNA der CDU gehören. Sie darf nicht zugunsten von Posten aufgegeben werden. Hierzu müssen CDU-Repräsentanten den Wert der Freiheit glaubwürdig verteidigen und dürfen totalitäre Tendenzen nicht einfach achselzuckend hinnehmen. Wenn ein CDU-Politiker – wie jüngst Thomas de Maizière – daran gehindert wird, eine Rede zu halten, dann darf die Union nach einer pflichtschuldigen Empörung nicht einfach zur Tagesordnung übergehen, sondern muss das in der Öffentlichkeit breiter thematisieren und hartnäckiger für die Meinungsfreiheit kämpfen.

Wenn sich CDU-Bundestagsabgeordnete freudestrahlend mit dem ehemaligen SED-Staatsratsvorsitzenden Egon Krenz fotografieren lassen,[279] darf sie das ebenfalls nicht verniedlichen oder gar ignorieren. Es sind gerade solche Bilder, die die Glaubwürdigkeit der Union, ein Garant für die Freiheit zu sein, massiv beschädigen und gleichzeitig dazu beitragen, die SED und ihre Erben in der Partei Die Linke zu verharmlosen.

Als Partei des Föderalismus muss die Union auch dem zunehmend um sich greifenden EU-Zentralismus entgegentreten, zugleich aber stets den föderalen Einigungsgedanken Europas stärken. Föderalismus ist ein weiterer Wert, für den die Union in der Vormerkel'schen Ära stets eingetreten ist. Heute folgt sie nur allzu bereitwillig den Rufen eines immer mehr an sozialistische Strukturen erinnernden EU-Zentralismus. Die CDU kann auch hier wieder an Profil gewinnen, wenn sie sich verstärkt auf Subsidiaritätsprinzip und Konnexitätsprinzip besinnt.

Auch einer während der Merkel-Ära zusehends erfolgten Aushöhlung der transatlantischen Beziehungen muss die CDU entschieden entgegenwirken. Die NATO als das wohl erfolgreichste Verteidigungsbündnis der Freiheit und Friedensgarant für Deutschland gilt es zu stabilisieren und zu stärken. Sie und die Befürwortung der Westbindung unseres Landes sind ein weiterer Markenkern der CDU. Daher darf sich die Union auch nicht verweigern, wenn es darum geht, das 2-Prozent-Ziel bei den Verteidigungsausgaben zu erreichen. Man muss auch kein Fan von Donald Trumps Politik sein. Aber die Beziehungen zu unserem stärksten NATO-Verbündeten USA dürfen keinesfalls dadurch in Mitleidenschaft gezogen werden. Genau dies ist jedoch mit Angela Merkels betriebener Abkehr von den Vereinigten Staaten und der zunehmenden Hinwendung zu einem kommunistischen Staat wie China zu beobachten. Verträge mit dem von der Kommunistischen Partei Chinas kontrollierten Huawei-Konzern zum 5G-Ausbau oder der Nordstream-Deal mit Russland schwächen unsere Freiheit. Sie schwächen die Unabhängigkeit Deutschlands und nicht zuletzt die Glaubwürdigkeit der CDU/CSU.

Die Union muss auch weiterhin Antisemitismus in Deutschland den Kampf ansagen und den Aussöhnungsprozess mit Israel fördern. Dies funktioniert jedoch nur, wenn sie die Realitäten in Deutschland zur Kenntnis nimmt und sich die Zunahme des islamischen Extremismus in Verbindung mit einem Anstieg des Antisemitismus in Deutschland nach der Migrationskrise 2015 eingesteht.

Gerade die innere Sicherheit gehört wie die beschriebene äußere Sicherheit zum Markenkern der CDU. Mit der von der Bundeskanzlerin zugelassenen unkontrollierten Massenimmigration 2015 hat die Union ein entscheidendes Kompetenzfeld ihrer Politik verloren und den Aufstieg der AfD ermöglicht. Will sie die AfD zukünftig spürbar eindämmen, wird sie besonders auf diesem Politikfeld eine Abkehr von Angela Merkels Migrationspolitik vornehmen müssen. Mit einer bedarfsorientierten, restriktiven Zuwanderungspolitik, verbunden mit einer konsequenten und effektiven Abschiebepraxis, kann die Union ihre Kernkompetenz in diesem Bereich zurückgewinnen. Das Beispiel Sebastian Kurz in Österreich hat allen Skeptikern zum Trotz gezeigt, dass ein solcher Weg möglich ist und Volksparteien Wahlen auf diese Weise auch gewinnen können. Gleichzeitig ist es der ÖVP gelungen, mit ihrem Kurs die Stimmergebnisse der FPÖ deutlich zu minimieren.[280] Ihre deutschen Schwesterparteien sollten von dieser Strategie lernen und der AfD mit der Wiederbesetzung dieses bedeutenden Markenkerns ihr wichtigstes Thema nehmen.

Ebenfalls zum Markenkern der Union muss wieder die soziale Marktwirtschaft gehören. Der zunehmend um sich greifende Staatsdirigismus und ein sich herausbildender »Nanny-Staat« haben nicht ansatzweise etwas mit christdemokratischer Politik zu tun. Ebenso wenig die von Teilen der SPD losgetretene Debatte über Enteignungen in Bezug auf die Wohnungsbaupolitik.

Vielmehr muss sich die CDU wieder stärker für die steuerliche Entlastung von Mittelstand, Arbeitnehmern und Familien mit Kindern einsetzen. Gerade die Arbeitnehmer sollte sie mit der Abschaffung der kalten Progression spürbar entlasten. Weitere Entlastungen kann sie darüber hinaus durch eine wettbewerbsfähige Energieversorgung erzielen. Hierzu muss sie jedoch bereit sein, sich einzugestehen, dass die von Angela Merkel überhastet eingeleitete sogenannte Energiewende auf ganzer Linie gescheitert ist.

Ferner muss die Union den Kampf um die Sanierung und den Ausbau unserer Infrastruktur gegen die Verhinderungsund Sabotageideologie der Grünen aufnehmen und aggressiver als bisher für die Umsetzung wichtiger Großprojekte eintreten. Der Ausbau und die Weiterentwicklung von digitaler Infrastruktur, Verkehrsinfrastruktur, militärischer Infrastruktur, der Energie-Infrastruktur oder aber der Ausbau von Zukunftstechnologien sind weite Themenfelder, auf denen sich die Union positionieren und verloren gegangenes Vertrauen in der Wirtschaft zurückgewinnen kann.

Zudem darf sich die Union nicht von der Klimahysterie der Grünen anstecken lassen. Ein weiterer großer Wert christdemokratischer Politik ist es immer gewesen, die Vernunft als Basis ihrer politischen Entscheidungen heranzuziehen statt Angst und Hysterie. Sie kann auch den Grünen ihr Kernthema nehmen, wenn die CDU auf ihre eigenen Stärken setzt, statt sich von organisierten Schulstreiks beeindrucken zu lassen. Mut statt Angst ist für die Union bei diesem Thema der richtige Ratgeber. Sie muss auf der einen Seite die Kampagne der Fridays-for-Future-Bewegung als propagandistische Täuschung der Bürger entlarven.[281] Auf der anderen Seite muss sie Lösungen auf dem Weg von Forschung und Innovationen entwickeln und auf diese Weise eine sinnvolle Alternative zu Verboten, Steuererhöhungen und weiterer Drangsalierungen unserer Wirtschaft herstellen. Die Union sollte sich dabei auch an Helmut Kohl erinnern, als dieser Anfang der achtziger Jahre gegen große Widerstände den NATO-Doppelbeschluss durchsetzte und sich durch die von linken Gruppierungen organisierten Massendemonstrationen nicht beeindrucken ließ. Verbessert sie diesbezüglich zudem ihre Kommunikation, weg von einer ängstlichen Wegduck-Philosophie hin zu einem offensiv-konstruktiven Sachkonzept, so wird sie bei diesem Thema auch weite Teile der jungen Generation für sich gewinnen können.

Gleiches gilt für die Familienpolitik. Die Shell-Studien der vergangenen Jahre zeigen in der Tendenz, dass die Jugend nichts mehr von den unsoliden Lebensverhältnissen der 68er wissen will.[282] Vielmehr geht der Trend zurück zu konservativen Lebensentwürfen. Werten wie Beständigkeit wird in der jungen Generation eine zusehends höhere Bedeutung zugewiesen. In der Vor-Merkel-Ära genoss die Familie in der CDU einen ausgesprochen hohen Stellenwert. Eine eigenständige Familienpolitik mit christdemokratischen Konzepten ist jedoch schon seit Jahrzehnten nicht mehr in der CDU zu erkennen. Stattdessen übernimmt die Union in weiten Teilen Konzepte von Rot-Rot-Grün, anstatt eigene Akzente zu setzen. Dabei gäbe es für sie ein weites Feld inhaltlicher Alternativen. Sie könnte ein Family Mainstreaming etablieren, ein Gegenmodell zu dem von der politischen Linken eingebrachten Gender Mainstreaming. Sie könnte Familien mit Kindern bei Steuern und Sozialabgaben entlasten und damit ihren Wert und ihre Leistung für unsere Gesellschaft aufwerten. Auch der Lebensschutz gehört eigentlich zur DNA der CDU. Statt ihre eigenen Organisationen wie etwa die Christdemokraten für das Leben auszugrenzen, wäre sie gut beraten, Lebensschützer und Familienorganisationen zu integrieren und gesellschaftlich aufzuwerten.

In der Kinderbetreuung könnte die Union ebenfalls neue Akzente setzen und die Wahlfreiheiten von Eltern ausbauen. Denn eine Wahl haben viele Eltern bei der gegenwärtigen Kinderbetreuung tatsächlich nicht. Sie sind auf staatliche Betreuung angewiesen, müssen einen erheblichen Teil ihres Einkommens dafür aufwenden, ohne sich wirklich anders entscheiden zu können.

Während an den Schulen Bayerns noch weitgehend das Leistungsprinzip gilt, hat gerade die CDU ihre Schulpolitik dem Gleichheitsprinzip sozialistischer Prägung geopfert. Eine gute schulische und berufliche Ausbildung in einem gegliederten Schulsystem ist ein weiterer Markenkern, den die Merkel-Union zugunsten einer an rot-rot-grün orientierten Schulpolitik aufgegeben hat. Die Forderung nach Leistungs- und Innovationsförderung statt Gleichmacherei ist ein weiteres Feld, bei dem die CDU auf dem bildungspolitischen Sektor wieder an Profil gewinnen kann. Statt sich mit einem mehr als zweifelhaften Schulfrieden zufrieden zu geben, sollte die Union die Zustände an unseren Schulen und den Verfall des Bildungsniveaus, zu dem die von links dominierte Bildungspolitik geführt hat, aufgreifen und aufzeigen.

Ein Verfall, der auch an unseren zu Massenbetrieben ausgeuferten Universitäten deutlich zu erkennen ist. Die zunehmende Einschränkung von Meinungs- und Lehrfreiheit durch fanatisierte und radikalisierte Studentengruppen[283] ist nicht zuletzt die Folge einer durch die 68er-Generation begonnenen Ideologisierung von Forschung und Lehre und der damit in Zusammenhang stehenden studentischen Selbstverwaltung (AStA). Statt sich permanent wegzuducken, kann die CDU auch hier ihr Profil schärfen und den zahlreichen Missbrauch von Studentenbeiträgen zur Finanzierung linksradikaler Gruppierungen[284] thematisieren und sich am Modell der weitaus erfolgreicheren Studentenvertretung an bayerischen Universitäten orientieren. Hierzu bedarf es lediglich Mut und Selbstvertrauen. Werte, die die Union einst ausgezeichnet hatten und die sie wieder neu erlernen muss.

Von der Funktionärspartei zur Mitgliederpartei

Eine moderne Volkspartei lässt sich im 21. Jahrhundert nicht mehr mit den Mitteln und Konzepten des vorigen Jahrhunderts führen. Die für die Weiterentwicklung notwendigen Prozesse hat die Union bisher aber weitestgehend vernachlässigt. Angela Merkel hat ihre Partei mit der Motivation des persönlichen Machterhalts geführt und dabei auf die Erfahrungen zurückgegriffen, die sie als Ministerin während der Ära Helmut Kohls gemacht hat. Diese Form der Patronage-artigen Machtstruktur war während der siebziger, achtziger und neunziger Jahre ausgesprochen erfolgreich. Fraglich ist jedoch, ob sich eine Volkspartei im 21. Jahrhundert noch mit den herkömmlichen Methoden als Funktionärspartei leiten lässt. Für die meisten Menschen ist das Internet inzwischen längst nicht mehr nur »ein Stück weit Neuland«,[285] um es mit den Worten der Kanzlerin auszudrücken. Und die neuen sozialen Medien haben mittlerweile auch vollkommen neue Kommunikations- und Partizipationsmöglichkeiten für Parteien hervorgebracht.

Dies stellt gerade die etablierten Parteien CDU, CSU, SPD und FDP vor Herausforderungen. Althergebrachte Muster der innerparteilichen Zusammenarbeit sind oftmals überholt. Die Beteiligung der Mitglieder an »alten Formaten« lässt dementsprechend zu wünschen übrig. Im digitalen Zeitalter mit den sozialen Medien sind neue Formen der Mitgliederbeteiligung gefragt. Kaum einer, abgesehen von Berufspolitikern und ambitionierten Karrieristen mit Berufspolitiker-Perspektive, wird noch zu Parteitagen fahren, um als Stimmvieh abzunicken, was Funktionäre in Hinterzimmern zuvor längst ausgehandelt haben.

Immer weniger lässt sich Parteipolitik auf diese Art und Weise umsetzen oder lassen sich Bürger so für die Parteiarbeit motivieren. Der Bürger des 21. Jahrhunderts möchte mitbestimmen, sich ein eigenes Urteil bilden und nicht in Delegierten-Vorbesprechungen gesagt bekommen, was er zu tun oder zu lassen hat. Das gilt inzwischen auch für junge Abgeordnete und Nachwuchspolitiker. Bei der Wahl des neuen CDU/CSU-Fraktionsvorsitzenden spielten sie etwa eine entscheidende Rolle,[286] sorgten maßgeblich mit dafür, dass nicht der von Angela Merkel und weiten Teilen der etablierten Medien favorisierte Volker Kauder zum CDU/CSU-Fraktionsvorsitzenden gewählt wurde, sondern stattdessen der als Außenseiter gehandelte Ralph Brinkhaus, über den sich altgediente CDU-Funktionäre im Vorfeld noch mokiert hatten und dessen Kandidatur sie als chancenlos eingeschätzt hatten.[287]

Auch bei der Wahl des neuen JU-Bundesvorsitzenden Tilman Kuban versagten die herkömmlichen Funktionärsstrippen. Die große Mehrheit der JU-Landesvorstände hatte sich im Vorfeld für den vom Adenauerhaus favorisierten Thüringer Stefan Gruhner ausgesprochen.[288] Doch die Deutschlandtagsdelegierten der Jungen Union, bei denen es sich im Gegensatz zur Mutterpartei CDU in der Regel glücklicherweise noch nicht um Berufspolitiker handelt, hatten dazu eine andere Meinung. Statt dem Votum ihrer Landesvorstände folgten sie ihrer eigenen Überzeugung. Das »Einnorden« der Delegierten durch ihre Landesvorsitzenden funktionierte nicht mehr.

Allein durch die Tatsache, dass inzwischen jedes Parteimitglied seine eigene Facebook- oder WhatsApp-Gruppe vollkommen unbürokratisch einrichten kann, jeder seinen YouTube-Kanal betreiben, einen Twitter-Account haben und sich mit zahlreichen anderen Parteimitgliedern aus den unterschiedlichsten Regionen vernetzen kann, revolutioniert die herkömmliche Parteiarbeit und schränkt die Macht ihrer Funktionäre ein. Traditionelles Herrschaftswissen von Parteiführungen bröckelt, die einstige Strippenzieherei wirkt zunehmend überholt.

Umso entscheidender für Erfolge werden daher zukünftig kommunikationsstarke und überzeugende Parteivorsitzende sein, die in der Lage sind, den offenen Dialog mit der Basis zu führen und sie in die Arbeit miteinzubinden. Schwache Parteiführungen empfinden diese Entwicklung zumeist als Bedrohung. Sie kapseln sich ab, versuchen jedwede neue Initiative zu unterbinden, die nicht von ihnen selbst oder zumindest mit ihrem Segen entstanden ist. Sie umgeben sich ausschließlich mit loyalen Gefolgsleuten, die zumeist selbst als schwache Persönlichkeiten gelten und dadurch ihrem Vorsitzenden nicht gefährlich werden können.

Eine solche Umgebung von Jasagern hat für den Vorsitzenden den Charme, ohne größeren Widerspruch durchregieren zu können. Doch der Nachteil liegt auf der Hand: Wer sich nur mit Gefolgsleuten umgibt, ohne starke Persönlichkeiten an seiner Seite zu haben, wird zunehmend den Bezug zur Basis und den realen Zuständen in seiner Partei und letztlich auch in der Bevölkerung verlieren.

Ein Beispiel für eine Mitgliederinitiative ist ohne Frage die WerteUnion. Niemand von der gegenwärtigen Führungsebene hätte uns je gefragt, ob wir nicht Lust hätten, eine Basisbewegung innerhalb der CDU/CSU aufzubauen. Niemandem von ihnen wäre es jemals eingefallen, Mittel der Partei dafür bereitzustellen, die offene rechte Flanke der Union zu schließen und damit das Erstarken der AfD zu vermeiden. Die WerteUnion ist von der gegenwärtigen Parteiführung seit ihrer Gründung

unterschätzt und dann bald nur noch als Bedrohung wahrgenommen worden, nie als Bereicherung des innerparteilichen
Spektrums. Stets ist sie von CDU-Funktionären als Gefahr bezeichnet worden, nie als Chance.[289]

Genau da liegt jedoch das Problem, warum die Union sich
derzeit so schwertut, den Übergang von einer Funktionärspartei in eine Mitgliederpartei zu vollziehen. Wer seinen eigenen
Mitgliedern misstraut, weil er stets vom Gedanken getrieben
ist, seine Macht zu verlieren, der kann auch kein Vertrauen
und keinen Einsatz von den Mitgliedern erwarten. Die Folge
sind der Rückzug in die Passivität oder letztlich der Parteiaus-
tritt. Denn ohne wirkliche Mitbestimmungsrechte oder die
Möglichkeit, sich einzubringen, erscheint eine Parteimitgliedschaft kaum attraktiv.

Als Angela Merkel im April 2000 zur CDU-Bundesvorsit-
zenden gewählt wurde, zählte die Partei noch über 630 000
Mitglieder. Inzwischen sind es nur mehr knapp 400 000. Ein
Verlust von 230 000 Mitgliedern in weniger als 20 Jahren![290]

Wenn sich die CDU-Parteiführung in Zeiten der Digitalisierung nicht für ihre Mitglieder öffnet und weiterhin versucht,
nicht genehme Mitgliederinitiativen auszugrenzen, wird sich
an diesem Trend wenig ändern. Gerade auf die junge Generation wirkt eine solche Machtabschottung kaum anziehend. So
ist es nicht verwunderlich, dass gerade von der Jungen Union
beispielsweise die Forderung nach einer Urwahl des Kanzlerkandidaten aufgestellt wird.[291] Eine Forderung, die die WerteUnion bereits ein Jahr zuvor vergeblich an die Parteiführung
gerichtet hatte. Dass die Forderung nun auch von der Jungen
Union auf dem CDU-Bundesparteitag eingebracht wurde,
zeigt zum einen, dass der Ruf nach mehr Mitspracherechten
der Mitglieder stärker wird. Zum anderen belegt die auf dem

Fuße folgende erneute Ablehnung durch die überwiegend aus Berufspolitikern bestehenden Parteitagsdelegierten, wie sehr die Parteiführung Voten ihrer eigenen Basis fürchtet.

Diese Entfremdung zwischen der Basis einerseits und als Berufspolitiker agierenden Parteifunktionären andererseits wird die CDU überwinden müssen, will sie zukünftig wieder mehr Mitglieder für sich gewinnen. Doch will sie das überhaupt? Die Gleichgültigkeit, ja manchmal sogar klammheimliche Freude darüber, wenn der Parteiführung nicht genehme Charaktere die CDU verlassen, lässt daran zumindest zweifeln.

Ein Schritt in die richtige Richtung ist sicherlich die geschaffene Möglichkeit für Parteimitglieder, über das Portal CDUplus online Anträge an den Bundesparteitag zu stellen, wenn diese ein vorgeschriebenes Quorum von mindestens 500 Unterstützern vorweisen können. Allerdings ist die entsprechende Seite auf der CDU-Homepage dermaßen versteckt dargestellt, dass nur die wenigsten Mitglieder den Weg zum Portal finden dürften. Dementsprechend ist die Resonanz dieser an sich gut gemeinten Plattform auch relativ gering.

Als WerteUnion konnten wir auch hier ein Stück Parteigeschichte schreiben. Denn mit unseren erstmals auf diese Weise eingebrachten Anträgen auf dem Bundesparteitag in Hamburg 2018 schafften wir ein Novum: Noch nie zuvor war es Mitgliedern der CDU auf diese Weise gelungen, einen Antrag auf dem Bundesparteitag zu stellen. Entsprechend unvorbereitet fanden wir damals auch die betreffenden Internetseiten vor. Erst nachdem wir das Konrad-Adenauer-Haus darauf aufmerksam gemacht hatten, dass die Seiten noch nicht einmal funktionsfähig waren, kam Bewegung in dieses plebiszitäre Tool der Partei. Allerdings wird die Chance der Mitarbeit nur dann dauerhaft von den Mitgliedern angenommen werden, wenn die

Ergebnisse von der Parteiführung auch berücksichtigt werden. Beim Prozess zum neuen Grundsatzprogramm wurde beispielsweise vollmundig von Mitgliederbeteiligung gesprochen. Viele Monate später ist jedoch immer noch nicht klar, was aus den Hunderten abgegebenen Meinungen, darunter sehr viele von Mitgliedern der WerteUnion, zu den einzelnen Themen geworden ist.

Ein weiterer guter Ansatz zur Verbesserung der Parteiarbeit ist die mittlerweile bestehende Möglichkeit, Mitgliederbefragungen in der Partei durchzuführen. Bezeichnend ist hierbei jedoch auch, dass die CDU auf Bundesebene davon bisher noch keinen Gebrauch gemacht hat. Dieses Mittel der Mitgliederbeteiligung sollte daher ebenfalls deutlich stärker ausgebaut werden. Gleiches gilt für Mitgliederentscheide zu wesentlichen Themen.

Über Videokonferenzen, die heute ohne großen technischen Aufwand machbar sind, sollten Experten unter den Mitgliedern zu bestimmten Fachthemen ihr Wissen überregional und unkompliziert einbringen können. Der Gedanke der Werkstattgespräche, zunächst noch als Präsenzveranstaltung durchgeführt, ließe sich so weiterentwickeln und effizient multiplizieren.

Aufbau und Rekrutierung starker Persönlichkeiten

Neben dem Umbau von einer Funktionärspartei hin zu einer Mitgliederpartei wird es für die CDU erforderlich sein, starke Persönlichkeiten zu gewinnen. Voraussetzung dafür ist nicht zuletzt eine nötige Unabhängigkeit vom Parteiapparat, die zumeist durch entsprechende Berufserfahrung außerhalb der Politik sichergestellt ist. Der Lebensweg Kreissaal, Hörsaal, Plenarsaal sollte bei der künftigen Auswahl des CDU-Führungspersonals Ausnahme statt die Regel sein. Dies muss schon beim Nachwuchs stärker verdeutlicht werden. Ein Leben ohne jegliche zuvor erfolgte berufliche Entwicklung führt zwangsläufig zu parteipolitischen Abhängigkeiten, die es zu vermeiden gilt. Auf der anderen Seite ist es natürlich im Interesse der CDU, politische Talente frühzeitig zu entdecken und zu fördern. Hier muss vor allem der Schüler Union eine stärkere Bedeutung als bisher zugemessen werden. Die Schule ist der Ort der ersten politischen Betätigung. Während der Merkel-Ära hat die Union diesen vorpolitischen Raum nahezu komplett den Grünen überlassen. Was wiederum damit zusammenhängt, dass die CDU durch ihren Weg in die Beliebigkeit kaum noch mit Themen aufwarten kann, für die es sich als Jugendlicher zu kämpfen lohnen würde.

Talentschmieden sind in der Union zwar bereits vorhanden, werden aber oftmals zu sehr dazu missbraucht, der Parteiführung konforme Biedermänner heranzubilden. Vielmehr müssen die Entwicklung der Persönlichkeit und die Förderung der Fähigkeiten eines Nachwuchspolitikers im Vordergrund stehen.

Alternativen für die Zukunft

Durch die nahezu vollkommene Anbiederung, insbesondere der CDU an die Politik von Rot-Grün, fällt es der Union zuse-

221

hends schwerer, eigene Akzente zu setzen. Und weil es praktisch keine eigenen Zielvorstellungen mehr gibt, fehlt es christdemokratischer Politik an nötigen Ideen und Vorstellungen, in welche Richtung sich Deutschland zukünftig entwickeln soll. Die Union braucht daher einen Ideenpool, der von Experten verschiedenster beruflicher Herkunft gespeist werden sollte: vom Wirtschaftsprofessor bis zum Bauunternehmer, vom Arzt bis zum Architekten, vom Lehrer bis zum Handwerksmeister, vom Polizisten bis zum Landwirt. Externe, der Union nahestehende Kräfte außerhalb des Parteiapparates und jenseits von selbst ernannten PR-Profis und Politikberatern. Menschen, die mit gesundem Menschenverstand die Chancen, Risiken und Probleme ihres beruflichen Umfelds erkennen, mit dem nötigen Bezug zur Realität beschreiben und der Partei so wertvolle Denkanstöße liefern können.

Auch eine Begrenzung der Amtszeit des Bundeskanzlers auf maximal zwei Legislaturperioden wäre eine sinnvolle Maßnahme, um parteipolitischen Verkrustungen und der Degradierung einer Partei zu einem reinen Kanzlerwahlverein vorzubeugen. Die Parteien wären gezwungen, sich spätestens nach acht Jahren personell neu aufzustellen. Dies würde auch den Aufbau von starken Persönlichkeiten beflügeln. Überlegenswert ist zudem, ob Spitzenämter in der Partei nicht nur noch für eine maximal begrenzte Zeit vergeben werden sollten. Dies würde die Partei ebenfalls lebendiger und vermutlich attraktiver machen.

Die CDU muss sich zudem erheblich breiter aufstellen, will sie in Zukunft noch dem Anspruch einer Volkspartei gerecht werden. Statt parteiinterne Gruppierungen auszugrenzen, muss sie mit ihnen die Zusammenarbeit suchen. CDU-Wirtschaftsrat, CDL und WerteUnion sind Teil der CDU-Familie und sollten – in unterschiedlicher Weise – in die Parteiarbeit integriert oder zumindest stärker berücksichtigt werden. Sie sind wertvolle Unterstützer der CDU im vorpolitischen Raum und können dazu beitragen, neue Mitglieder und Wähler für die Partei zu erschließen beziehungsweise bestehende zu halten.

Aktuelle Herausforderungen und Perspektiven

Deutschland, aber auch die CDU/CSU, haben in den letzten Jahren unter Merkels Linkskurs und vor allem ihrem mangelnden Gestaltungswillen gelitten. Ganz aktuell sind die anderen Probleme des Landes aufgrund der Konzentration der Öffentlichkeit auf die Corona-Pandemie im Bewusstsein der Menschen in den Hintergrund gerückt. Doch je mehr der in den letzten Jahren stark ausgebaute Umverteilungsstaat durch steigende Kurzarbeit, Arbeitslosigkeit, Insolvenzen und Verschuldung an seine Grenzen kommt, umso mehr Menschen werden aus ihrer jetzt häufig noch wirtschaftlich komfortablen Beobachterposition herausfallen und ihre Unzufriedenheit politisch artikulieren. Erfahrungsgemäß kann eine schwere wirtschaftliche Krise, wie sie Deutschland bevorsteht, die Gefahr einer politischen Radikalisierung hervorrufen.

Dies gilt besonders dann, wenn die Grundlagen unseres demokratischen Systems nicht tief genug bei den Menschen verwurzelt sind. In diesem Zusammenhang sollte bedenklich stimmen, dass ein nicht unerheblicher Anteil der Bevölkerung Umfragen zufolge auch eine Einschränkung der Grundrechte, wie sie im Rahmen der Corona-Krise umgesetzt wurde, rela-

tiv gleichgültig hinnimmt.[292] Ebenso wird von vielen schulterzuckend akzeptiert, dass die Gewaltenteilung zu Ungunsten
der vom Volk gewählten Legislativen verschoben wird und die
Regierung dafür mehr Machtfülle erhält. Die hohe Akzeptanz
von solch gravierenden Veränderungen unserer demokratischen Regeln könnte ein Warnsignal dafür sein, dass die Iden-
tifikation mit den Grundpfeilern unseres politischen Systems
bröckelt und damit möglicherweise Raum gibt für autoritäre
Tendenzen und radikale Veränderungen.

Gleichzeitig hat die Kanzlerdämmerung längst begonnen
und eine wesentliche Weichenstellung ist mit der Wahl des
Parteivorsitzenden der CDU im Dezember 2020 und der Fest-
legung des gemeinsamen Kanzlerkandidaten der CDU/CSU
vermutlich im Frühjahr 2021 in Sicht. Die essenzielle Frage
lautet dabei: Finden wieder mehr wertkonservative und wirtschaftsliberale Positionen in der CDU/CSU und damit auch
in Deutschland Akzeptanz oder bleibt nur ein »Weiter so«, ein
»Durchmerkeln« mit immer mehr und größeren Problemen?

Immerhin scheint es ja so, als ob die Corona-Krise der Union aktuell sehr gute Wahlchancen beschert und die Konkurrenz von ganz links eindämmt. Dies ist wenig überraschend,
denn üblicherweise schart sich die Bevölkerung in schweren
Krisenzeiten um die Partei der Regierungsspitze, ein Phänomen, das auch in anderen Ländern zu beobachten ist. Aber
wird dieses Hoch in den Meinungsumfragen möglicherweise
so schnell wieder verschwinden, wie es gekommen ist? Reicht
der Schwung, den harten Niedergang der Union der letzten
Jahre dauerhaft umzukehren? Oder holen die Versäumnisse
der Regierung Merkel die Union bald wieder ein und sie fällt
erneut auf die Werte vor der Corona-Krise in Richtung 25 Prozent?

Beispielsweise scheint die Krise um von der Türkei instrumentalisierte Einwanderer an der türkisch-griechischen Grenze noch nicht beendet zu sein. In Deutschland kocht die kontroverse Diskussion um die Aufnahme von Einwanderern aus griechischen Aufnahmelagern und »Bootsmigranten« aus Afrika immer wieder hoch. Droht ein erneuter Herbst 2015 mit der unkontrollierten Einwanderung von weiteren Millionen Menschen? Werden die bestehenden Probleme, etwa hinsichtlich Parallelgesellschaften und Clankriminalität, wirksam angegangen?

Die schweren Krawalle in Stuttgart im Juni 2020 und in Frankfurt im Folgemonat zeigen, dass die innere Sicherheit in Deutschland keineswegs ungefährdet ist und dass hierbei Probleme der Migrationspolitik eine wichtige Rolle spielen. Gleichzeitig solidarisiert sich die politische Linke inklusive SPD und Grünen mit linksradikalen Organisationen wie der Antifa[293] und befeuert eine öffentliche Diskussion über Gewalt und Rassismus durch die deutsche Polizei. Dabei stellt sich die Frage, wie es uns als Gesellschaft gelingen kann, den Rechtsstaat und unsere Sicherheitskräfte gegenüber Kriminellen, Radikalen und politischen Anfeindungen zu stärken.

Auf europäischer Ebene scheint der Weg klar in Richtung einer Schuldenunion zu gehen: Die EU will, getrieben von Frau Merkel und Frau von der Leyen, zentral Kredite aufnehmen und großteils als nicht rückzahlbare Subventionen an die einzelnen Staaten verteilen. Deutschland wird durch seine zukünftigen Zahlungen an den EU-Haushalt voraussichtlich die Hauptlast der Schulden tragen müssen, während seine Bürger bereits heute unter den höchsten Steuern und Abgaben leiden und hinsichtlich des Privatvermögens bestenfalls im Mittelfeld rangieren.

Die CDU trägt unter der Führung aus dem Kanzleramt nicht nur große Mitverantwortung für all diese Probleme, sie scheint auch ihren politischen Kompass mehr und mehr verloren zu haben. In Thüringen hat sie durch Enthaltung die Wahl eines Ministerpräsidenten der umbenannten SED toleriert. In Mecklenburg-Vorpommern hat sie sogar aktiv ein linksradikales Mitglied der Linkspartei als Verfassungsrichterin mitgewählt. In Sachsen regiert sie in einer Koalition mit SPD und Grünen, in Baden-Württemberg als Juniorpartner der Grünen. So mancher in der Parteispitze sieht in einer Koalition mit den Grünen gar ein bereits lange fälliges Modell für die Regierungsbildung nach der nächsten Bundestagswahl.

Es gibt sogar Stimmen, die eine Zusammenarbeit mit der Linkspartei für möglich halten. Der ehemals bevorzugte Koalitionspartner FDP scheint in den Überlegungen führender Unionspolitiker keine Rolle mehr zu spielen. Dabei sollte dies doch die nächstgelegene Option für die Zeit nach der Großen Koalition sein. Eine Koalition mit den Grünen ist für die WerteUnion und viele Unionsmitglieder überhaupt nur denkbar, wenn diese sich von ihrem radikalen Flügel trennen und eine realistische Einwanderungspolitik akzeptieren.

Der Wahl des neuen Parteivorsitzenden der CDU sowie des gemeinsamen Kanzlerkandidaten der CDU/CSU kommt entscheidende Bedeutung für die Partei, aber noch viel wichtiger, für Deutschland zu. Denn genau so, wie Frau Merkel die Partei und Deutschland verändert hat, kann dies der neue CDU-Parteivorsitzende, der vermutlich auch Kanzler wird, tun. Viele von denen, die unter der bisherigen Führung gut gefahren sind, werden sich nach einem Machtwechsel dann zu ihrem Vorteil dem neuen Kurs anpassen, vielleicht sogar beteuern, dass sie schon seit langem für eine Politikwende eingetreten sind.

Nur ein Parteivorsitzender und Kanzler, der die beschriebenen Probleme entschlossen anpackt, wird Deutschland zum Positiven verändern und damit gleichzeitig die CDU/CSU als politisch führende Kraft erhalten können. Für viele Mitglieder und Anhänger der Union ist ein Beibehalten des bisherigen Kurses kaum vorstellbar. Ohne Politikwende droht nicht nur eine Eskalation der Probleme in Deutschland, sondern auch ein weiterer Exodus der Mitglieder, erneute Wahlschlappen und vielleicht sogar eine Spaltung der einzigen verbliebenen Volkspartei beziehungsweise eine Marginalisierung zwischen den erstarkenden Parteien Grüne und AfD.

Der WerteUnion mit ihrer Überzeugung und ihrem Einsatz für christdemokratische Werte wie Freiheit, Sicherheit, Leistung und ein christliches Menschenbild kommt auch zukünftig eine wichtige, aber schwierige Rolle zu. Die Vergangenheit hat nämlich gezeigt, dass die Selbstregulierungskräfte innerhalb der CDU/CSU nicht ausreichen, um wertkonservative und wirtschaftsliberale Positionen innerhalb der Union gegen den Linkskurs der Kanzlerin zu verteidigen. Ohne eine organisierte parteiinterne Opposition wird das Profil der CDU/CSU weiter deformiert werden; eine zunehmende Abwendung langjähriger Mitglieder und Wähler wird die Folge sein.

Vor allem aber wird durch den Linkskurs der CDU/CSU keine bedeutende Partei mehr für eine bürgerliche Politik stehen, da die AfD ihre anfängliche Chance hierfür durch ihre stark voranschreitende Radikalisierung verspielt hat. Dies wird sich schädlich auf die deutsche Politik sowie die Bürger auswirken. Wenn sich die WerteUnion aber mit einigen ihrer Positionen in der CDU/CSU durchsetzt, kann sie dazu beitragen,

Mitglieder in der Union zu halten, neue zu gewinnen und das zuletzt verloren gegangene Vertrauen vieler Wähler zurückzugewinnen.

Allerdings bleibt diese Aufgabe schwierig, denn besonders bei den Parteifunktionären, die vom System Merkel profitieren, gilt die WerteUnion als Gefahr und hart zu bekämpfender Gegner. Sie versuchen, den Verein als Sektierer, Grund für schlechte Wahlergebnisse der CDU/CSU und »rechts« zu diskreditieren und letztlich zu zerschlagen. Falls die WerteUnion, um diesen Vorwürfen zu entgehen, ihre Kritik an den Fehlern der Kanzlerin verringern würde, wird sie – wie zahllose Versuche zuvor, eine Veränderung zu erzielen – auch nicht durchdringen und keine Verbesserung der Politik erreichen. Gleichzeitig muss sich die WerteUnion gegen Angriffe von rechts zur Wehr setzen, sie sei nur ein geschicktes Täuschungsmanöver der Parteiführung der CDU/CSU mit dem Ziel, eine Abwanderung der Wähler zur AfD zu verhindern. Zwar ist es tatsächlich eines unserer – verschiedentlich schon erreichten – Ziele, Mitglieder und Wähler für die Union zu gewinnen oder zu halten, aber eben für eine Politik, die sich wieder an christdemokratischen Grundsätzen orientiert.

Um dieses oberste Ziel einer liberal-konservativen Politikwende auf Basis des christlichen Menschenbilds zu erreichen, hat die WerteUnion im Juni 2020 strategische Leitlinien schriftlich definiert. Darin wurde nochmals klargestellt, dass wir unsere im »Konservativen Manifest« formulierten Positionen wieder in der CDU/CSU verankern und diese damit auf den richtigen Kurs zurückbringen wollen. Die WerteUnion positioniert sich somit auch als kritische innerparteiliche Opposition, sofern die Unionsführung eine von den christdemokratischen Grundsätzen abweichende Politik betreibt oder sich links der Mitte aufstellt. Unsere politischen Gegner sind jedoch stets die Parteien links und rechts der Union.

Da die Umsetzung politischer Inhalte stark von Personen abhängt, treten wir dafür ein, dass Konservative und Wirtschaftsliberale in wichtigen Spitzenpositionen angemessen vertreten sind. Sofern die Parteispitze dauerhaft eine vom wertkonservativen, wirtschaftsliberalen und christlich-sozialen Markenkern der Union abweichende Politik betreibt, setzen wir uns auch für eine entsprechende personelle Erneuerung ein.

Angesichts des zunehmenden Einflusses sozialistischer Gedanken in der deutschen Politik – man denke beispielsweise an Forderungen aus der SPD nach Verstaatlichungen – und der Annäherung der CDU an die Linkspartei in Thüringen und Mecklenburg-Vorpommern hat sich die WerteUnion im Mai 2020 auch einen neuen Claim gegeben: »Freiheit statt Sozialismus« soll klarstellen, dass wir die persönliche, im Grundgesetz garantierte Freiheit des Individuums gegen sozialistische Tendenzen verteidigen wollen. Gleichzeitig dokumentieren wir mit diesem früheren Motto der CDU die Verbundenheit mit christdemokratischem Gedankengut.

Wir sehen gute Chancen, dass die CDU/CSU mit einem klaren Profil und dezidiertem Handeln auch langfristig nach dem Corona-Hype des Sommers 2020 sowohl wieder bei Wahlen erfolgreich sein als auch die bestehenden Probleme in Deutschland lösen kann. Der österreichische Bundeskanzler Sebastian Kurz dient hierbei mit seiner ÖVP als nachahmenswertes Vorbild. Insbesondere seine entschlossene Politik hinsichtlich der inneren Sicherheit und Einwanderungspolitik hat der unter seinen Vorgängern analog der CDU/CSU dramatisch unter Druck geratenen ÖVP wieder zu einem grandiosen Wahlsieg verholfen und ihm freie Wahl hinsichtlich des Koalitionspartners und damit großen Gestaltungsspielraum gegeben. So musste er bei seiner Koalition mit den Grünen insbesondere in der Einwanderungspolitik keine Kompromisse eingehen.

Vermutlich liegt genau in seinem pragmatischen, streng sachorientierten Handeln auch ein Schlüssel für eine zukunftsorientierte und erfolgreiche Politik in Deutschland: weniger rein am Machterhalt orientierte und durch Medien beeinflusste demoskopiegetriebene Parteipolitik, dafür die konsequente Durchsetzung notwendiger Sachentscheidungen zur Lösung der bestehenden Probleme.

Es steht viel auf dem Spiel für Deutschland in den nächsten Monaten und Jahren. Dafür müssen die Weichen nachhaltig gestellt werden. Die WerteUnion wird sich allen Widrigkeiten zum Trotz für ihre Überzeugung einsetzen und damit eine weiter wachsende Bedeutung erlangen. Die Versäumnisse der Politik des letzten Jahrzehnts zu korrigieren, ist eine Mammutaufgabe und gleicht eher einem harten Marathon als einem Kurzstreckenlauf. Eine Gewähr, dass der WerteUnion die Politikwende mit der CDU/CSU gelingt, gibt es nicht. Es gibt aber gute Gründe und Anzeichen dafür, dass der eingeschlagene Weg der WerteUnion der richtige ist. Und wir sind zuversichtlich, dass wir unser Ziel zum Wohle dieses Landes erreichen. Nicht heute, aber vermutlich übermorgen.

Endnoten

1 https://www.faz.net/aktuell/feuilleton/debatten/nach-silvester-in-koeln-muss-es-um-die-taeter-gehen-13999062.html
2 https://www.sueddeutsche.de/politik/parteien-hoecke-und-das-liebe-volk-skandalrede-zeigt-afd-dilemma-dpa.urn-newsml-dpa-com-20090101-170118-99-927269
3 https://www.deutschlandfunk.de/mitsch-cdu-zu-thueringen-fdp-ministerpraesident-sollte-uns.694.de.html?dram:article_id=469754
4 https://www.br.de/nachrichten/deutschland-welt/wer-ist-die-werteunion-koepfe-forderungen-kritiker,RqBnDBb
5 https://www.faz.net/aktuell/politik/inland/vorsitzender-der-werte-union-mitsch-aus-dem-kreisvorstand-gewaehlt-16431739.html
6 https://www.focus.de/politik/deutschland/cdu-laesst-mitsch-durchfallen-chef-der-werteunion-soll-nicht-fuer-landtag-kandidieren_id_12116644.html
7 https://www.t-online.de/region/id_87369682/mitsch-berichtet-von-hass-schreiben-in-seinem-briefkasten.html
8 https://www.morgenweb.de/schwetzinger-zeitung_artikel,-schwetzingen-gesinnungstest-oder-ganz-legitime-frage-_arid,1481742.html
9 https://www.mz-web.de/politik/ex-geheimdienstchef-in-brehna-maassen-warnt-vor-rueckkehr-zu-ddr-verhaeltnissen-33439688
10 https://web.de/magazine/politik/tobias-hans-kritisiert-werteunion-beleidigung-cdu-mitglieder-34420386
11 https://www.zeit.de/2015/25/angela-merkel-cdu-geschichte
12 https://www.stuttgarter-nachrichten.de/inhalt.angela-merkel-gesichter-einer-maechtigen.e6536d20-7978-4514-abc5-138e7f76b754.html
13 https://www.zeit.de/politik/deutschland/2016-12/staatsbuergerschaft-cdu-parteitag-integration
14 https://rp-online.de/politik/deutschland/wolfgang-bosbach-und-ronald-pofalla-ich-kann-deine-fresse-nicht-mehr-sehen_aid-18272181
15 https://www.welt.de/politik/deutschland/article158467201/Wer-nicht-fuer-Merkel-ist-ist-ein-Arschloch.html
16 https://www.spiegel.de/politik/deutschland/laengere-akw-laufzeiten-merkel-preist-kompromiss-als-energie-revolution-a-715854.html
17 https://www.bundestag.de/dokumente/textarchiv/2011/33753604_kw11_regierungserklaerung_japan-204868
18 https://wahl.tagesschau.de/wahlen/2011-03-27-LT-DE-BW/index.shtml
19 https://www.stern.de/politik/deutschland/bundestag-stimmt-fuer-hilfen-fuer-griechenland--60-unions-abgeordnete-verweigern-merkel-die-gefolgschaft-6350518.html
20 https://www.zeit.de/politik/deutschland/2015-07/afd-umfrage-petry
21 https://www.welt.de/politik/deutschland/article162582074/Fast-haette-Merkel-die-Grenze-geschlossen.html
22 https://www.welt.de/politik/deutschland/article162582074/Fast-haette-Merkel-die-Grenze-geschlossen.html
23 https://interaktiv.waz.de/afd-umfragen-osten-westen-chronik/

Endnoten

24   https://www.spiegel.de/politik/deutschland/griechenland-gruenen-
     waehler-lieben-angela-merkels-kurs-a-1043649.html
25   https://www.infratest-dimap.de/fileadmin/user_upload/dt1603_bericht.pdf
26   https://www.faz.net/aktuell/politik/bundestagswahl/merkel-nach-der-
     wahl-die-unerschuetterliche-15219557.html
27   https://www.tagesspiegel.de/politik/rupert-scholz-ueber-
     fluechtlingspolitik-da-liegt-die-bundeskanzlerin-falsch/12450400.html
28   https://www.moz.de/artikel-ansicht/dg/0/1/1421838/
29   https://www.n-tv.de/politik/politik_kommentare/Die-
     Stimmungskanzlerin-article6402051.htm
30   https://www.welt.de/politik/deutschland/article146898053/Die-Union-
     verweigert-Merkel-die-Gefolgschaft.html
31   https://www.nzz.ch/newsticker/zahl-der-toten-bei-terroranschlaegen-in-
     paris-auf-130-gestiegen-1.18649956
     https://www.lemonde.fr/attaques-a-paris/article/2017/11/11/attentat-du-13-
     novembre-deux-ans-apres-les-revelations-de-l-enquete_5213555_4809495.
     htm
32   https://www.merkur.de/politik/terror-alarm-hannover-wirklich-passiert-
     beim-spiel-deutschland-gegen-niederlande-hdi-arena-zr-5883618.htm
33   https://www.welt.de/politik/deutschland/article148969193/Ein-Teil-dieser-
     Antworten-wuerde-die-Bevoelkerung-verunsichern.htm
34   https://www.merkur.de/politik/terror-alarm-hannover-wirklich-passiert-
     beim-spiel-deutschland-gegen-niederlande-hdi-arena-zr-5883618.htm
35   https://www.ndr.de/nachrichten/schleswig-holstein/Mutmassliche-
     Schlaefer-Zelle-in-Schleswig-Holstein,terrorverdacht130.html
36   https://www.ndr.de/nachrichten/schleswig-holstein/Mutmassliche-
     Schlaefer-Zelle-in-Schleswig-Holstein,terrorverdacht130.html
37   https://www.bz-berlin.de/deutschland/terror-verdacht-razzien-in-
     fluechtlingsheimen
38   https://www.bz-berlin.de/deutschland/terror-verdacht-razzien-in-
     fluechtlingsheimen
39   https://www.spiegel.de/politik/ausland/anschlag-in-nizza-zahl-der-
     todesopfer-steigt-auf-86-a-1108632.html
40   https://www.badische-zeitung.de/panorama/axt-attacke-in-wuerzburg-is-
     reklamiert-bluttat-fuer-sich--125030709.htm
41   https://www.sueddeutsche.de/politik/zug-anschlag-bei-wuerzburg-
     attentaeter-wollte-sich-raechen-1.3084956
42   https://web.archive.org/web/20160722160531/http:/www.faz.net/aktuell/
     politik/kampf-gegen-den-terror/axt-attentaeter-von-wuerzburg-reiste-
     unkontrolliert-ein-14351538.html
43   https://www.br.de/nachricht/axt-attacke-wuerzburg-identitaet-100.html
44   https://web.archive.org/web/20160727204309/http:/www.zeit.de/
     news/2016-07/26/kriminalitaet-linken-politiker-setzte-sich-fuer-
     bleiberecht-von-syrer-ein-26130006
45   https://www.spiegel.de/panorama/bayern-explosion-in-ansbacher-
     innenstadt-ein-toter-a-1104496.html
46   https://www.focus.de/politik/deutschland/anschlag-in-ansbach-blick-
     in-asyl-akte-des-taeters-ich-habe-angst-vor-einer-rueckkehr-nach-syrien_
     id_5762580.html

47 https://www.spiegel.de/politik/deutschland/ansbach-der-auffaellig-unauffaellige-taeter-mohammad-daleel-a-1104809.html
https://www.augsburger-allgemeine.de/bayern/IS-Anweisungen-an-Wuerzburg-Attentaeter-Mach-es-mit-der-Axt-id39088002.html
48 https://www.sueddeutsche.de/politik/anschlag-auf-berliner-weihnachtsmarkt-lampedusa-berlin-mailand-1.3309131-2
49 https://www.bild.de/regional/bremen/so-viel-vom-staat-libanesische-clan-illegal-drogengeschaefte-14826836.bild.html
50 https://www.abendblatt.de/hamburg/article216696081/Linksextremisten-betreiben-ungestoert-Propaganda-an-Schule.html
51 https://www.welt.de/newsticker/news2/article174512155/Justiz-Bericht-Bundesweit-fehlen-fast-2000-Richter-und-Staatsanwaelte.html
https://www.zeit.de/politik/deutschland/2019-01/pakt-rechtsstaat-bund-laender-richterstellen-staatsanwaelte-justiz-entlastung
52 https://www.focus.de/politik/gerichte-in-deutschland/exklusive-erhebung-fuer-focus-online-umfrage-schock-45-prozent-der-deutschen-haben-wenig-oder-kaum-vertrauen-in-die-justiz_id_10120663.html
https://www.zdf.de/nachrichten/heute/zdf-zoom-im-namen-des-volkes-justiz-ueberlastete-gerichte-100.html
53 https://www.faz.net/aktuell/politik/ausland/wuester-jamaika-spielt-mit-der-zukunft-der-bundeswehr-15287772.html
54 https://de.statista.com/statistik/daten/studie/157795/umfrage/entwicklung-der-ausgaben-des-bundes-seit-1969/
https://de.statista.com/infografik/10536/sozialausgaben-in-deutschland/
https://www.bpb.de/politik/grundfragen/deutsche-verteidigungspolitik/249290/verteidigungsausgaben
55 https://www.handelsblatt.com/politik/deutschland/deutsche-bundeswehr-warum-deutschland-momentan-kein-u-boot-hat/20691320-2.html
https://augengeradeaus.net/2017/10/kein-einziges-deutsches-u-boot-faehrt-mehr/
56 https://www.swr.de/swraktuell/maengel-bundeswehr-100.html
https://www.welt.de/politik/deutschland/article198151847/Technische-Maengel-Startverbot-fuer-alle-53-Tiger-Hubschrauber-der-Bundeswehr.html
https://www.wiwo.de/politik/deutschland/kampf-und-transporthubschrauber-waffensysteme-der-bundeswehr-oft-nicht-einsatzbereit/24112382.html
57 https://www.n-tv.de/politik/Wehrbeauftragter-kritisiert-Mangelwirtschaft-article20833138.html
https://www.sueddeutsche.de/politik/bundeswehr-wehrbeauftragter-bericht-1.4774621
58 https://www.faz.net/aktuell/wirtschaft/eu-stimmt-ueber-gasrichtlinie-ab-schicksalstag-fuer-nord-stream-2-16030487.html
59 https://www.dw.com/de/ostsee-pipeline-in-betrieb-genommen/a-15516968
60 https://www.bild.de/bild-plus/politik/ausland/politik-ausland/die-nord-stream-projekte-putins-pipeline-paten-in-deutschland-60033720.bild.html
61 https://www.handelsblatt.com/politik/deutschland/cdu-parteitag-die-cdu-ebnet-den-weg-fuer-einen-moeglichen-ausschluss-von-huawei/25260538.html?ticket=ST-844361o-2ihXvbcYdGoJk3MgYFha-ap4

62 https://www.handelsblatt.com/politik/deutschland/netzausbau-merkel-
oeffnet-5g-netz-fuer-huawei/25107766.html
63 https://www.spiegel.de/spiegel/vorab/fluechtlingspolitik-edmund-stoiber-
wirft-merkel-spaltung-der-gesellschaft-vor-a-1074675.html
64 https://www.focus.de/politik/videos/kritik-an-fluechtlingspolitik-stoiber-
wirft-merkel-vor-bundesregierung-hat-deutsche-gesellschaft-gespalten_
id_5249867.html
https://www.sueddeutsche.de/bayern/edmund-stoiber-du-machst-europa-
kaputt-1.2821402?reduced=true
https://www.sueddeutsche.de/bayern/fluechtlinge-seehofer-es-ist-eine-
herrschaft-des-unrechts-1.2856699
65 https://www.welt.de/wirtschaft/article142752445/Katastrophale-
Sanktionspolitik-der-EU-gegen-Russland.html
66 https://www.finanzen.net/nachricht/aktien/ukraine-krise-merkel-schliesst-
neue-sanktionen-gegen-moskau-aus-4013774
https://www.sueddeutsche.de/politik/konflikte-merkel-gegen-
rasche-verschaerfung-der-russland-sanktionen-dpa.urn-newsml-dpa-
com-20090101-150315-99-06594
https://www.focus.de/sport/fussball/nationalmannschaft-
bundeskanzlerin-merkel-sieht-keinen-anlass-fuer-wm-boykott_
id_8625306.html
67 https://www.welt.de/print/die_welt/debatte/article146498046/Merkel-
ruiniert-Europa.html
68 https://www.dw.com/de/corona-krise-was-haben-die-deutschen-gegen-
eurobonds/a-53196784
69 https://www.abendblatt.de/politik/article110767639/Merkel-wirbt-fuer-
Vereinigte-Staaten-von-Europa.html
70 https://www.deutsche-handwerks-zeitung.de/die-10-laender-mit-der-
hoechsten-steuerlast-fuer-arbeitnehmer/150/3091/386922
71 https://www.promobilitaet.de/verband/aktuelles/investitionsstau-bei-
kommunalen-verkehrswegen/
72 https://www.iwkoeln.de/fileadmin/publikationen/2014/145161/IW-Studie_
Infrastruktur.pdf
73 https://www.badische-zeitung.de/gleise-der-rheintalbahn-senkten-sich-
bereits-vor-der-tunnel-havarie-bei-rastatt--148458739.html
74 https://www.handelsblatt.com/unternehmen/handel-konsumgueter/
bahnstrecke-bei-rastatt-der-schweiz-drohen-wegen-sperrung-
engpaesse/20203330.html?ticket=ST-8477836-AFPwJerWhM1bzwgceTLl-
ap4
75 https://www.abendblatt.de/hamburg/magazin/article125569708/In-53-
Minuten-von-Hamburg-nach-Berlin.html
76 https://www.welt.de/wirtschaft/article158130728/Der-neue-ICE-langsam-
langweilig-aber-solide.html
77 https://www.bundesregierung.de/breg-de/suche/moratorium-
616608#:~:text=Am%2014.,Laufzeiten%20der%20deutschen%20
Kernkraftwerke%20verk%C3%BCndet.&text=Im%20Ergebnis%20
beschloss%20die%20Bundesregierung,aus%20deutschen%20
Kernkraftwerken%20verzichten%20wird.
78 https://www.cicero.de/innenpolitik/das-schweigen-der-lemminge/42260

Endnoten

79 Gertrud Höhler: Die Patin, Seite 106 ff.
80 Ebd., S. 109
81 https://www.handelsblatt.com/politik/deutschland/kostenexplosion-merkels-strompreisluege/6663536.html
82 https://www.solaranlage.eu/photovoltaik/wirtschaftlichkeit/erneuerbare-energien-gesetz
83 https://www.faz.net/aktuell/wirtschaft/wirtschaftspolitik/energie-strompreisentwicklung-kann-unternehmen-eine-milliarde-euro-zusaetzlich-kosten-1256741.html
84 https://rp-online.de/politik/putin-fordert-gleichberechtigten-platz-fuer-russland-in-europa_aid-8507833
85 https://www.cducsu.de/sites/default/files/2019-06/cducsu_faktenblatt_Klimaschutz_switch.pdf
86 Aol.de, 13.07.2008: Klimaschutz kostet Deutsche 500 Euro pro Jahr
    https://www.tagesspiegel.de/wirtschaft/energie-klimaschutzpaket-verteuert-strom-%20%20%20drastisch/1279620.html
87 https://unfccc.int/resource/docs/2015/cop21/eng/10a01.pdf
88 https://www.tagesschau.de/inland/petersberger-klimadialog-coronavirus-103.html
89 https://www.tagesschau.de/inland/petersberger-klimadialog-coronavirus-103.html
90 https://www.handelsblatt.com/politik/konjunktur/nachrichten/konjunktur-industrieanteil-an-deutscher-wirtschaft-so-niedrig-wie-seit-2009-nicht-mehr/25445134.html
91 https://www.sueddeutsche.de/wirtschaft/altersvorsorge-rentenplaene-der-koalition-sind-unbezahlbar-1.3955885
92 https://www.capital.de/immobilien/vorsichtige-bauherren-kein-risiko-beim-eigenheim
93 https://www.welt.de/politik/article2239635/Die-klassische-Familie-ist-auf-dem-Rueckzug.html
94 https://www.familienplanung.de/beratung/schwangerschaftsabbruch/kosten-schwangerschaftsabbruch/#c65077
95 https://www.faz.net/aktuell/politik/bildung-tendenzen-zur-einheitsschule-1194973.html
96 https://www.bmbf.de/de/internationale-vergleichsstudien-1229.html
97 https://www.tagesschau.de/inland/einser-abitur-101.html
98 https://www.welt.de/wirtschaft/article181555670/Fachkraeftemangel-150-000-Handwerker-fehlen-in-Deutschland.html
99 https://www.handelsblatt.com/politik/deutschland/gesundheitspolitik-40-000-unbesetzte-stellen-pflegenotstand-in-deutschland-weitet-sich-aus/23835088.html?ticket=ST-8523980-7D2dXoB1xhliUqk1aO4O-ap4
100 https://www.zeit.de/gesellschaft/zeitgeschehen/2018-07/andreas-gassen-aerztemangel
    https://www.welt.de/sonderthemen/vernetzte-welten/article159315818/Deutschlands-verzweifelte-Suche-nach-Ingenieuren.html
101 https://www.stern.de/politik/deutschland/afd-naehe-in-polizei-und-bundeswehr--friedrich-merz-entfacht-debatte-8766898.htm
102 https://www.bpb.de/nachschlagen/zahlen-und-fakten/bundestagswahlen/

103 https://de.statista.com/statistik/daten/studie/1062780/umfrage/umfrage-zu-den-wichtigsten-problemen-in-deutschland/
104 http://berliner-kreis.info/wp-content/uploads/2017/05/2017-08-30-PM-BK-WU-INSA-Studie.pdf
http://berliner-kreis.info/wp-content/uploads/2017/08/INSA-Studie-August-2017.pdf
105 https://www.tichyseinblick.de/daili-es-sentials/werteunion-familiennachzug-fuer-gefaehrder-ist-ein-sicherheitsrisiko-fuer-deutschland/attachment/bildschirmfoto-2018-05-11-um-14-03-53/
106 https://www.tagesschau.de/faktenfinder/ausland/migrationspakt-101.html
107 https://de.statista.com/statistik/daten/studie/170911/umfrage/interesse-an-politik/
108 https://www.zeit.de/gesellschaft/2019-05/meinungsfreiheit-oeffentlichkeit-deutsche-ifd-allensbach-studie
109 https://www.stuttgarter-nachrichten.de/inhalt.politische-lager-was-ist-heute-eigentlich-rechts.c4ad3f8e-7f8c-471e-8a8e-358c8a315d29.html
110 https://www.spiegel.de/spiegel/print/d-14023603.html
111 https://www.dgb.de/themen/++co++bfb67658-b2d6-11e9-944b-52540088cada
112 https://www.bz-berlin.de/deutschland/ich-muss-mich-nicht-distanzieren-nur-weil-die-afd-das-will
113 https://www.welt.de/politik/deutschland/article193591595/Verfassungsschutz-nennt-Wirsindmehr-Konzert-unter-Linksextremismus.html
114 https://www.faz.net/aktuell/wirtschaft/klima-energie-und-umwelt/verfassungsschutz-stoppt-die-linksextremen-klimaretter-16782808.html
115 https://www.tagesspiegel.de/wissen/diskussionen-um-lindner-und-lucke-ist-die-meinungsfreiheit-an-hochschulen-in-gefahr/25152434.html
116 https://www.nzz.ch/international/das-herz-des-deutschen-journalisten-schlaegt-links-ld.1434890
117 https://rp-online.de/politik/freiheit-statt-sozialismus_aid-8502425
118 https://www.welt.de/politik/deutschland/article210667597/Bundeswehr-Spezialkraefteverband-KSK-wird-teilaufgeloest.html
119 https://www.shz.de/deutschland-welt/von-der-leyen-will-bundeswehr-stuben-verschoenern-id6699826.html
120 https://www.tagesschau.de/ausland/usa-polen-militaer-103.html
121 https://taz.de/Abschaffung-der-Polizei/!5689584/
122 https://www.handelsblatt.com/politik/deutschland/angriffe-polizisten-in-deutschland-zunehmend-opfer-von-gewalt/25868692.html?ticket=ST-8590600-ZFgZgLkUlN1Wgh5oxfZl-ap4
https://www.wiwo.de/politik/deutschland/angriffe-polizisten-in-deutschland-zunehmend-opfer-von-gewalt/25868812.html
123 http://www.originalsozial.de/fileadmin/lv/Dokumente/LPT08_2011/NEU_Thesen_zum_50._Jahrestag_der_Berliner_Mauer_13072011.pdf
124 https://www.bild.de/politik/inland/politik-inland/cdu-heimatverband-der-kanzlerin-vor-zerreissprobe-linksextremistin-gewaehlt-70726598.bild.html#remId=1672997896674521985

125 https://www.spiegel.de/politik/deutschland/cdu-annegret-kramp-karrenbauer-kritisiert-wahl-von-barbara-borchardt-zur-verfassungsrichterin-a-ffa0f893-c827-44a0-aca7-022f5dd8be67
126 https://www.nordbayern.de/politik/afd-wahler-bei-polizei-und-militar-seehofer-kritisiert-merz-1.9030843
127 https://www.spiegel.de/politik/deutschland/friedrich-merz-in-der-kritik-nach-aeusserung-zu-afd-und-bundeswehr-a-1273893.html
128 https://www.focus.de/politik/deutschland/driften-sicherheitsorgane-ab-merz-warnt-wir-verlieren-teile-der-bundeswehr-und-der-bundespolizei-an-die-afd_id_10853535.html
129 https://www.welt.de/debatte/kommentare/article147786303/Die-groessten-Heucheleien-in-der-Fluechtlingspolitik.html
130 Junge Freiheit, Ausgabe 43/2015
131 Junge Freiheit, Ausgabe 43/2015, dokumentiert auch die folgenden Passagen
132 https://www.derwesten.de/politik/nrw-cdu-folgt-merkel-in-fluechtlingspolitik-id11170583.html
133 Junge Freiheit, Ausgabe 52/2015
134 https://www.welt.de/wirtschaft/article158994860/Die-schleichende-Sozialdemokratisierung-der-CDU.html
135 https://www.merkur.de/boulevard/roland-kotz-merkels-freudscher-versprecher-23205.html
136 https://www.br.de/nachrichten/deutschland-welt/kretschmann-lobt-merkel-als-stabilitaetsfaktor-in-europa,64t34e9m68t34c9g74w3jd1j6gv38
137 https://www.welt.de/politik/deutschland/article13491463/Die-macht-mir-mein-Europa-kaputt.html
   https://www.sueddeutsche.de/bayern/edmund-stoiber-du-machst-europa-kaputt-1.2821402?reduced=true
138 https://www.pfalz-express.de/schwedens-premierminister-stellt-sich-gegen-merkel-gegen-zentralismus-der-eu/
139 https://www.aerzteblatt.de/archiv/58244/Stammzellenforschung-CDU-Knappe-Mehrheit-fuer-neuen-Stichtag
140 Gerd Langguth: Angela Merkel, dtv, 2005
141 https://www.ndr.de/nachrichten/hamburg/Koalitionsgespraeche-Einigkeit-in-der-Schulpolitik,rotgruen142.html
142 https://www.spiegel.de/lebenundlernen/schule/volksentscheid-hamburger-schmettern-schulreform-ab-a-707179.html
143 https://www.cducsu.de/presse/pressemitteilungen/ganztagsschulen-sind-mehr-als-kostenlose-horte
   https://www.kas.de/c/document_library/get_file?uuid=4cd8f2cd-0771-0824-e229-8020b8bcf430&groupId=252038
   https://www.haz.de/Nachrichten/Politik/Niedersachsen/CDU-denkt-ueber-Gesamtschulen-nach
144 https://www.wiwo.de/politik/deutschland/bettina-roehl-direkt-winfried-kretschmann-und-der-bildungsplan-2015/9391974.html
145 Der Wechsel beginnt. Koalitionsvertrag zwischen BÜNDNIS 90/DIE GRÜNEN und der SPD Baden-Württemberg. S. 18, https://www.gruene-bw.de/wp-content/uploads/2015/10/Koalitionsvertrag-Der-Wechsel-beginnt.pdf

146 https://www.faz.net/aktuell/politik/inland/merkel-lobt-schuelerdemos-fridays-for-future-16068538.html
147 https://www.welt.de/print/wams/politik/article111241485/Das-Essen-war-immer-sehr-edel.html
148 https://www.tagesschau.de/inland/portraet-roettgen-101.html
149 https://www.sueddeutsche.de/politik/merkel-einladung-an-die-gruenen-in-fuenf-schritten-zu-schwarz-gruen-1.1784880
150 https://www.zeit.de/politik/deutschland/2014-12/cdu-parteitag-angela-merkel
151 https://www.pro-medienmagazin.de/politik/2017/11/22/beer-union-wollte-jeder-abstrusen-gruenen-forderung-entgegenkommen/
152 https://www.welt.de/debatte/kommentare/article171367140/Die-Beliebigkeit-der-Union-schadet-nicht-nur-ihr-sondern-der-Demokratie.htm
153 https://de.statista.com/statistik/daten/studie/1215/umfrage/mitgliederentwicklung-der-cdu-seit-1978/
154 https://de.statista.com/statistik/daten/studie/192223/umfrage/mitgliederentwicklung-der-csu/
155 https://de.statista.com/statistik/daten/studie/192246/umfrage/mitgliederentwicklung-der-linken/
156 https://www.idowa.de/inhalt.cdu-parteitag-gefaehrliche-lethargie.ca6afi68-dcd3-4f0a-81d6-54eb0f52271b.html
157 https://www.handelsblatt.com/politik/deutschland/whatsright/whats-right-zur-cdu-krise-die-cdu-deformiert-zusehends/13338798-2.html
https://www.faz.net/aktuell/politik/inland/cdu-debatte-roland-koch-kritisiert-merkel-mit-scharfen-worten-16457298.html
158 https://www.spiegel.de/politik/deutschland/roland-koch-kritisiert-angela-merkel-scharf-a-1293927.html
159 https://www.welt.de/politik/deutschland/article203528122/Fraktionschef-Wolfgang-Reinhart-Die-CDU-ist-inhaltlich-insolvent.html
160 https://www.bundestag.de/parlament/wahlen/ergebnisse_seit1949-244692
https://www.bundeswahlleiter.de/dam/jcr/0872e1f8-935a-45d6-a0f1-a3352fb4bc69/ew_ergebnisse_gesamt.pdf
161 https://www.kas.de/c/document_library/get_file?uuid=38511f69-098b-c802-7f95-c8413cd64bb1&groupId=252038
162 https://www.focus.de/politik/deutschland/parteien-waehler-sehen-cdu-erstmals-links-der-mitte_id_5133198.html
https://www.faz.net/aktuell/politik/inland/cdu-mitglieder-sehen-sich-rechts-von-ihrer-partei-zeigt-kas-studie-15349981.html
163 https://www.focus.de/politik/deutschland/parteien-waehler-sehen-cdu-erstmals-links-der-mitte_id_5133198.html
https://www.faz.net/aktuell/politik/inland/cdu-mitglieder-sehen-sich-rechts-von-ihrer-partei-zeigt-kas-studie-15349981.html
164 https://www.infratest-dimap.de/fileadmin/_migrated/content_uploads/dt1108_bericht.pdf
165 https://www.handelsblatt.com/politik/deutschland/volker-ruehe-ex-verteidigungsminister-kritisiert-merkel/4412196.html?ticket=ST-6882681-X125KmYMW7Bw7bxpVg29-ap1

https://www.spiegel.de/politik/deutschland/atomausstieg-cdu-veteran-biedenkopf-zerpflueckt-merkels-energiewende-a-772726.html

166 https://www.faz.net/aktuell/politik/inland/erwin-teufel-ich-schweige-nicht-laenger-11105997.html

167 https://www.handelsblatt.com/politik/deutschland/christdemokraten-schlagen-alarm-merkels-cdu-laufen-die-stammwaehler-davon/4453970.html

168 https://www.stern.de/politik/deutschland/kritik-an-merkels-kurs-teufel-spricht-cdu-basis-aus-dem-herzen-3775856.html

169 https://rp-online.de/politik/cdu-politiker-kritisieren-kurs-der-partei_aid-13354323

170 https://www.handelsblatt.com/politik/deutschland/christdemokraten-schlagen-alarm-merkels-cdu-laufen-die-stammwaehler-davon/4453970.html

171 https://www.weser-kurier.de/deutschland-welt/deutschland-welt-politik_artikel,-In-CDUKursdebatte-jetzt-direkte-Kritik-an-Merkel-_arid,267338.html

172 https://www.zeit.de/politik/deutschland/2011-10/gauweiler-ramsauer-csu-seehofer-parteitag

173 https://www.cicero.de/innenpolitik/alternative-fuer-deutschland-afd-mitglieder-cdu-csu-spd-linke-fdp-sed-gruene

174 https://www.welt.de/politik/deutschland/article129250270/Konservative-in-CSU-formieren-sich-gegen-Seehofer.html

175 https://www.welt.de/print/die_welt/politik/article129274075/CSU-Konservative-greifen-Seehofer-an.html

176 https://www.ovb-online.de/weltspiegel/politik/seehofer-muss-auch-unbequeme-themen-aufgreifen-4584846.html
https://www.handelsblatt.com/politik/deutschland/csu-konservative-kritisieren-merkel-wertefundament-der-cdu-weitgehend-zerstoert/11163932.html

177 https://www.deutschlandfunk.de/csu-parteitag-in-nuernberg-konservativer-aufbruch-und-ein.724.de.html?dram:article_id=306138

178 https://www.wiwo.de/politik/deutschland/konservativer-aufbruch-in-der-csu-der-konservative-aufbruch-ist-ein-seltenes-phaenomen/13608486-2.html

179 https://www.spiegel.de/politik/deutschland/syrien-fluechtlinge-deutschland-setzt-dublin-verfahren-aus-a-1049639.html

180 https://www.welt.de/politik/article180126272/Brief-an-Gruender-CSU-Fuehrung-wirft-Union-der-Mitte-Sektierertum-vor.html

181 https://www.zeit.de/politik/deutschland/2016-12/cdu-konservativer-kreis-mecklenburg-vorpommern-nordrhein-westfalen

182 https://konservativer-aufbruch.bayern/

183 SZ-Artikel vom 30-31.07.2016; https://www.dnn.de/Dresden/Lokales/Dresdner-CDU-Mitglieder-wollen-ihre-Partei-wieder-auf-den-richtigen-Kurs-bringen

184 https://www.stimme.de/deutschland-welt/politik/dw/Rumoren-an-der-Basis-Unionsanhaenger-grenzen-sich-von-Merkel-ab;art295,3818045

185 https://www.focus.de/politik/gerichte-in-deutschland/deutschlands-
    hoechster-richter-a-d-klagt-an-ex-bundesrichter-papier-ruegt-deutsche-
    asylpolitik-mitgefuehl-ersetzt-kein-recht_id_11580201.html
186 https://www.spiegel.de/politik/deutschland/cdu-csu-angela-merkel-
    kritiker-gruenden-konservativen-aufbruch-a-1140473.html
187 Grafik zur Mitgliederentwicklung auf www.werteunion.info
188 https://rp-online.de/politik/deutschland/freiheitlich-konservativer-
    aufbruch-die-konservativen-rebellen-blasen-zum-angriff_aid-19544149
189 https://www.zeit.de/politik/deutschland/2017-06/klimaschutz-pariser-
    abkommen-cdu-csu-berliner-kreis
190 https://www.zeit.de/politik/deutschland/2017-06/klimaschutz-pariser-
    abkommen-cdu-csu-berliner-kreis
191 Ulli Jentsch: Die »Lebensschutz«-Bewegung und die AfD. In: Alexander
    Häusler (Hrsg.): Die Alternative für Deutschland: Programmatik,
    Entwicklung und politische Verortung. Springer-Verlag, 2016, S. 102
192 http://kath.net/news/64895
193 https://www.bundestag.de/parlament/wahlen/ergebnisse_seit1949-
    244692
194 https://www.bpb.de/gesellschaft/migration/laenderprofile/255670/
    parteien-zu-migration-integration-flucht-und-asyl
    https://www.tagesspiegel.de/politik/euro-zonen-budget-gruene-wollen-
    europa-110-milliarden-euro-geben/24097362.html
195 https://www.wirtschaftsrat.de/wirtschaftsrat.nsf/id/umfassendes-fazit-
    des-wirtschaftsrates-zum-koalitionsvertrag-union-und-spd-setzen-
    wirtschaftspoliti
    https://www.faz.net/aktuell/wirtschaft/kuenstliche-intelligenz/
    koalitionsvertrag-besteht-zu-70-prozent-aus-spd-forderungen-15443775.
    html
196 https://www.welt.de/politik/deutschland/article174123900/CDU-Parteitag-
    Mitglieder-konnten-sich-bei-GroKo-Abstimmung-nicht-enthalten.html
197 https://www.welt.de/regionales/baden-wuerttemberg/article175252233/
    Spahn-schickt-Grusswort-zum-Treffen-der-Werte-Union.html
198 https://www.spiegel.de/politik/deutschland/horst-seehofer-was-steht-im-
    masterplan-migration-a-1217629.html
199 https://www.faz.net/aktuell/politik/inland/merkel-und-seehofer-erreichen-
    durchbruch-im-asylstreit-15671645.html
200 https://www.stuttgarter-nachrichten.de/inhalt.asylstreit-in-der-union-der-
    machtkampf-ist-ausser-kontrolle.ab1502b6-55a9-47d0-9e49-776ac9e6ef59.
    html
201 https://www.spiegel.de/politik/deutschland/angela-merkel-fans-formieren-
    sich-entsteht-da-ein-linker-fluegel-in-der-union-a-1219243.html
202 https://de.wikipedia.org/wiki/Union_der_Mitte
203 https://www.rnz.de/politik/suedwest_artikel,-kurskampf-in-der-cdu-wie-
    sich-union-der-mitte-und-werteunion-auf-twitter-fetzen-_arid,466859.html
204 https://www.welt.de/politik/deutschland/article203705924/Karin-Prien-
    CDU-Nicht-in-dieser-Sektierertruppe-Werteunion-engagieren.html
205 Hierzu gibt es viele Tweets, etwa den Von Patrick Kunkel vom 6.9.2019.

206 https://www.spiegel.de/politik/deutschland/cdu-vs-cdu-werteunion-chef-erwirkt-einstweilige-verfuegung-gegen-widersacher-a-1264357.html
207 https://www.n-tv.de/politik/Merkels-erbitterte-Gegner-article21217600.html
208 https://www.tagesspiegel.de/politik/nachfolge-von-angela-merkel-zwoelf-kandidaten-bewerben-sich-um-cdu-vorsitz/23356642.html
209 https://www.hessenschau.de/politik/wahlen/landtagswahl-2018/ergebnisse/alle-ergebnisse-zur-landtagswahl-in-hessen,ltw18-ergebnisse-100.html#Landesergebnis
210 https://de.statista.com/statistik/daten/studie/500465/umfrage/umfrage-zu-den-wichtigsten-politischen-themen-in-deutschland/
211 https://www.die-tagespost.de/politik/CDU-Abgeordnete-Pantel-Migrationspakt-treibt-Europa-auseinander;art438,193708
https://schmid.welt.de/2018/11/06/fast-durchgewitscht-der-un-migrationspakt-muss-diskutiert-werden/
212 https://www.welt.de/politik/deutschland/plus184418188/Matthias-Herdegen-Wuerde-dem-Migrationspakt-so-nicht-zustimmen.html
213 https://www.merkur.de/politik/merkur-kommentar-zum-un-migrationspakt-merkels-basta-reicht-nicht-10534657.htm
214 https://www.derstandard.de/story/2000113199621/schallenberg-kein-beitritt-oesterreichs-zum-uno-migrationspakt
215 Entsprechend der über das Internetportal der WerteUnion eingegangenen Meldungen
216 https://www.bild.de/politik/inland/politik-inland/unterzeichner-anzahl-aufregung-um-petition-gegen-un-migrationspakt-58590564.bild.html
217 Meinungsumfrage von INSA im Auftrag von Bild. Demnach fanden mehr als Zweidrittel der Befragten (69 Prozent), dass die Bundespolitik Einfluss auf die bayerische Landtagswahl hat. https://www.bild.de/bild-plus/politik/inland/politik-inland/bayern-wahl-wer-hat-schuld-am-wahldebakel-der-csu-57793068.bild.html
218 Vergleiche Kapitel 3.
219 https://www.sueddeutsche.de/politik/cdu-spahn-migrationspakt-1.4217042
220 https://www.ksta.de/koeln/nicht-repraesentative-befragung-unter-koelnern-friedrich-merz-favorit-fuer-cdu-vorsitz-31614866
https://www.faz.net/aktuell/politik/inland/regionalkonferenz-in-boeblingen-friedrich-merz-liegt-bei-der-suedwest-cdu-vorn-15913050.html
https://www.maz-online.de/Nachrichten/Politik/Deutsche-wuerden-Merz-an-CDU-Spitze-waehlen
221 https://www.handelsblatt.com/politik/deutschland/cdu-vorsitz-spahn-dementiert-absprachen-bei-der-wahl-kramp-karrenbauers/23744994.html
222 Gemäß Aussagen verschiedener CDU-Mitglieder auf dem Bundesparteitag.
223 https://www.bild.de/politik/inland/politik-inland/akk-zur-parteichefin-gewaehlt-so-lief-der-cdu-schicksals-tag-58896350.bild.html
224 Grafik zur Mitgliederentwicklung auf www.werteunion.info.
225 Laut Aussage eines teilnehmenden Mitglieds der WerteUnion.
226 https://www.nzz.ch/international/cdu-werkstattgespraech-reden-ueber-migration-ohne-merkel-ld.1459117

227 https://www.faz.net/aktuell/politik/inland/verfassungsschutzpraesident-maassen-muss-posten-raeumen-15794420.html
https://www.zeit.de/politik/deutschland/2018-09/spd-fordert-merkel-zur-entlassung-maassens-auf
228 https://www.merkur.de/politik/linksradikale-kraefte-und-naive-politik-maassens-umstrittenes-rede-manuskript-im-wortlaut-zr-10494978.html
229 https://www.faz.net/aktuell/politik/inland/verfassungsschutzpraesident-maassen-muss-posten-raeumen-15794420.html
230 https://www.spiegel.de/politik/deutschland/werte-union-in-koeln-hans-georg-maassens-erster-auftritt-ist-ein-heimspiel-a-1253622.html
https://werteunion.net/wp-content/uploads/2019/02/Werteunion_VersEND.pdf
231 https://www.tagesspiegel.de/politik/auftritt-beim-berliner-kreis-der-union-brinkhaus-laesst-maassen-nicht-im-fraktionssaal-reden/24326414.html
232 https://www.sueddeutsche.de/politik/ralph-brinkhaus-berliner-kreis-hans-georg-maassen-fraktionssaal-1.4442903
233 eigene Beobachtung
234 https://www.welt.de/politik/deutschland/article193332151/Auftritt-in-der-Union-Maassen-warnt-im-Berliner-Kreis-vor-Gift-des-Extremismus.html
235 https://www.wahlrecht.de/umfragen/europawahl.htm

236 https://www.bundeswahlleiter.de/europawahlen/2019/ergebnisse/bund-99.htm
237 https://www.welt.de/politik/deutschland/article194242005/Europawahl-2019-CDU-verliert-mehr-als-Million-Waehler-an-Gruene.html
238 https://www.zeit.de/politik/deutschland/2019-05/wahlanalyse-cdu-europawahl-junge-union-wahlniederlage-rechtsruck
239 https://www.pnp.de/nachrichten/politik/Bosbach-kritisiert-Schuldzuweisung-an-Junge-Union-und-Werteunion-3338496.html

240 https://www.kn-online.de/Nachrichten/Politik/CDU-Vize-Strobl-sagt-Werteunion-ab
241 https://www.sueddeutsche.de/politik/parteien-stuttgart-strobl-sagt-teilnahme-am-bundestreffen-der-werte-union-ab-dpa.urn-newsml-dpa-com-20090101-190612-99-618928
242 https://www.maz-online.de/Nachrichten/Politik/CDU-Vize-Strobl-sagt-Werteunion-ab
243 https://www.faz.net/aktuell/politik/inland/werteunion-beharrt-auf-kurskorrekturen-16238205.html
244 https://www.heise.de/tp/features/Die-CDU-hat-einen-Mann-der-politischen-Mitte-gewaehlt-4655949.html
245 https://werteunion.net/?p=8427
246 https://www.bild.de/politik/inland/ausschluss-drohung-maassen-wirft-akk-parteischaedigendes-verhalten-vor-64023890.bild.html
247 https://www.faz.net/aktuell/politik/wahl-in-sachsen/cdu-wahlkampf-in-sachsen-herr-maassen-fuer-die-werteunion-16314212.html
248 Grafik zur Mitgliederentwicklung auf www.werteunion.info.

249 https://www.welt.de/politik/deutschland/plus197829255/Wahlkampf-fuer-CDU-in-Sachsen-Hans-Georg-Maassen-in-einem-Saal-voller-AfD-Waehler.html
250 https://werteunion.net/?p=9043
251 https://wahlen.thueringen.de/datenbank/wahl1/wahl.asp?wahlart=LW&wJahr=2019&zeigeErg=Land
252 https://www.stuttgarter-zeitung.de/inhalt.umgang-mit-der-werteunion-die-cdu-spitze-wappnet-sich-fuer-den-parteitag.34f18819-684c-4d1e-8bca-3873d565adf6.html
253 In der der WerteUnion zugegangenen schriftlichen Zusage wurden etwa Auflagen hinsichtlich der angebotenen Getränke und Materialien gemacht.
254 https://www.deutschlandfunk.de/zusage-zur-aufnahme-von-fluechtlingen-seehofer-hat-nicht.694.de.html?dram:article_id=460375
255 Dass es keine Begrenzung gibt, zeigt auch die jüngste Entwicklung: https://www.welt.de/politik/deutschland/article209299607/Seehofer-Zusage-Deutschland-nimmt-Italien-und-Malta-Bootsfluechtlinge-ab.html
256 https://www.heise.de/newsticker/meldung/CDU-Parteifuehrung-will-Huawei-Debatte-entschaerfen-4595000.html
257 https://www.mdr.de/nachrichten/politik/inland/junge-union-urwahl-kanzlerkandidat-100.html
258 https://www.t-online.de/nachrichten/deutschland/innenpolitik/id_86854998/cdu-parteitag-junge-union-scheitert-mit-antrag-auf-urwahl.html
259 https://www.tagesschau.de/inland/thueringen-kemmerich-merkel-101.html
260 https://www.morgenpost.de/politik/article228388327/Nach-Thueringen-Wahl-FDP-Politiker-beschimpft-und-bedroht.html
261 https://www.welt.de/politik/article205700169/Christian-Hirte-Ostbeauftragter-Hirte-verliert-Posten-auf-Druck-von-Merkel.html
262 https://www.tagesschau.de/inland/cdu-werteunion-103.html
263 https://www.welt.de/politik/deutschland/video205842465/CDU-Politker-Brok-Werte-Union-wie-ein-Krebsgeschwuer.html
264 https://www.zeit.de/politik/deutschland/2020-02/thueringen-cdu-werteunion-tobias-hans-kritik-ausschluss
265 https://jungefreiheit.de/politik/deutschland/2020/cdu-politiker-bezeichnen-werteunion-als-krebsgeschwuer/
266 https://www.rnd.de/politik/afd-mann-spricht-uber-geheimtreffen-mit-werteunion-in-nrw-TB4TGZVQQNBNNL3XD3ZIOH4ROE.html
267 https://www.spiegel.de/politik/deutschland/daniel-guenther-fordert-offenheit-fuer-koalitionen-mit-der-linken-im-osten-a-1222710.html https://www.tagesschau.de/inland/cdu-linkspartei-zusammenarbeit-thueringen-101.html
268 https://www.zeit.de/politik/deutschland/2020-02/alexander-mitsch-cdu-werteunion-afd-spenden-rechtspopulismus
269 https://www.handelsblatt.com/politik/deutschland/cdu-junge-union-distanziert-sich-von-werteunion-chef-alexander-mitsch/25541840.html?ticket=ST-12643257-JwtZhy5BRbtEFxrA7AKe-ap5

270 https://www.msn.com/de-de/nachrichten/
politik/%E2%80%9Erassistische-angriffe-cdu-politiker-diego-
fa%C3%9Fnacht-tritt-aus-werteunion-zur%C3%BCck/ar-BB106Alr
271 https://www.oldenburger-onlinezeitung.de/nachrichten/werte-union-
meldet-deutlichen-mitgliederzuwachs-32736.html
272 https://www.tagesschau.de/inland/thueringen-ramelow-wahl-103.html
273 https://wahlen.thueringen.de/datenbank/wahl1/wahl.
asp?wahlart=LW&wJahr=2019&zeigeErg=Land
274 https://de.statista.com/statistik/daten/studie/76095/umfrage/
asylantraege-insgesamt-in-deutschland-seit-1995/
275 https://www.nzz.ch/finanzen/interview-mit-markus-krall-der-draghi-crash-
ist-nur-eine-frage-der-zeit-ld.1308458?reduced=true
https://www.sueddeutsche.de/geld/finanzexperte-jochen-felsenheimer-
was-passiert-in-europa-1.953498-0
https://www.dasinvestment.com/friedrich--weik-zur-ezb-politik-bis-zum-
bitteren-ende/
276 https://www.faz.net/aktuell/politik/harte-bretter/jeder-denkt-es-keiner-
sagt-s-die-energiewende-ist-gescheitert-11685666.html
277 https://rp-online.de/politik/freiheit-statt-sozialismus_aid-8502425
278 https://www.1000dokumente.de/pdf/dok_0072_wpl_de.pdf
279 https://twitter.com/mic_am_tisch/status/1168143206283800578/photo/1
280 https://www.spiegel.de/politik/ausland/oesterreich-nationalratswahl-2019-
die-ergebnisse-im-ueberblick-a-1288754.html
281 https://www.tagesspiegel.de/gesellschaft/medien/zeitungkampagne-
in-grossbritannien-wie-der-guardian-zum-anwalt-der-klimabewegung-
wurde/13594410.html
282 https://www.shell.de/ueber-uns/shell-jugendstudie.html
https://www.uni-bielefeld.de/soz/powi/pdf/flyer-zur-shell-jugendstudie-
2015-auf-deutsch.pdf
283 https://www.hochschulverband.de/pressemitteilung.
html?&no_cache=1&tx_ttnews%5Btt_
news%5D=311&cHash=654d6bd0a6a747f0b20e53f722978ed5#_
https://www.welt.de/politik/deutschland/article205768557/Universitaeten-
Hochschullehrer-sehen-Meinungsfreiheit-in-Gefahr.html
284 https://www.nwzonline.de/oldenburg/politik/oldenburg-debatte-an-uni-
oldenburg-darf-der-asta-linksextreme-unterstuetzen_a_50,0,2968994120.
html
https://www.buergerschaft-hh.de/parldok/dokument/66113/dreitaegiger_
kongress_von_asta_gew_dgb_jusos_und_gewaltorientierten_
linksextremisten_an_der_universitaet_hamburg.pdf
https://www.akduell.de/home/hochschulpolitik/faktencheck-wofuer-gibt-
der-asta-das-geld-der-studierenden-aus
285 https://www.tagesspiegel.de/politik/die-kanzlerin-und-das-internet-
merkels-neuland-wird-zur-lachnummer-im-netz/8375974.html
286 https://www.focus.de/politik/deutschland/vorsitzender-der-jungen-gruppe-
abgeordnete-der-union-mit-neuem-selbstbewusstsein-in-regierungsarbeit-
einbringen_id_9669272.html
287 https://www.tagesspiegel.de/politik/kampf-um-die-unions-fraktionsspitze-
ralph-brinkhaus-will-volker-kauder-abloesen/22978300.html

288 https://www.welt.de/politik/deutschland/article187231764/Junge-Union-
    Tilman-Kuban-tritt-ueberraschend-gegen-Stefan-Gruhner-an.html
289 https://www.sueddeutsche.de/politik/spenden-werte-union-cdu-
    rechenschaftsbericht-parteienfinanzierung-1.4559034
    https://www.tagesspiegel.de/politik/cdu-politiker-warnen-vor-rechtsruck-
    in-erster-linie-muessen-wir-das-verhaeltnis-zur-afd-klaeren/25530662.html
290 https://de.statista.com/statistik/daten/studie/1215/umfrage/
    mitgliederentwicklung-der-cdu-seit-1978/
291 https://www.merkur.de/politik/cdu-parteitag-junge-union-urwahl-
    kanzlerkandidat-personal-streit-tilman-kuban-akk-annegret-kramp-
    karrenbauer-13239693.html
292 https://www.badische-zeitung.de/umfrage-der-uni-freiburg-zeigt-hohe-
    zustimmung-zu-corona-regeln--185761154.html
    INSA News Nr. 260 vom 26.6.20:
    »Drei fast gleich große Gruppen teilen sich die Deutungshoheit: Die
    einen – es ist die relative Mehrheit der Befragten – wünschen, dass das,
    was in der Corona-Krise dem Land und seinen Menschen auferlegt wird,
    jetzt wieder zwangsläufig parlamentarisch beschlossen werden muss.
    Eine zweite Gruppe lehnt diese Rückkehr in den parlamentarischen
    Regelbetrieb ab und der dritten Gruppe fällt es überhaupt schwer, sich hier
    auf eine Position festzulegen.
    Dass aber fast zwei Drittel der Befragten die Rückkehr zur Normalität,
    dass der Bundestag das Entscheidungszentrum ist, nicht unterstützen,
    muss nachdenklich machen.«
293 https://www.merkur.de/politik/saskia-esken-antifa-donald-trump-usa-
    twitter-spd-spoe-cdu-seehofer-gruene-antifaschisten-zr-13783388.html
    https://twitter.com/gruene_jugend/status/1155780804980686848

Merkel – Eine kritische Bilanz

Philip Plickert

»Sie kennen mich« – mit diesem Spruch warb Angela Merkel vor vier Jahren für ihre Wiederwahl. Doch wer ist Merkel wirklich? Was sind ihre Verdienste, was waren ihre größten Fehler? In diesem Buch ziehen 22 Professoren und Publizisten eine Bilanz der Ära Merkel. Der Herausgeber, FAZ-Redakteur Philip Plickert, hat renommierte Autoren versammelt, die das politische Wirken und die Person Merkels analysieren. Mit dabei sind so profilierte Köpfe wie Cora Stephan, Thilo Sarrazin, Roland Tichy, Birgit Kelle, Justus Haucap sowie Politologen und Journalisten aus England, Amerika und Osteuropa.

256 Seiten | Hardcover | 19,99 € (D) | ISBN 978-3-95972-065-6